Muhlis Ari

mit Christoph Straßer

SIE NANNTEN MICH MEHMET

Bibliografische Information der Deutschen Nationalbibliothek:
Die Deutsche Nationalbibliothek verzeichnet diese Publikation in der Deutschen Nationalbibliografie; detaillierte bibliografische Daten sind im Internet über http://d-nb.de abrufbar.

Für Fragen und Anregungen:
mehmet@rivaverlag.de

Originalausgabe
1. Auflage 2013

Nymphenburger Straße 86
D-80636 München
Tel.: 089 651285-0
Fax: 089 652096

Redaktion: Matthias Teiting
Umschlaggestaltung: Kristin Hoffmann
Umschlagabbildung: ullstein bild – AP
Satz: Georg Stadler, München
Druck: GGP Media GmbH, Pößneck
Printed in Germany

ISBN Print 978-3-86883-318-8
ISBN E-Book (PDF) 978-3-86413-378-7
ISBN E-Book (EPUB, Mobi) 978-3-86413-379-4

Muhlis Ari
mit Christoph Straßer

SIE NANNTEN MICH MEHMET

Geschichte eines Ghettokindes

riva

Aber wenn alle Instrumente versagt haben, hat der Staat im Ausländerrecht ein Instrument, das er bei Deutschen nicht hat. Das ist eine keineswegs gerechte Ungleichbehandlung, die aber im Gesetz vorgesehen ist.

Christian Ude (SPD), Oberbürgermeister Münchens im *Spiegel* 32/1998

Mein Name ist Muhlis Ari.

Aber man kennt mich als Mehmet. Mehmet, das Crime-Kid. Mehmet, das Horror-Kid. Mehmet, der Seriengangster. Mehmet, das Klaukind. Mehmet, der Schrecken von Neuperlach.

Das sind zumindest die Namen, die mir gerade einfallen. Die Presse war über die Jahre sehr kreativ, und vielleicht werde ich alle Namen, die man mir gegeben hat, auch die schlimmeren, eines Tages in einem eigenen Buch auflisten.

Wie schon der Rest meines bisherigen Lebens, so wurde auch der Umstand, dass ich ein Buch schreibe, oft und heftig kommentiert. Im Laufe der Zeit habe ich mir abgewöhnt, zu jeder Schlagzeile, jeder Titelseite, jeder Behauptung über mich öffentlich Stellung zu beziehen. Wieso aber »ausgerechnet der kriminelle Türkenjunge, der besser bleibt, wo der Pfeffer wächst« ein Buch schreibt, das möchte ich gern erklären.

Ich hatte in meinem Leben sehr oft mit den Medien zu tun. Das erste Mal im Alter von 14 Jahren. Selbst erwachsene Menschen tun sich im Umgang mit Zeitungen und Fernsehen schwer, machen sich entweder freiwillig oder unfreiwillig zum Affen oder müssen zusehen, wie in der Öffentlichkeit ein Bild von ihnen entsteht, das nicht der Wahrheit entspricht. Selbst prominentere Menschen als ich, die über mehr als genug Mittel verfügen, sich gegen falsche Behauptungen zu wehren, kämpfen oft vergebens gegen Schlagzeilen oder Lügen an.

Sätze wie »Wer sich verteidigt, klagt sich an« oder »Wo Rauch ist, ist auch Feuer« sind zu sehr eingebrannt in die Gehirne der Menschen. Die allermeisten Leser und Zuschauer glauben genau das, was man ihnen vorsetzt. Und ich nehme es ihnen gar nicht übel. Wer hat schon Zeit und Lust, sich wirklich intensiv mit jeder einzelnen Nachricht auseinanderzusetzen, die einem im Laufe des Tages via Internet, Fernsehen oder Zeitung begegnet? »Mehmet« war und ist ein Thema, mit dem sich polarisieren und Stimmung machen lässt. Zu gern liest man schließlich, dass ein Schwerverbrecher wie Mehmet seine gerechte Strafe erhalten hat und des Landes verwiesen worden ist. Dass er als Geschäftsmann gescheitert ist. Dass er sich in der Türkei nun genauso rüpelhaft benimmt wie vorher in Deutschland …

Ob dies alles der Wahrheit entspricht, interessiert da nur am Rande.

Und darum also ein Buch.

Ich will meine Sicht der Dinge zeigen. Ich will zeigen, dass ich kein Monster oder Superkrimineller bin – und ich finde, ein Buch ist dazu die beste Gelegenheit. Ich werde in diesem Buch erzählen, wie ich selbst mein Leben wahrgenommen habe. Ich werde erzählen, wie ich die Situationen in dem Moment empfunden habe, als sie passiert sind. Das wird viele Menschen abschrecken, viele werden mich noch mehr hassen, als sie es ohnehin schon tun. Aber ich will bei der Wahrheit bleiben und nichts beschönigen.

Meine Hoffnung ist, dass sich dadurch ein vollständiges Bild von mir, Muhlis, ergibt. Das Bild eines Jungen aus München, der Dinge getan hat, die keinesfalls zu rechtfertigen sind. Aber eben auch das Bild eines Kindes von 14 Jahren, das oftmals nicht wusste, was es tat, und das nicht selten den falschen Leuten in die Hände geraten ist.

Wenn ich also die Meinung, die Sie als Leser möglicherweise bis heute zu mir gehabt haben, auch nur ein wenig ändern kann, dann habe ich mein Ziel erreicht. Ich danke Ihnen, dass Sie bereit sind, sich meine Seite der Geschichte anzuhören.

Teil 1
München-Neuperlach, Deutschland

Was für ein feiger, widerlicher Mensch, der durch brutales Prügeln seine Mitschüler terrorisierte und in München Angst und Schrecken verbreitete.

Tobias Westphal am 21. September 2012 in der *Jungen Freiheit*

• •

»Ich hab' dich was gefragt, du Pisser!«

Ich machte einen Schritt auf den Typen zu, der sich sofort hilflos umschaute. Er war vielleicht neun oder zehn Jahre alt, also nicht älter als wir.

Marco und Dimo standen von der Tischtennisplatte auf und kamen zu uns herüber. Klar, der kleine Penner überlegte, ob er abhauen konnte, das hatten auch sie gleich erkannt.

»Bist du'n Depp, oder kannst du nicht sprechen?«, fragte ich den Jungen, der jetzt die Fäuste ballte.

Man konnte fast riechen, dass er sich gleich in die Hosen machte.

Ich holte aus und gab ihm eine Ohrfeige. Auch Issam und Stefan kamen zu uns herüber, hielten aber noch Abstand. Sie wussten, dass ich den Deppen hier ohne Probleme allein schaffte.

Er hielt sich die Wange, sagte aber kein Wort.

Ich drehte mich lachend zu meinen Freunden um.

»Der ist behindert oder so. Der redet einfach nicht.«

Stefan kam zu mir und klopfte mir auf die Schulter.

»Lass' mich mal«, sagte er und holte ohne ein weiteres Wort aus.

Seine Faust traf den Jungen direkt im Gesicht. Er taumelte ein paar Schritte zurück, fing sich dann aber wieder und starrte uns, an einen Zaun gelehnt, mit riesigen Augen an.

»Lasst mich in Ruhe«, sagte er plötzlich leise. »Ich wollte nur zum Bus.«

»Der Bus ist jetzt weg«, grinste Admir.

»Was glotzt du uns dann so scheiße an, statt zu deinem scheiß Bus zu gehen? Hm? Was du so geglotzt hast, hab' ich dich gefragt.«

Ich ging wieder zu ihm, packte ihn am Kragen und schmiss ihn mit Wucht gegen den Zaun.

Der Typ machte einen Satz und rannte los.

»Der Wichser haut ab!«, rief ich, aber Stefan hatte ihn schon mit einem Tritt in die Beine gestoppt.

Der Junge fiel hin und heulte laut auf, ich rannte zu ihm und trat ihm mit ganzer Wucht in den Bauch. Der Typ krümmte sich, und ich konnte sehen, dass er sich bei seinem Sturz die Handflächen am Asphalt aufgerissen hatte.

»Wenn du das nächste Mal hier vorbeikommst, dann glotzt du nicht mehr, kapiert?«

Ich stand über ihm und trat ihn ein weiteres Mal.

»Ob du das kapiert hast, hab' ich dich gefragt.«

»Ja ...«, jammerte der Junge am Boden.

»Ja, was?«, schrie Stefan und trat ihn ebenfalls.

»Ja, ich hab' das kapiert.«

Mittlerweile liefen ihm die Tränen aus den Augen, außerdem kroch schon der erste Rotz aus seiner Nase.

»Lass mal abhauen«, schlug Admir vor. »Bevor der sich noch vollpisst.«

Ich nickte, und Dimo spuckte den am Boden Liegenden noch an, bevor wir wieder zu unserem Platz bei der alten Tischtennisplatte gingen.

Aus den Augenwinkeln sahen wir, dass der Kleine aufstand und sich vom Acker machte. Eine gute Idee, wenn er nicht noch mehr Schläge kassieren wollte.

»Der hat sich bestimmt vollgeschissen, der Schwule«, lachte Stefan, während Dimo das erbeutete Portemonnaie durchwühlte.

»Dann hast du jetzt die Scheiße am Schuh, Muhlis«, grinste Marco.

»Verpiss dich«, sagte ich und stieß ihn ein Stück von mir weg. »Wenigstens stinkt dann nur mein Schuh, nicht wie bei dir alle Klamotten.«

»Hurenzon«, maulte Marco und hockte sich auf die Wiese.

»Hurenzon« war eine unserer speziellen Abwandlungen. »Hurensohn« sagte hier schließlich jeder.

Dimo warf das Portemonnaie in ein Gebüsch.

»Kein Geld, nur der Kinderausweis und 'ne scheiß Monatskarte«, sagte er.

Die nächste Stunde verbrachten Marco, Dimo, Admir, Stefan, Issam und ich damit, uns gegenseitig zu verarschen und irgendwelchen Scheiß zu erzählen. So wie immer hier bei uns im Hof.

Der Hof, das war eine Wohnsiedlung in München-Neuperlach. Eine große Grünfläche, umringt von Hochhäusern. Hier wohnten wir in großen, grauen Dingern, die von außen alle gleich aussahen und noch bis heute aussehen. Eine kleine Welt für sich, die man eigentlich nie verlassen musste. Diejenigen, die Jobs hatten, arbeiteten normalerweise irgendwo gleich um die Ecke, und einkaufen konnte man ebenfalls direkt im Viertel, da man uns immerhin das PEP vor die Nase gesetzt hatte, das Perlacher-Einkaufs-Paradies. Ich hatte mich immer gefragt, warum man »Einkaufsparadies« nicht zusammengeschrieben hatte. Wahrscheinlich, weil PEP einfach besser klang als PE. So war das hier. Egal, wie scheiße irgendwas war, es sollte zumindest gut aussehen. Vermutlich aus demselben Grund hatte man auch möglichst viele Bäume und Grünflächen zwischen die Betontürme gepflanzt.

»Soll'n wir ins PEP?«, fragte Admir.

Wir zuckten alle mit den Schultern, standen aber vom Rasen und der Tischtennisplatte auf, um uns auf den Weg zu machen. Niemand von uns hatte je Geld dabei, von ein paar Pfennigen vielleicht abgesehen, trotzdem hingen wir im PEP eigentlich die meiste Zeit des Tages rum. Wenn wir nichts Besseres zu tun hatten, was sehr selten der Fall war. Außerdem war es erst früher Nachmittag, wir waren erst vor zwei Stunden aus der Schule gekommen, also lag noch eine ganze Menge Tag vor uns. Und zu Hause rumhängen kam nicht infrage. Zu langweilig. Da war das riesige Einkaufszentrum schon interessanter, die Einkaufsstraßen auf mehreren Etagen, die Supermärkte, Drogerien, Boutiquen, Apotheken ... Im PEP gab es praktisch alles. Ganz genau wie in einer amerikanischen Mall. Zumindest stellten wir uns das so vor, denn abgesehen von den Urlauben in unseren jeweiligen Heimatländern hatte noch keiner von uns Deutschland verlassen. Marcos Eltern waren Italiener, Dimo kam ursprünglich aus Kroatien, genau wie Admir. Allerdings war er Bosnier, glaube ich. Egal, für uns waren beide Jugos. Issam kam aus dem Iran, und Stefan hatte das Pech, deutsche Eltern zu haben. Für ihn gab es deshalb keine zwei oder drei Wochen Sonne im Jahr wie für mich, wenn meine Eltern mit mir und meinen beiden älteren Brüdern in die Türkei flogen. Meine Eltern besaßen dort ein kleines Haus in der Nähe von Çerkezköy, einer Industriestadt etwa einhundert Kilometer westlich von Istanbul. Das haben sie bis heute noch.

Wir betraten das PEP und suchten als Erstes nach einer Möglichkeit, uns zu setzen. In den Läden hatten wir ohne Geld nichts verloren, weswegen wir erst einmal sehen wollten, was der Tag so brachte. Wir gingen zu einer der Bänke, die man überall verstreut aufgestellt hatte, damit sich die Leute, die hier einkauften, ab und zu etwas ausruhen konnten. Ich sprang auf die Sitzfläche, und die Oma, die bereits dort hockte, zuckte vor Schreck zusammen.

»Was ist?«, fragte ich und setzte mich so auf die Lehne, dass ich mit dem Fuß ihre Einkaufstasche umwarf.

Die Frau schüttelte den Kopf und sah etwas sauer zu mir herauf, sagte aber nichts, weil auch die anderen fünf nun zu der Bank kamen. Sie krallte sich ihre Tüte und machte sich wieder auf den Weg. Wir hätten ihr nichts getan, aber es war ja nicht unser Problem, wenn sie Angst hatte. Wir verteilten uns auf der Bank und schauten uns die Leute an, die an uns vorbeiliefen.

»Ich hab' Durst«, sagte Admir und schaute gequält.

»Dann hol' dir doch was, du Depp«, antwortete Issam, und wir anderen lachten.

»Dann gib mir Geld, Idiot.«

»Bin ich das Sozialamt, Spasti?«

»Muhlis, hol mal Cola für uns«, sagte Stefan, der sich neben mich gesetzt hatte und mich mit der Schulter anstieß.

»Wie denn? Ich hab' nix einstecken«, sagte ich.

Stefan begann, an meiner Jacke zu zupfen.

»Wie vorgestern eben. In die Taschen passen doch locker drei Dosen. Können wir ja dann teilen.«

»Mach doch selbst«, sagte ich nur und riss den Stoff meiner Jacke aus seinen Fingern.

»Traust dich nicht?«, schaltete sich nun auch Marco ein, und sofort waren alle Augen auf mich gerichtet.

»Klar trau' ich mich, ich hab' nur keinen Bock. Ich sitz' hier nur.«

»Wenn Muhlis Angst hat, dann geh ich eben«, maulte Dimo und stand von seinem Platz auf. »Ist ja wohl kein Problem, mal eben Cola zu holen.«

Ich stellte mich auf die Bank und sprang herunter.

»Ich komm mit, sechs Dosen passen bei dir doch gar nicht in die Jacke.«

»Cool«, nickte Dimo, und gemeinsam entfernten wir uns von der Gruppe. Wir kamen uns wie zwei Elitesoldaten vor, die sich für das Team in die Schlacht warfen. Cola oder sonst irgendwas zu klauen war zwar überhaupt keine Schwierigkeit, wir hatten das schon x-mal gemacht, aber immer wieder genoss ich die bewundernden Blicke meiner Freunde, wenn ich mich bereit erklärte, ihnen etwas zu besorgen. Dimo und ich betraten einen kleinen Supermarkt, der etwas teurer war als die Discounter und in dem deswegen nicht ganz so viel los war wie in den größeren Geschäften. Hier »kauften« wir öfter mal ein, denn ohne lange Schlangen an den Kassen war es einfacher, abzuhauen, wenn man doch erwischt werden sollte. Wir schlenderten gemütlich in die Getränkeabteilung und sahen uns um, ob irgendeine Verkäuferin in der Nähe war. Dann nahm Dimo zwei Dosen Cola aus dem Regal und schob sie in seine Jackentaschen. Ich machte das Gleiche, versuchte aber, noch zwei mehr zu ergattern. Immerhin waren wir zu sechst, und wenn ich mit zwei Dosen mehr als Dimo aus dem Geschäft käme, würde er den Rest des Tages pausenlos verarscht werden, weil er auf Nummer sicher gegangen war. Die letzte Dose passte nicht ganz in die Außentasche, gleichzeitig wollte ich sie nicht wieder herausholen, um sie in die Innentasche zu schieben. Das wäre zu auffällig gewesen, denn je mehr man herumzappelte, desto größer waren die Chancen, erwischt zu werden. Die Dose ragte also ein Stück heraus. Kein

Problem, dachte ich und hielt meine Hand unauffällig darüber. Wenn irgendwer was sagte, könnte ich ja immer noch behaupten, ich hätte sie schon mit hergebracht.

Oder so etwas in der Art.

Dimo und ich machten uns auf den Weg zum Ausgang. Als wir durch den Kassenbereich kamen, lächelten wir einer der Kassiererinnen freundlich zu, Dimo verabschiedete sich sogar noch von ihr. Ein paar Schritte weiter öffnete sich vor uns die Automatiktür. Die letzten paar Meter waren immer die schlimmsten, denn jetzt, wo wir das Ziel fast erreicht hatten, fiel es einem besonders schwer, nicht gleich loszurennen, sondern weiter natürlich und entspannt zu bleiben. Dimo warf einen kurzen Blick über seine Schulter, als er den Laden verließ. Draußen vor der Tür drehte er sich zu mir um und grinste breit.

»Siehst du, kein Problem«, sagte er.

Dann schaute er plötzlich eigenartig.

»Was ist?«, fragte ich, und noch ehe ich den Laden ganz verlassen hatte, spürte ich eine Hand, die mich am Kragen meiner Jacke packte.

»Darf ich mal in deine Taschen schauen?«, sagte eine Stimme hinter mir.

Dimo machte, dass er wegkam, und auch ich versuchte, mich von dem Kerl hinter mir loszureißen, was mir aber nicht gelang.

»Scheiße ...«, sagte ich schließlich und ließ mich in das Büro des Filialleiters schieben.

Ich hockte auf einem Bürostuhl, und vor mir auf dem Schreibtisch stand meine Beute, vier Dosen Cola. Der Ladendetektiv hatte sich breitbeinig vor den einzigen Ausgang gestellt und wartete, bis es an der Tür klopfte. Er öffnete, und zwei uniformierte Polizisten betraten den kleinen, muffigen Raum.

»Servus«, grüßte der Detektiv die Beamten, die sich gleich vor mir aufbauten.

»Na, wen haben wir denn hier?«, fragte einer der Männer.

»Ladendiebstahl«, antwortete der Detektiv. »Ich hab' das Protokoll schon ausgefüllt.«

»Dich kennen wir doch, oder?«, fragte mich einer der Polizisten.

»Kann sein«, sagte ich und besah mir gelangweilt die Zettel, die überall an der Wand befestigt waren.

Einsatzpläne der Mitarbeiter, irgendwelche Telefonnummern, Bestellzettel, auf denen einzelne Posten rot markiert waren. Der übliche Büroscheiß.

»Wir haben dich doch letzte Woche erst nach Hause gefahren. Was ist denn jetzt schon wieder?«

Ich antwortete auf die Frage gar nicht. Letzte Woche hatte man mich erwischt, als ich ein paar Kinderriegel in einem Drogeriemarkt eine Etage höher eingesteckt hatte. Ich hatte einfach keinen Bock gehabt, mich wegen der paar Pfennig ewig an der Schlange anzustellen, na und? Überhaupt konnten die beiden Idioten mir gar nichts, das wusste ich. Wenn man noch keine 14 Jahre alt war, konnte man praktisch tun und lassen, was man wollte. Die Bullen kamen, sagten: »Das darfst du aber nicht, du böser Bub«, und dann ließen sie einen wieder gehen. Relativ langweilige Geschichte.

»Kann ich jetzt gehen?«, fragte ich und sah zu den Polizisten auf. »Meine Freunde warten auf mich.«

»Du bleibst schön sitzen, Freundchen«, sagte der jüngere der Bullen. »Wir klären erst mal, was du hier hast mitgehen lassen, dann bringen wir dich zu deinen Eltern.«

Ich rollte angeödet mit den Augen. Was gab's denn hier noch zu klären? Da standen die scheiß Dosen doch. Es war vollkommen klar, was passiert war.

Der Ladendetektiv kopierte einen Zettel für die Polizisten. Dann verließen wir das Büro, und ich ging voran in Richtung Ausgang. Einige der Kunden des Supermarktes beobachteten die Szene, und ich begann, schief zu lächeln. Lieber wäre ich tot umgefallen, als so auszusehen, als würde ich mich schämen. Das tat ich nicht. Ich fand's ätzend, dass man mich erwischt hatte, aber das war's dann auch schon.

Gegenüber dem Laden hatten sich meine Freunde versammelt, um auf mich zu warten. Ich musste grinsen, als ich sah, dass Marco gerade den Rest der geklauten Cola trank.

»Ihr könnt mich in zehn Minuten zu Hause abholen«, rief ich ihnen zu und ging mitsamt den Polizisten durch die Einkaufspassage zum Parkplatz, wo der Polizeiwagen quer vor einem Seiteneingang stand. Einer der Beamten hielt mir die Tür auf, und ich setzte mich auf den Rücksitz. Wenigstens musste ich nicht nach Hause laufen, auch wenn es nur ein paar Meter waren.

* * *

»Was hast du wieder gemacht?«, rief meine Mutter und warf dramatisch die Hände in die Luft.

»Frau Ari, Ihr Sohn hat …«, setzte einer der Polizisten an, dann holte meine Mutter aus und versetzte mir eine schallende Ohrfeige.

Einer der Männer stellte sich zwischen meine Mutter und mich und redete auf sie ein, um sie zu beruhigen. Aber das hatten schon ganz andere versucht.

»Immer machst du nur Unsinn«, rief meine Mutter und holte erneut aus.

Der Polizist hielt ihren Arm fest und sagte in strengem Ton, dass es nun reichte. Meine Mutter drehte sich wortlos um und ging ins Wohnzimmer. Wir drei folgten ihr in die Wohnung, wobei ich direkt in das Zimmer ging, das ich mir mit meinen Brüdern teilte. Ich hörte, wie die Polizisten eine Weile mit meiner Mutter redeten, dann verließen sie endlich die Wohnung. Ich saß auf dem unteren Teil des Etagenbettes, als die Zimmertür aufflog. Meine Mutter stürmte herein und schrie und schimpfte, dass sie sich für mich schämte und nicht wüsste, wieso ich so ein schrecklicher Junge sei. Dann bekam ich noch eine Ohrfeige. Ich sagte ihr, dass mir die Sache leidtat und ich ganz sicher nie wieder stehlen würde. Sie hob erneut drohend die Hand, schlug mich aber nicht mehr. Einige Sekunden lang stand sie schweigend vor mir, auch wenn ihre Augen mich weiterhin wütend anfunkelten. Dann drehte sie sich um und verließ das Zimmer. Der erste Ansturm war also vorbei. Heute Abend, wenn mein Vater von der Arbeit kam, würde sich die Szene noch einmal wiederholen, nur dass ich mich dann noch ein wenig mehr respektvoll und gehorsam zeigen musste. Und dann würde alles wieder gut sein. So lief das immer ab.

Meine Eltern stammen aus einem kleinen Dorf in der Türkei und sind nicht sonderlich gebildet. Und von Kindern hatten sie keine Ahnung. Wenn meine Brüder oder ich etwas angestellt hatten, setzte es Ohrfeigen. Mehr fiel ihnen nicht ein, was für mich den Vorteil hatte, dass ich immer wusste, was mich erwartete.

Mein Vater war 1969 nach Deutschland gekommen und hatte meine Mutter 1970 nachgeholt. Er arbeitete im Schichtdienst bei BMW in München am Fließband und schraubte den ganzen Tag oder die ganze Nacht irgendetwas zusammen. Meine Mutter verdiente für die Familie noch etwas als Zimmermädchen in einem kleinen Stadthotel dazu. Beide waren ziemlich einfache Leute, und damit unterschieden sie sich nicht von den anderen Erwachsenen in unserer Gegend. Wie die Eltern der meisten meiner Freunde sprachen sie fast kein Deutsch. Sie konnten sich zwar verständigen, oftmals geriet die Kommunikation aber schnell ins Stocken, was dann immer die Schuld der Deutschen war.

»Wenn die Deutschen uns verstehen wollen, dann verstehen sie uns auch«, sagte mein Vater zu dem Thema.

Sie waren irgendwann einmal davon ausgegangen, dass sie in Deutschland arbeiten und dann wieder zurück nach Hause gehen würden. Der Plan hatte sich aber schnell erledigt, als wir Kinder kamen. Mein ältester Bruder ist zehn Jahre älter als ich, fünf Jahre später kam der mittlere, und weitere fünf Jahre später, 1984, wurde ich geboren. Wir waren eine typische Neuperlacher Einwandererfamilie.

Ich stand vom Bett auf und verließ das Zimmer. Im Wohnzimmer saß meine Mutter und sah fern. Ich sagte nichts und verließ die Wohnung.

Draußen im Hof erwarteten mich meine Freunde.

»Alter, alles klar?«, fragte Admir und lachte.

»Wieso denn nicht?«, lachte ich ebenfalls.

Dann liefen wir ziellos durch die Gegend, nur um schließlich wieder irgendwo herumzusitzen.

Alles in allem ein ganz normaler Tag bei uns im Hof, in dieser knapp zwei Fußballfelder großen Welt.

Mehmet ist eben kein extremer Einzelfall und kein krimineller Exote! Mir liegt eine Auflistung der Polizei vor, wonach es allein in München etwa 100 vergleichbare Fälle junger Serienstraftäter unter 21 Jahren gibt, und zwar genau im bundesweiten Verhältnis von 40 Deutschen zu 60 Ausländern – die meisten Türken oder Jugoslawen. Wie viele »Mehmets« es in Hamburg, Frankfurt oder Berlin gibt, kann sich jeder vorstellen.

Hans-Peter Uhl (CSU), 1998 Münchner Kreisverwaltungsreferent am 24. November 1998 in der *Welt*

....

Ich steckte mir noch eine Zigarette an und warf einen letzten Blick auf die Uhr.

Die Schule kotzte mich an. Ich war jetzt schon seit ungefähr zwei Jahren auf der Hauptschule, aber irgendwie konnte ich mit dem Krempel nichts anfangen. Ich war zwar genau wie die meisten anderen in meiner Klasse zwölf Jahre alt, aber in jeder Pause verabschiedete ich mich und ging zu den Älteren. Ich fühlte mich in meiner eigenen Klasse, als hätte man mich in einer Kindergartengruppe eingesperrt. Die Jungs, die schon 15 oder 16 waren, waren mir von ihrer Art und ihrem Humor einfach ähnlicher als meine Klassenkameraden. Sie hörten dieselbe Musik, hatten die gleichen Klamotten an und redeten genau wie ich. Ich sah also keinen Grund, mit den Kindern aus meiner Klasse rumzuhängen und mir irgendwelchen Kram über *Beverly Hills, 90210* anzuhören, oder was auch immer die sich gerade im Fernsehen ansahen. Das hatte mit mir und meinem Leben nichts zu tun.

In ein paar Minuten war die große Pause vorbei, und dann musste ich wieder zurück aus der Raucherecke über den Schulhof schleichen, um dort, am besten ungesehen von den Aufsichtslehrern, so zu tun, als hätte ich mich nicht mit den Älteren und meiner Zigarette hinter irgendwelchen Bäumen versteckt.

»Wo hast denn die Uhr her?«, fragte Jörg, der genau wie Murat und ich hektisch an seiner Zigarette zog, um sie noch rechtzeitig aufzurauchen, bevor die Pause zu Ende ging.

Jörg war, genau wie Murat, bereits 16 Jahre alt. Eigentlich hätten sie schon längst ihren Abschluss haben sollen, aber beide waren in derselben Klasse hängen geblieben und durften nun die zehnte wiederholen. Sie waren bei uns in der Gegend dafür bekannt, dass sie zwar nicht besonders clever waren, dafür aber ziemlich hart zuschlugen, wenn man irgendetwas bei sich trug, was ihnen gefiel. Schuhe, eine Jacke oder eben eine Uhr. Deswegen überraschte mich Murats Antwort auch nicht.

»Hab' ich von so'm Typ gestern.«

»Hat der dir geschenkt, oder was?«, fragte Jörg und tat so, als würde ihn die Antwort seines Kumpels tierisch nerven.

»Nein, die hab' ich dem halt abgenommen«, antwortete Murat und streckte seinen Arm aus. »Is' geil, oder?«

»Sieht echt cool aus«, sagte ich und nickte anerkennend.

»Der scheiß Wichser«, sagte Murat, spuckte auf den Boden vor sich und ließ eine dramatische Pause.

»Wieso?«, fragten Jörg und ich gleichzeitig, ganz so, wie Murat das natürlich von uns erwartet hatte.

Und er fing auch gleich zu erzählen an.

»Ich sitz' da gestern so rum, da kommt der Typ, und ich seh' die Uhr und bin direkt auf den drauf. Und der fängt sich voll an zu wehren und rumzubrüllen wie am Spieß.«

»Der Spasti«, lachte Jörg. »Was hast dann gemacht?«

»Ich hab' dem aufs Maul gehauen, bis der endlich ruhig war, und den angebrüllt: ›Gib mir die Uhr oder ich bring' dich um.‹ Und der hat sofort die Fresse gehalten und mir das Ding gegeben. Ohne Scheiß. Sofort.«

Jörg und ich lachten über den Feigling, der sich nicht mal traute, sein Eigentum zu verteidigen. Murat erzählte weiter.

»Ich hab' die Uhr dann genommen und dann noch ein paarmal in den reingetreten, der Bastard. Und dann hat die Fotze mich richtig angefleht, ich soll den in Ruhe lassen. Ohne Scheiß, ›Bitte bring' mich nicht um,‹ hat der gesagt.«

Jörg lachte mittlerweile Tränen, ich hörte der Geschichte aber gebannt zu.

»Cool«, sagte ich nur und zog ein letztes Mal an meiner Zigarette.

Murat warf noch einen Blick auf die Uhr.

»Aber so ganz gefällt mir die eigentlich nicht. In Schwarz wär' die geiler. Oder in Gold. Willst die haben, Muhlis?«

»Was willst denn haben?«, fragte ich.

Murat zuckte mit den Schultern.

»Keine Ahnung, 20 Mark?«

»Hab' ich nicht.«

Woher auch. Ich bekam jeden Tag zwei Mark von meiner Mutter für die Schule, um mir Kakao oder Milch kaufen zu können. Taschengeld, das ich vielleicht sparen konnte, bekam ich keins.

»Dann nicht. Dann geb' ich die meinem Bruder, der hat nächste Woche Geburtstag.«

»Ja, freut der sich«, sagte ich und warf meine Zigarette weg.

Es klingelte, und damit war die Pause beendet. Wir gingen zu dritt zurück zum Schulhof, und ich trennte mich von den beiden, um in meine Klasse zu gehen.

Ohne mit jemandem ein Wort zu reden, setzte ich mich zurück in die letzte Reihe an meinen üblichen Platz und wartete auf den Lehrer. Ein Klassenkamerad von mir, ich weiß nicht mehr, wer es war, stieß mich versehentlich an, als auch er sich setzte.

»Pass mal auf, Junge«, sagte ich und kramte irgendein Buch aus meinem Rucksack.

»War doch keine Absicht«, sagte der Junge und rollte mit den Augen.

Ich spürte augenblicklich die Wut in mir hochkochen, und am liebsten hätte ich ihm direkt eine reingehauen. Aber ich war in der Schule, und hier hatte es Konsequenzen, wenn man sich gehen ließ. Um meinen Vater brauchte ich mir keine Sorgen zu machen, der arbeitete gerade, meine Mutter war jedoch zu Hause, und auch wenn sie nur die Hälfte von dem verstand, was die Lehrer ihr sagten, hatte ich keinen Bock, von ihr über den Schulhof gezerrt zu werden, bloß weil ich irgendwen für eine Respektlosigkeit bestraft hatte. Die Anerkennung, die ich bei den Älteren mittlerweile genoss, konnte ich schnell wieder verlieren, wenn sie mit ansahen, wie ich mich von meiner eigenen Mutter in aller Öffentlichkeit ohrfeigen ließ. Ich würde auf die anderen wirken wie ein Kind. Und das wollte ich in keinem Fall. Ich war kein Kind, ich war ein Mann.

»Da sitz' ich«, raunte irgendwer dem Kleinen zu, der mich gerade angerempelt hatte.

»Ja, aber jetzt ist Mathe, da sitz' ich immer hier.«

Ohne weitere Debatte schob der andere den Kleinen mit dem Fuß seitwärts, und als sein Stuhl beinahe umfiel, sprang der Junge auf und gab maulend den Platz frei.

Der Typ, der sich nun setzte, sah kurz zu mir, ich grinste und nickte ihm zu.

Richtig gemacht, dachte ich. Erstens musste man sich durchsetzen, zweitens war der kleine Pisser deutlich zu frech gewesen.

»Aber in Mathe sitz' ich immer da«, quengelte der Kleine erneut los.

»Meine Fresse«, sagte ich und sah den Jungen an. »Du sitzt heute eben ein paar Zentimeter weiter rechts. Ist doch mal gut jetzt.«

»Eben. Halts Maul jetzt«, pflichtete mir mein Klassenkamerad bei.

Er schien ebenfalls schon genervt zu sein.

Der Kleine holte ein Heft aus seiner Schultasche und warf mir einen kurzen Blick zu.

»Halt du dich doch da raus, Muhlis«, sagte er und widmete sich seinen Hausaufgaben, so als müsste ich jetzt akzeptieren, was er gerade gesagt hatte.

Am liebsten wäre ich ihm gleich an den Hals gesprungen, aber in dem Moment betrat der Lehrer die Klasse, sodass ich meinen Ärger für den Moment runterschlucken musste.

Der Lehrer schloss die Tür, ließ seinen Blick durch die Klasse wandern, um zu sehen, ob wir auch vollzählig waren, grüßte knapp und begann dann mit seinem Unterricht.

Der mich aber nicht kümmerte.

»Arschloch«, flüsterte ich dem Jungen zu, der sich gerade die Frechheiten erlaubt hatte.

Der Junge, der ihn von seinem Platz vertrieben hatte, grinste breit und begann, seinen Tischnachbarn mit einem angespitzten Bleistift zu stechen.

»Verpiss dich«, sagte ich leise und sah den Kleinen streng an.

»Ja, raus hier, verpiss dich«, sagte jetzt auch der andere.

Wir kicherten, als wir sahen, dass der Junge schluckte und sein Gesicht rot anlief.

»Ich knall' dir gleich eine, raus hier«, sagte ich.

»Hörst du zu, Muhlis?«, fragte die laute Stimme meines Lehrers plötzlich.

Ich setzte mich aufrecht hin und lächelte.

»Ja, klar. Ich bin voll dabei.«

»Dann setz auch mal bitte deine Kappe ab, ja?«, sagte der Lehrer und drehte sich wieder zur Tafel um.

Ich zog meine Basecap vom Kopf, legte sie vor mir auf den Tisch und schaute dabei möglichst gelangweilt, da auch die anderen Kinder in der Klasse jetzt zu mir herüberglotzten.

Sofort fühlte ich mich nackt, wie jedes Mal, wenn mich irgendein Lehrer zwang, das Ding abzusetzen. Ohne meine Cap, auf der vorn das Logo der New York Yankees aufgedruckt war, ging ich praktisch nicht mehr aus dem Haus. Zusammen mit meinen Nike-Sportschuhen, meiner Jeans und der Lederjacke war die Kappe ein Teil meiner Uniform. Meine Freunde und ich hatten mittlerweile einen klaren Kodex, was unsere Klamotten anging. Adidas-Schuhe beispielsweise waren den Asozialen vorbehalten. Billig-Schuhe, die man im PEP immer mal wieder im Angebot bekam. Nichts, mit dem wir uns blicken lassen konnten, wenn wir von den anderen ernst genommen werden wollten. Und wie unsere Vorbilder, die älteren Jungs und die Rapper, die wir in den Musikclips sahen, trugen wir auch unseren Schmuck möglichst auffällig. Ich hatte immer eine breite Goldkette um den Hals, mit einer goldenen türkischen Flagge als Anhänger. Ich fühlte mich zwar überhaupt nicht als Türke, ich war ja in Deutschland geboren, aber der Anhänger symbolisierte Zugehörigkeit. Und zumindest irgendwo dazugehören wollte ich unbedingt.

»Wenn hier Schluss ist, setzt's was, Hurenzon«, flüsterte ich dem Jungen zu, der andere nickte und hielt ihm die geballte Faust hin.

»Ja, verpiss dich jetzt hier«, sagte er.

»Hast du nicht gehört? Raus hier.«

Der andere Typ und ich waren ein gutes Team, der Junge sah sich Hilfe suchend um, sagte aber kein Wort. Seine Lippen zitterten, er schien wirklich langsam Angst zu kriegen.

»Dann bleib halt sitzen«, sagte ich. »Ist ja dein Leben, das du gleich verlierst.«

»Genau, gleich bringen wir dich um.«

Der Kleine sprang von seinem Stuhl auf und begann zu schreien.

Ich war völlig verblüfft, auch der Rest der Klasse drehte sich erschrocken in unsere Richtung. Der Junge stand vor seinem Tisch und fing an, wie ein Schlosshund zu heulen. Ich musste automatisch lachen, ich hatte bisher noch nicht einmal Mädchen gesehen, die so schnell und so heftig losplärrten.

* * *

Der Mann vom Jugendamt sah meine Eltern streng an.

»Sie müssen sich mehr um Muhlis kümmern. Er fällt immer wieder auf. Wo das hinführt, können Sie sich ja denken.«

Der Mann, der auf unserem Sofa saß, blätterte in einigen Unterlagen, dann zog er ein Papier aus einem kleinen Schnellhefter.

»Vorgestern erst ist er wegen Nötigung angezeigt worden. Er hat einen Klassenkameraden bedroht.«

Meine Eltern sahen mich fragend an. Ich erklärte ihnen so gut ich konnte, was Nötigung bedeutete, schob aber gleich hinterher, dass die Eltern des Jungen zur Polizei gegangen waren, weil er klein war und Angst vor mir hatte. Und es war ja wohl nicht meine Schuld, dass ich größer war als er.

Meine Eltern gaben sich mit der Antwort vorläufig zufrieden und sahen wieder zu dem Typen vom Jugendamt.

»Aber der Junge ist kein Verbrecher«, sagte mein Vater.

Der Mann vom Amt lächelte.

»Nein, das sagt ja auch keiner. Aber Ihnen muss klar sein, dass er jetzt schon einiges auf dem Kerbholz hat. Und wenn das so weitergeht, dann müssen wir Ihnen leider das Sorgerecht entziehen und Muhlis in staatliche Obhut geben. Zumindest könnte das ein Weg sein. Vielleicht sollten Sie ihn mehr beschäftigen. Ihn in einem Sportverein anmelden.«

Wieder sahen mich meine Eltern fragend an.

»Wenn ich noch mal Ärger mit der Polizei habe, komm ich ins Heim«, sagte ich.

Meine Mutter schlug sich die Hände vor das Gesicht und schüttelte den Kopf. Mein Vater holte aus und gab mir eine Ohrfeige.

»Herr Ari, bitte ...«, sagte der Mann vom Jugendamt. »Das bringt doch nichts. Sie müssen nur besser auf Ihren Sohn achtgeben, dann kommt es schon nicht so weit.«

Mein Vater sprang vom Sofa auf und verließ murmelnd den Raum. Meiner Mutter standen die Tränen in den Augen.

Dass mein Vater mich vor einem Fremden ohrfeigte, war mir peinlich. Die Schmerzen machten mir nichts aus, ich bekam ständig Schläge, war also dran gewöhnt. Aber vor dem Mann vom Amt fühlte ich mich gedemütigt und schämte mich. So etwas war Familiensache und ging ihn einfach nichts an.

»Tja ...«, sagte der Mann und räumte seine Sachen zusammen. »Ich muss dann zum nächsten Termin. Aber ich bitte Sie, Frau Ari, schauen's bitte, dass ich nicht noch einmal kommen muss. So oder so: Wir bleiben in Kontakt.«

Der Mann verabschiedete sich und ließ meine Mutter und mich allein im Wohnzimmer zurück. Als die Wohnungstür ins Schloss gefallen und der Mann ganz sicher außer Hörweite war, stürmte mein Vater über den Flur auf mich zu und versetzte mir noch eine Ohrfeige.

»Das machst du nie wieder!«

»Okay, mach' ich nicht, versprochen«, rief ich.

Ich wusste zwar in diesem Moment nicht, was genau ich lassen sollte, aber mein Vater diskutierte nicht gern, schon gar nicht mit seinen Kindern. Meine Brüder und ich hatten folgsame Kinder zu sein, das bläute man uns immer wieder ein. Wir bekamen zu Essen und ein Dach über den Kopf, und im Gegenzug verlangten meine Eltern nichts weiter als Gehorsam und Respekt. Und genau den schien ich ihnen zu verweigern, wenn ich mir immer wieder Ärger mit der Polizei oder – seit heute – mit dem Jugendamt einhandelte. Der Grund, warum mein Vater mich in diesem Moment schlug, war weit weniger der, dass ich Mist gebaut hatte. Ich denke nicht, dass er es als schwere Untat ansah, dass ich einen Mitschüler zum Heulen gebracht hatte. Er schlug mich, weil ich ihn und meine Mutter unter den Augen eines deutschen Amtes als schlechte Eltern hatte dastehen lassen. Er arbeitete, zahlte Steuern und hielt sich an die Gesetze dieses Landes. Und ausgerechnet sein jüngster Sohn, der doch am besten in Deutschland zurechtkommen müsste, machte ihm nun Schande und sorgte dafür, dass er von jetzt an regelmäßig kontrolliert werden würde.

Mein Vater ließ von mir ab und schickte mich in mein Zimmer, wo ich den Rest des Tages bleiben sollte. Ich teilte mir das Zimmer mit dem mittleren von uns drei Brüdern. Der älteste hatte eine Ausbildung bei einer Versicherung gemacht und war bereits ausgezogen. Als wir noch zu dritt gewesen waren, hatte ihm als ältestem das Einzelbett gehört. Das Etagenbett an der gegenüberliegenden Wand war für meinem anderen Bruder und mich reserviert gewesen. Jetzt, wo wir nur noch zu zweit waren, hatte ich das Stockbett für mich allein, und mein Bruder war ins einzelne Bett vorgerückt. Gerade machte er eine Ausbildung zum Autolackierer und würde erst gegen Nachmittag von der Arbeit kommen. Ich würde also noch mindestens vier Stunden hier allein herumsitzen.

Ich starrte einige Minuten gelangweilt die Wand an, griff mir dann aber eine meiner CDs vom Stapel: *Strictly 4 My N.I.G.G.A.Z.Z.* von 2Pac. Übelster Gangster-Rap, auf den meine Freunde und ich seit einiger Zeit standen. Das Album war erst ein paar Wochen alt, und ich war froh, dass ich es unbemerkt aus dem Plattenladen hatte mitnehmen können, denn leisten konnte ich es mir auf keinen Fall. Ich mochte 2Pac. Mir gefielen seine Arroganz und seine Aggression. Er fickte auf Bullen und auch auf Weiber. Niemand konnte ihm etwas anhaben, er zog einfach sein Ding durch. Meine Freunde und ich standen auch auf andere Rapper wie Gang Starr, Scarface, Craig Mack oder den Wu-Tang Clan, aber 2Pac war schon der geilste. Laut aufdrehen, wie ich es normalerweise getan hätte, wenn niemand sonst zu Hause war, konnte ich meinen CD-Player jetzt nicht, denn meine Eltern konnten mit der Musik, die ich hörte, überhaupt nichts anfangen. Sie sprachen zwar kein Englisch, aber Wörter wie *fuck*, *bitch* und *nigger*, die in den Texten praktisch pausenlos vorkamen, erkannten sie schon. Und meine Mutter fürchtete, sie hätten schlechten Einfluss auf mich.

Mein Vater legte sich zum Glück nach kurzer Zeit schlafen, um sich von seiner Frühschicht zu erholen, und meine Mutter kam zu mir und fragte mich, ob ich nicht lieber draußen mit meinen Freunden etwas unternehmen wollte.

Natürlich wollte ich das, und sie ließ mich gehen. Ich zog die Wohnungstür leise hinter mir zu, ging die Stufen des Treppenhauses hinunter und befand mich wieder im Hof, wo ich in einigen Metern Entfernung schon Admir und Stefan sah, die gelangweilt auf einer Parkbank hockten. Admirs Lippe war aufgerissen. Sie blutete zwar nicht mehr, aber auf der Wunde saß eine dicke Kruste, die verriet, dass er wohl ordentlich aufs Maul bekommen hatte.

»Was hast'n gemacht?«, fragte ich und deutete auf sein Gesicht.

»Scheiß drauf«, antwortete Admir und zündete sich eine Zigarette an, die nun schief in seinem ebenfalls schiefen Mund hing.

»Sein Vater hat ihm eine geklatscht«, sagte Stefan und zuckte mit den Schultern.

»Wieso?«

»Der hat mitgekriegt, wie er und Dimo versucht haben, das Fahrrad von so 'nem Typ mitzunehmen.«

»Und dann haut er dir direkt die Fresse zu Pampe?«

»Nein«, schaltete sich jetzt Admir ein. »Der wollte mir nur eine knallen, aber der hat ja diesen fetten Ring auf dem Finger. Damit hat er mich erwischt.«

»Ach so, keine Absicht?«, fragte ich.

Admir winkte ab.

»Quatsch, natürlich nicht. Meinst, der kloppt mich wegen so einer Kleinigkeit blutig?«

Wir lachten alle drei, und Admir zog sein Portemonnaie aus der Hosentasche.

»Hat sich aber gelohnt, find' ich«, sagte er dann und zog einen Zehnmarkschein heraus.

»Cool, immerhin«, sagte ich. »Was machen wir?«

»Keine Ahnung. Ins PEP?«, schlug Stefan vor.

Admir und ich hatten keine Alternative zu bieten, weshalb wir uns schweigend auf den Weg in Richtung Einkaufszentrum machten. Bevor wir das PEP erreicht hatten, war das Geld schon wieder weg, denn wir investierten es direkt bei der ersten Gelegenheit in Zigaretten. Ich war immer derjenige, der welche besorgen musste, denn die Dinger bekam man erst ab 16, und ich sah am ältesten aus. Der erste Versuch, Zigaretten zu holen, klappte nicht. An einer Tankstelle hatte gerade irgendein Student Schicht. Wahrscheinlich war der neu und übereifrig, er fragte sogar Leute nach dem Ausweis, die meiner Schätzung nach schon weit über 20 waren. Erst bei einer kleinen Bude, in der ein alter Kerl mit gelbem Bart saß und selbst eine nach der anderen qualmte, bekam ich die zwei Schachteln Marlboro sofort und ohne Nachfrage.

Jetzt hatten wir zwar Zigaretten, aber kein Geld mehr. Und weil wir ohne Geld keine Lust hatten, im PEP herumzuhängen, gingen wir einfach ziellos durch die Gegend.

Nach etwa einer halben Stunde kamen wir zu einem Busbahnhof, wo wir uns erst einmal auf eine Bank setzten, um in Ruhe unsere Kippen zu rauchen. Wir betrachteten die Linienbusse, die hier von den Fahrern geparkt wurden. Im Minutentakt hielten einer an, der Fahrer stieg aus und ging quer über den Hof auf eine kleine Bude zu, die wohl so etwas wie eine Kantine war. Uns interessierte das nicht weiter, bis schließlich einer der Fahrer aus seiner Pause zurückkam. Er stellte sich vor den Bus, klappte einen der vorderen Blinker zur Seite und drückte einen dahinterliegenden

Knopf. Sofort öffnete sich die Tür, der Fahrer stieg ein und setzte sich auf seinen Platz.

»Die Dinger haben keinen Schlüssel?«, fragte Admir und sprach damit aus, was auch Stefan und ich gedacht hatten.

»Sieht nicht so aus«, sagte Stefan und begann zu grinsen.

Keiner von uns sagte in den nächsten Minuten etwas, aber wir hatten die gleiche Idee, keine Frage. Wir fühlten uns, als hätten wir gerade von einem uralten Geheimnis erfahren, das außer uns nur ein paar Eingeweihte kannten: wie man einen Bus öffnete, ohne der Fahrer zu sein.

Ich zündete mir eine weitere Zigarette an und schlenderte ganz unauffällig zu einem der leeren Busse. Ich warf einen kurzen Blick hinein und kehrte zu meinen Freunden zurück.

»Da ist sogar noch das Geld drin«, berichtete ich.

»Die lassen doch die Kohle nicht einfach im Bus liegen«, wunderte sich Admir.

»Keine Ahnung«, sagte ich. »Die Scheine werden die wohl mitnehmen, aber die Geldkassetten mit dem Kleingeld sind noch drin.«

»Kann nicht sein«, sagte Stefan, und ich stieß ihn von der Bank.

»Dann geh doch und schau selber nach, Spasti.«

»Leck mich«, maulte Stefan und setzte sich wieder.

Wir sahen uns um. Niemand interessierte sich für die Busse. Es waren nur wenige Passanten zu sehen, was kein Wunder war, denn in der Gegend gab es weder großartige Einkaufsmöglichkeiten noch sonst irgendetwas zu entdecken. Hier stellten die Busfahrer ihre Fahrzeuge ab, um Pause zu machen. Mehr nicht.

Ich ging zurück zu dem Bus, den ich mir gerade schon angesehen hatte, klappte den Blinker um und drückte den Knopf darunter. Die Tür öffnete sich wie erwartet. Ich sah mich noch einmal um, dann stieg ich ein und griff mir die Kassette, in der für gewöhnlich das Kleingeld landete, mit dem die Fahrgäste bezahlten. Sie ließ sich problemlos mit einem kurzen Ruck aus ihrer Verankerung lösen, und ich schob sie mir unter den Pullover. Mit meiner Beute ging ich zurück zu Admir und Stefan.

»Und wo ist jetzt das Problem?«, fragte ich lachend und zeigte ihnen, was ich soeben erbeutet hatte.

Keine zehn Minuten später stieg ich mit einer weiteren Kassette aus meinem fünften Bus. Stefan hatte mittlerweile Probleme, die gesamte Beute, die ich ihm reichte, auf seinen Armen zu balancieren. Admir hatte sich ein paar Meter von uns entfernt aufgestellt, um uns zu warnen, falls einer der Busfahrer aus seiner Pause zurückkommen sollte. In diesem Moment fühlte ich mich großartig. Wie ein richtiger Gangster. Wir alle liebten den Film *Menace II Society*, und wie die Ghetto-Gangster dort, so waren auch wir gerade dabei, Geld auf der Straße zu machen. In unserem Ghetto, München-Neuperlach. Okay, hier gab es keine Toten und keine Drogendealer, aber trotzdem lebten wir unseren Ghetto-Film. Das Geld an sich war schon cool, aber vor allem genoss ich in dem Moment, dass endlich mal wieder etwas Aufregendes passierte. Nicht immer nur diese verdammte Langeweile.

Ich klappte einen weiteren Blinker nach hinten, drückte den Knopf und stieg in den Bus. Durch die Scheibe sah ich, dass Stefan sich zwischen die Busse gekniet hatte, um die Kassetten noch an Ort und Stelle zu leeren. Gute Idee. Ich nahm auch die Kassette vor mir nicht aus der Verankerung, sondern drückte die Münzen gleich heraus. Nach ein paar Sekunden war meine rechte Hosentasche voller Fünfmarkstücke, in meiner linken befanden sich die Einmark- und 50-Pfennigstücke. Ich griff mir nur das Silbergeld, den Schrott konnte der Fahrer gern behalten. Dann ging ich wieder ins Freie und half Stefan, die Kassetten auszuräumen. Wir konnten unser Glück gar nicht fassen. Geschätzt stopften wir gerade Kleingeld von mehreren Hundert Mark in unsere Hosen- und Jackentaschen.

»Was mackt ihr da?«, rief plötzlich eine Stimme sehr laut und mit heftigem Akzent.

Stefan und ich schreckten auf und sahen zu Admir – der Busfahrer war jedoch aus einer anderen Richtung gekommen, unser Spähposten hatte ihn schlicht nicht gesehen.

Wir rannten sofort los, jeder in eine andere Richtung.

»Bleiben stehen, du Diep, bleiben stehen!«, brüllte der Kerl hinter mir.

Super. Es gab drei Typen, die er verfolgen konnte, und er entschied sich natürlich für mich. Ich rannte, so schnell ich konnte. Einen sesselfurzenden Busfahrer sollte ich doch in einer Minute abgehängt haben. Dachte ich zumindest. Nach zehn Minuten war der Kerl immer noch hinter mir.

»Bleiben stehen!«, schrie er.

Ich rannte über Straßen, ohne auf die Autos zu achten, kletterte über Zäune und durchquerte sogar ein Parkhaus, aber dieses Tier ließ sich nicht abschütteln. Ich spielte Fußball und stemmte zu Hause Hanteln, war körperlich also total fit, trotzdem wurde ich diesen Vogel einfach nicht los. Der rannte wie der Teufel wegen einem bisschen Kohle, das ihm nicht mal gehörte. Was stimmte denn mit dem nicht?

»Verpiss dich, du Wichser!«, keuchte ich und rannte weiter in Richtung Hof.

Dort kannte ich mich am besten aus, und wenn ich dem Busfahrer schon nicht entkommen konnte, hätte ich wenigstens genug Möglichkeiten, mich zu verstecken.

Nachdem wir beide beinahe eine halbe Stunde gerannt waren, erreichte ich eine der Tischtennisplatten, auf der ich normalerweise immer saß. Ich stellte mich auf eine Seite, stützte mich ab und atmete erst einmal durch.

Der Busfahrer erreichte die Platte wenigen Sekunden nach mir. Wir standen uns schwer atmend gegenüber, getrennt nur durch die Betonplatte.

»Gib Geld, du Diep. Hast du Geld geklaut!«

»Verpiss dich, du scheiß Busfahrer!«

»Nein, du hast meine Geld geklaut!«

Er wollte sein Geld? Von mir aus. Ich hatte keinen Bock mehr auf Verfolgungsjagden.

Ich griff in meine Hosentasche und schnappte mir eine Hand voll Fünfmarkstücke. Die warf ich dem Kerl direkt ins Gesicht.

»Hier hast du dein scheiß Geld!«

Der Busfahrer schrie auf, als ihn die Münzen mit Wucht direkt in die Fresse trafen. Ich rannte um die Tischtennisplatte, trat dem Penner in den Arsch und lief weg.

»Ah, Hilfe, du mich geschlagen, du mich geschlagen!«, hörte ich ihn hinter mir rufen.

Geschlagen … Das wüsste er aber, wenn ich ihn geschlagen hätte …

Ich rannte weiter, sah mich nach einigen Metern um und stellte erleichtert fest, dass der Idiot nicht mehr hinter mir her war. Und Geld hatte ich auch noch genügend übrig.

Ich ließ mich auf ein Stück Rasen fallen und kramte die restlichen Münzen aus meinen Taschen. Immerhin noch fast einhundert Mark. Ich war begeistert. Um Zigaretten, Cola und alles andere brauchte ich mir in den nächsten Tagen keine Sorgen zu machen. Echter Gangster-Shit. Ich brauchte etwas, und ich hatte es mir einfach genommen. So musste es sein. Mir fiel O-Dog ein, eine der Hauptrollen in *Menace II Society*. Genau wie ich war er der Jüngste in seiner Clique, aber auch einer der Cleversten und Sympathischsten. Ich hatte immer das Gefühl, genau wie er zu sein. Und jetzt in diesem Moment ganz besonders. Ich war O-Dog. Und niemand konnte mir etwas anhaben.

Ein 13jähriger – Zu kriminell für Deutschland?

Thorsten Schmitz, 1998 in »ausweisung.blogsport.de«

....

»Heil Hitler«, rief ich laut, als ich an der Hand meiner Mutter das Gebäude des Jugendgerichts betrat.

Spätestens jetzt hatte ich die volle Aufmerksamkeit aller Polizisten und Besucher. Meine Mutter ging unbeirrt weiter mit mir auf eines der Büros zu.

Ich hatte keine Ahnung, warum ich das in dem Moment gerufen hatte, aber mir kam die ganze Situation eben wie ein einziger großer Witz vor. Außerdem sah das Gebäude, auch wenn es eher klein war, von innen aus wie eines der Dinger aus den Hitler-Dokus. Dazu kam, dass an jeder Ecke ein Uniformierter mit ausdruckslosem Gesicht stand. Im Grunde fand ich meinen Gruß gar nicht so unpassend.

Der Busfahrer hatte uns angezeigt, nachdem wir identifiziert worden waren. Irgendwer hatte beobachtet, wie wir uns an den Bussen zu schaffen gemacht hatten und dann weggelaufen waren. Und da in unserer Gegend praktisch jeder jeden kannte, konnte es natürlich nicht lange dauern, bis die Bullen bei uns auf der Matte standen. Admir und Stefan waren mit dem üblichen Klaps auf die Finger davongekommen, nur ich durfte auf dem Revier antanzen, da man mir eine schwere Körperverletzung vorwarf. Keine Ahnung, was das bedeutete. Dass ich jemanden schwer verletzt hatte bei der Bus-Aktion, war mir entgangen.

Das kleine Büro, auf das meine Mutter und ich zuhielten, entpuppte sich nach einem kurzen Blick auf das Schild neben der Tür als Gerichtssaal, was mich wunderte. In meiner Vorstellung waren Gerichtssäle große Räume, in denen Geschworene und Zuschauer Platz fanden, dazu noch Richter, Staatsanwälte und Verteidiger. Riesige Säle. Jedenfalls keine muffigen, kleinen Büros. Aber wahrscheinlich war es hier im Münchner Zentrum eben auch nicht anders als bei uns in Neuperlach: klein, grau, muffig und langweilig.

Noch bevor wir den Gerichtsraum erreichten, öffnete sich die Tür und ein alter Mann mit verschlissenem Pullover erschien.

»Frau Ari?«, fragte er meine Mutter.

Die nickte.

»Kommen's bitteschön gleich herein.«

Wir betraten den Raum, der tatsächlich noch etwas kleiner war, als ich angenommen hatte. Das einzig große darin war der Schreibtisch, der mir viel zu gewaltig schien für so ein Zimmerchen. Ich schaute mich um, und sofort blieb mir der Mund offen stehen.

An einer Wand saß der Busfahrer, der mich einige Tage zuvor verfolgt hatte. Nur trug er jetzt eine Halskrause und schaute gequält. Wollte er mir jetzt etwa einen Genickbruch anhängen?

»Will der mich verarschen?«, fragte ich laut und zeigte auf den Mann.

»Jetzt ist gut«, zischte der Richter und forderte meine Mutter und mich auf, Platz zu nehmen.

Während wir uns setzten, musterte er mich von oben bis unten. Basecap, Sportschuhe und Lederjacke. In seinen Augen war ich wahrscheinlich jetzt schon ein Schwerstkrimineller, bloß weil ich keinen Anzug trug.

Der Typ im hässlichen Pulli öffnete noch einmal die Tür, und dieses Mal betrat der Mann vom Jugendamt den Raum.

Ich hatte schon jetzt keinen Bock mehr auf die Veranstaltung. Es wussten doch alle genau, wie das hier enden würde. Der Muhlis war böse, der Muhlis sollte das bitte nicht noch mal machen. Und Schmerzensgeld – oder was immer der Busfahrer von mir wollte – konnte er sich gleich abschminken. Erstens hatte ich überhaupt nichts getan, zweitens war ich ein Kind. Und Kinder wurden nicht verurteilt. Seine dämliche Show konnte er sich sparen.

Nachdem wir nun vollzählig waren, schilderte der Busfahrer, was ich ihm Schreckliches angetan hatte. Erst hatte ich ihn ausgeraubt, dann zusammengeschlagen.

»Der Penner lügt sich hier was zusammen«, unterbrach ich das Gejammer.

Der Richter forderte mich auf, still zu sein. Meine Mutter drohte mir eine Ohrfeige an, wenn ich nicht sofort den Mund halten würde.

Ich blieb also still und hörte mir den Schwachsinn meines »Opfers« in aller Ausführlichkeit an, auch wenn ich innerlich kochte.

Schließlich war ich an der Reihe und durfte sagen, was tatsächlich passiert war. Ich erzählte die Kurzfassung: Bus aufgemacht, nicht aufgebrochen, mit dem Schalter einfach aufgemacht. Geld rausgeholt, nicht mit Gewalt geraubt. Dann Verfolgungsjagd durch Perlach inklusive Münzen im Gesicht und Tritt in den Arsch. Ende.

Mehr war ja tatsächlich nicht passiert. Und dass der Bustyp jetzt hier einen auf Gewaltopfer machte, begriff ich einfach nicht.

Der Richter nickte und hörte mir ruhig zu, was mich total erstaunte. Normalerweise wurde ich von Erwachsenen ständig unterbrochen, wenn sie mich denn überhaupt reden ließen.

Als ich fertig war, wandte sich der Richter an den Mann vom Jugendamt. Sie tuschelten eine Weile und baten dann meine Mutter und mich, kurz vor der Tür zu warten. Der Busfahrer durfte gehen.

Wir verließen den Raum und setzten uns auf eine kleine Holzbank. Der Busfahrer ging ohne ein Wort an uns vorbei. Durch die Glasscheibe des Gerichtsgebäudes konnte ich sehen, dass er, kaum dass er auf der Straße stand, seine Halskrause abnahm.

Ich schüttelte nur den Kopf.

Wo man hinsah, wurde man verarscht und beschissen.

Schließlich öffnete sich die Tür neben uns, und wir wurden wieder hereingebeten.

Wir setzten uns vor den Schreibtisch, und der Richter fing sofort mit seiner Moralpredigt an: Ich würde den Bogen langsam überspannen, ich könnte mich nicht ewig auf meinem Alter ausruhen, ich sollte zusehen, dass ich die gleiche Energie mal in die Schule steckte und so weiter ... Wegen so einem Blödsinn ließ man meine Mutter und mich mit der Tram durch die halbe Stadt fahren.

Ich nickte und hörte ihm zu, auch wenn mir der Kram ziemlich egal war. Er und ich wussten, dass ich in ein paar Minuten nach Hause gehen würde. Ohne Strafe. Genau wie Stefan und Admir. Wir waren Kinder, und Kinder steckte man in Deutschland nicht in den Knast.

Zum Schluss wies er mich darauf hin, dass ich selbstverständlich einen Eintrag erhalten würde wegen dieser Geschichte. Einträge sind die Kinderversionen von Vorstrafen, also völlig egal. Meine Freunde und ich hatten reichlich davon, und hätten sie irgendetwas zu bedeuten gehabt, hätte halb Neuperlach im Gefängnis gesessen.

Wieder nickte ich und gelobte Besserung.

Ich wollte den Zirkus nur hinter mich bringen.

Endlich durften wir gehen, aber vor der Tür wollte der Jugendamt-Typ noch mit meiner Mutter sprechen. Ich ging vor die Tür und zündete mir eine Zigarette an. Mit 13 Jahren vor einem Gerichtsgebäude zu stehen und zu rauchen, fühlte sich gut an. Es unterstrich meine Einstellung zur Justiz: Sie konnte mir gar nichts. Ich steckte mir die Kopfhörer meines Walkman in die Ohren. Auf meiner Kassette begann gerade »Fuck Tha Police«. Das passte ja.

Nach wenigen Minuten kam meine Mutter ebenfalls heraus. Sie sah mich strafend an, und ich warf meine Zigarette weg. Dann teilte sie mir mit, dass ich ab nächster Woche in einem Sportverein angemeldet würde. Das Jugendamt hielt das für eine gute Idee, folglich war auch meine Mutter dafür. Welchen Sport, könne ich mir aussuchen.

»Wenn, dann Fußball«, sagte ich und zuckte mit den Schultern.

Meine Freunde und ich spielten eh gelegentlich, und davon abgesehen konnte ich mir keinen anderen Sport vorstellen, den ich länger als einen Tag machen wollte.

Einige Tage später verließ ich die Wohnung und ging in den Hof.

Meine Freunde warteten bereits auf mich, und ich begrüßte jeden einzelnen mit Handschlag. Wir gaben uns die Hand, klatschten anschließend ab und schlugen die Fäuste aneinander. Eine rituelle Begrüßung, die wir den

Ghettofilmen entnommen hatten und die uns das Gefühl gab, dass wir alle zur selben Gang gehörten.

»Und, was geht noch?«, fragte Stefan.

»Ich hab' gleich Fußballtraining, also nicht viel«, antwortete ich und kramte nach der letzten Zigarette, die lose in meiner Jackentasche lag.

»Wann geht's denn los?«, fragte Dimo.

»Gleich. Ätzender Scheiß.«

»Dann bleib halt weg«, schlug Issam vor, aber ich sah ihn nur mit einem müden Lächeln an.

Marco kam herangeschlendert. Auch er begrüßte uns, wie wir es immer taten, dann zog er eine Zeitungsseite aus der Jackentasche.

»Einer von uns ist berühmt«, lachte er und faltete das Papier auseinander.

»Seit wann kannst du Depp lesen?«, fragte Dimo.

»Fresse, Arschloch«, sagte Marco, legte das Blatt auf die Tischtennisplatte und zeigte auf einen kleinen Artikel.

Darin war von einem Jungen aus Neuperlach die Rede, ein gewisser Mehmet A., der bereits um die 60 Einträge hatte, darunter Körperverletzung, Raub, Nötigung und Diebstahl.

»Klingt ja nach 'nem krassen Kerl«, sagte ich.

»Den müssten wir doch kennen, wenn der hier aus der Gegend kommt«, sagte Issam. »Kennt den wer?«

Wir schüttelten alle den Kopf. Natürlich kannten wir ein paar Mehmets, aber das waren alles ältere Leute, zumindest älter als wir. Genauso gut hätte man in Neuperlach nach einem 13 Jahre alten Franz oder Wilhelm suchen können.

»Ja, aber der Typ muss doch wem aufgefallen sein. Der ist ein richtiger Verbrecher, steht hier jedenfalls«, sagte Marco.

»Ich kenn' keinen Mehmet«, gähnte ich. »Das haben die sich doch nur ausgedacht, damit sie wieder schreiben können, wie scheiße Neuperlach ist.«

»Kann sein.«

Marco ließ nicht locker.

»Ja, aber schaut doch mal. Der hat über 60 Vorstrafen. Den müssten wir doch kennen.«

»Na und?«, grinste Issam. »60 Vorstrafen hab' ich auch.«

»Wo denn?«, fragte Stefan. »Du bist doch nie dabei, wenn was ist.«

Issam schubste Stefan zur Seite.

»Sagt der Richtige. Wer hat sich denn letztens in die Hose geschissen, als wir ins Jugendzentrum rein sind?«

»Hab' ich überhaupt nicht, Spasti«, verteidigte sich Stefan. »Ich hab' nur keinen Bock gehabt, wieder beim Jugendamt anzutanzen.«

Das Jugendzentrum. Ein kleiner Laden, in dem man kickern oder Billard spielen konnte. Vor einigen Wochen waren wir abends durch ein Kellerfenster reingekletttert und hatten unsere Zeichen an die Wände gemalt. Einfach als Zeichen dafür, dass wir die Bosse in der Gegend waren. Zwar hatten wir nichts geklaut, was wahrscheinlich daran gelegen hatte, dass nichts Lohnendes herumlag, man hatte uns aber trotzdem wegen Einbruchdiebstahl angezeigt. Und Issam hatte damit tatsächlich seinen 50. Eintrag gefeiert. Dass er jetzt so übertrieb, war nur der Versuch, als der Coolste dazustehen.

»Du bist halt 'ne Muschi«, lachte ich und trat meine Zigarette aus.

»Die überlegen gerade, was die mit dem Mehmet machen sollen«, sagte Marco und lenkte unsere Aufmerksamkeit wieder auf den Zeitungsbericht.

»Sollen die überlegen. Der ist 13. Die machen gar nix«, sagte Issam.

Mein Vater kam aus dem Haus, in der Hand hielt er meine Sporttasche.

»Muhlis, Fußball«, rief er zu uns herüber.

»Scheiß auf Mehmet. Wär' der so berühmt, wie die sagen, würden wir den kennen.«

Damit verabschiedete ich mich von meinen Freunden und ging zu meinem Vater, um mich zum Fußballtraining fahren zu lassen.

Die Stimmung auf dem Fußballplatz war wie immer äußerst gereizt. Beinahe alle Kinder, die mit mir trainierten, stammten aus Neuperlach und nutzten ihre Bühne, so gut sie konnten. Jeder wollte dem anderen beweisen, dass er besser, schneller oder stärker war. Mir machte das nichts aus. Den Kampf

»wer ist der Coolste« kämpfte ich täglich mit meinen Freunden im Hof. Und manchmal gewann man, manchmal verlor man. Mir imponierten Jungs also überhaupt nicht, die mir ständig beweisen wollten, dass sie besser waren als ich. Ich versuchte, mich so gut wie möglich auf das Training zu konzentrieren, denn tatsächlich machte mir Fußball Spaß. Und ich fand, dass ich ganz gut mit dem Ball umgehen konnte. Wir trainierten auf einem Ascheplatz, der dem Verein gehörte und zu dem niemand sonst Zutritt hatte. Das erklärte auch, warum im Gegensatz zu den Plätzen in unserer Gegend hier noch alles intakt war. Keine Hundescheiße auf den Wiesen, keine demolierten Tore und keine Älteren, die einen entweder pausenlos verarschten oder einen verprügelten und den Ball klauten.

Bei einer der Übungen, die wir gelegentlich machten, ging es darum, den Ball mit dem Fuß so lange wie möglich in der Luft zu halten. Ich stand in einer Reihe mit mehreren Jungs und kickte den Ball immer wieder leicht an, wobei ich versuchte, ihn nicht wegspringen zu lassen. Sah einfacher aus, als es tatsächlich war. Immer wieder sprangen uns die Bälle weg. Einige Meter von mir entfernt stand ein Junge in meinem Alter, den ich nicht kannte, der besonders frustriert zu sein schien. Nach zwei, spätestens drei Berührungen verlor er den Ball und musste ihn sich wieder holen und von vorn beginnen. Viel öfter als fünf Mal schaffte ich zwar auch nicht, aber im Gegensatz zu ihm machte es mich nicht sauer, wenn mir der Ball wegrollte. Es lief eine Weile ganz gut bei mir, dann irgendwann traf ich das Leder versehentlich mit der Fußspitze. Der Ball sprang weg und landete vor den Füßen des Jungen. Ich sah lächelnd zu ihm rüber. Eine stille Aufforderung, den Ball zu mir zurückzuschießen. Das machte man hier so, war ganz normal. Der Typ aber tat so, als hätte er mich nicht gesehen und machte mit seiner Übung weiter.

»Schieß mal zurück«, rief ich ihm zu.

Konnte ja sein, dass er meinen Blick einfach falsch interpretiert hatte.

»Wenn du deinen scheiß Ball willst, dann hol ihn dir selber«, antwortete er und sah mich nicht einmal an dabei.

Ich ging genervt zu dem Jungen und schnappte mir meinen Ball.

»Wo wär' denn jetzt das Problem gewesen?«, fragte ich im Weggehen.

»Musst halt schauen, dass du Fußball lernst, dann haut dir der Ball auch nicht ab.«

Ich blieb stehen und drehte mich wieder herum.

»Was hast du gesagt?«

»Verpiss dich.«

»Ich soll mich verpissen?«

»Alter, hau ab jetzt. Oder ich zieh' dir eine.«

Der kleine Wichser legte es ja geradezu darauf an. Was erlaubte der sich. Der kannte mich nicht und ich ihn nicht. Es gab keinen verdammten Grund für ihn, so respektlos zu mir zu sein. Ich ließ den Ball fallen, holte aus und schlug ihm mit der Faust ins Gesicht.

Sofort fiel der Typ auf seinen Hintern, gleichzeitig lief ihm Blut über das ganze Gesicht.

»Besser du verpisst dich mal selbst, Arschloch!«, brüllte ich zu ihm runter.

* * *

Der Polizist legte den Telefonhörer auf und sah mich an.

»Dein Vater kommt dich gleich abholen. In fünf Minuten ist er da.«

Sofort verwandelte sich die Langeweile, die ich gerade noch gefühlt hatte, weil ich wieder einmal auf einer Polizeiwache saß, in Angst. In einen regelrechten Kloß im Bauch.

Mein Vater hielt sich aus der Kindererziehung grundsätzlich heraus. Das war bei uns Aufgabe der Mutter, während er sich um das Geld kümmerte. Aber drei Dinge brachten ihn trotzdem zum Ausrasten: erstens fehlender Respekt. Zweitens, wenn er aus dem Schlaf gerissen wurde. Drittens, wenn er seinen jüngsten Sohn bei der Polizei abholen musste. Und in diesem Moment trafen alle drei Dinge auf einmal zu. Ich wusste ganz genau, was auf mich zukam.

»Muss das sein?«, fragte ich den Polizisten, der hinter seinem Schreibtisch saß und wieder auf seinen Computermonitor starrte. »Mein Vater muss in drei Stunden zur Arbeit. Ich kann doch einfach einen Tag in der Zelle bleiben und morgen allein nach Hause gehen.«

Der Bulle grinste schief.

»Das fehlte uns noch, dass wir ein kleines Kind wegsperren. Dein Vater ist ja gleich da, passt scho'.«

Schöne Scheiße, dachte ich. Das würde ordentlich knallen.

Und tatsächlich öffnete sich keine Minute später die Tür des Polizeireviers. Allein der Blick meines Vaters ließ mich auf dem Holzstuhl zusammensinken. Er kam auf mich zu und verpasste mir eine Ohrfeige, die meinen Kopf mit Wucht seitwärts riss. Der Polizist sprang von seinem Bürostuhl auf und rannte um seinen Schreibtisch herum.

»Herr Ari, bitte ...«, rief er zu uns herüber, allerdings holte mein Vater schon zum zweiten Mal aus und schlug auf meine Hände, die ich mir im Reflex vor das Gesicht hielt.

»Was hast du wieder gemacht, du dummer Junge!?«, schrie er und holte abermals aus. Der Polizist hielt seinen Arm fest und redete beruhigend auf ihn ein.

Ich versuchte, nicht weiter aufzufallen, während die beiden Männer miteinander sprachen. Ich atmete kaum und bewegte mich nicht, obwohl ich mir am liebsten den Kopf gehalten hätte vor Schmerzen.

Mein Vater und der Polizist gingen gemeinsam zum Schreibtisch. Der Beamte erklärte, dass ich dem Jungen die Nase gebrochen hatte und er vom Fußballtrainer ins Krankenhaus hatte gebracht werden müssen. Das Training war damit beendet gewesen, und dass ich in Zukunft nicht mehr auf dem Platz aufzutauchen brauchte, verstand sich von selbst. Während der Polizist sprach, warf mir mein Vater immer wieder finstere Blicke zu. Schließlich unterschrieb er ein paar Unterlagen, nahm meine Sporttasche und kam auf mich zu. Er riss mich am Arm in den Stand und zog mich hinter sich her aus der Wache.

Wir sprachen den gesamten zehnminütigen Fußweg kein Wort, und an der Art, mit der mein Vater meinen Arm umklammert hielt, konnte ich spüren, dass er kurz davor war zu explodieren. Zu Hause angekommen, stiegen wir die Stufen im Treppenhaus hinauf. Meine Mutter erwartete uns in der Wohnungstür.

»Er hat einem Jungen die Nase gebrochen«, sagte mein Vater und stieß mich nach vorn.

Meine Mutter empfing mich mit einer Ohrfeige.

»Was machst du immer? Was machst du immer?«, rief sie, und ihre Stimme hallte durch das Treppenhaus.

Sie schlug sich geradezu in Rage, immer wieder traf sie mich im Gesicht oder am Kopf. Geduckt lief ich zwischen ihren Schlägen hindurch ins Wohnzimmer.

Vor dem Sofa wendete ich mich meinen Eltern zu, die mir in die Wohnung gefolgt waren. Ich versuchte, ihnen zu erklären, was passiert war.

»Der Typ hat angefangen. Er hat gesagt …«

Weiter kam ich nicht, mich traf die nächste Ohrfeige meiner Mutter.

Ich fiel zurück und saß nun auf der Couch. Meine Eltern gestikulierten wild und schrien mich an, allerdings so wild durcheinander, dass ich kaum ein Wort von dem verstand, was sie sagten.

Plötzlich stand auch mein Bruder im Türrahmen. Den Wohnungsschlüssel noch in der Hand, fiel sein Blick erst auf mich, dann auf meine Eltern, die noch immer herumbrüllten.

»Was hast du kleiner Scheißer wieder angestellt?«, schrie er und stürmte auf mich zu.

Mein Bruder hob mich vom Sofa in die Luft, drehte sich herum und warf mich mit Wucht so auf den Fußboden, dass meine Schienbeine gegen die Kante des Wohnzimmertischs krachten. Ich schrie auf und zog meine Beine an mich, während ein Teeglas vom Tisch neben mir auf dem Teppich landete.

Meine Eltern waren nun still, reagierten aber auch nicht, als mein Bruder mich erneut schnappte. Er griff mich am Hosenbund und am Kragen meiner Jacke.

»Immer baust du nur Scheiße«, schnaufte er und hob mich so weit in die Höhe, dass ich in der Luft schwebte.

Dann ließ er mich los, und noch während ich fiel, drückte er mich abwärts, damit ich besonders schnell und hart auf den Boden knallte. Mein Brustkorb kam zuerst auf, und sofort blieb mir die Luft weg. Dann folgte mein Gesicht, und ich spürte, wie meine Unterlippe aufplatzte. Zum Glück hatte ich meinen Kopf noch etwas seitwärts drehen können, weshalb meine Nase nicht brach. Ich keuchte und versuchte, mich zusammenzurollen. Einige Sekunden lang hielt ich die Luft an und wartete, aber mein Bruder ließ mich nun liegen und begnügte sich damit, mich anzuschreien.

»Du Missgeburt machst immer nur Ärger! Irgendwann schlag' ich dich tot, wenn du nicht vernünftig wirst!«

Auch meine Eltern meldeten sich wieder.

»Mach das nie wieder«, brüllte mein Vater. »Hörst du? Nie wieder!«

»Du machst uns nur Ärger!«, ergänzte meine Mutter. »Du sollst nicht ständig Ärger machen!«

Dann wurde es still im Raum. Niemand sagte mehr ein Wort, ich hörte nur mein eigenes Atmen. Mein ganzer Körper tat weh, ich fühlte mich wie der letzte Dreck. Hätten nun alle um mich herum zu lachen angefangen, es hätte mich nicht gewundert. Das kleine Stück Scheiße lag auf dem Boden und krümmte sich vor Schmerzen. Ein Klassiker.

Ich öffnete die Augen und sah meine Eltern, die mittlerweile auf dem Sofa hockten und mich strafend ansahen. Mein Bruder stand neben mir und schüttelte missbilligend den Kopf.

»Geh ins Bett!«, befahl mein Vater schließlich.

Unter den Blicken meiner Eltern und meines Bruders stand ich vom Fußboden auf. Ich griff mir meinen Schuh, der mir vom Fuß gerutscht war, klemmte ihn mir unter den Arm und nahm auch meine Basecap. Da meine Schienbeine höllisch wehtaten, kam ich nur mühsam humpelnd über den Flur in mein Zimmer. Ich zog meine Jacke und den anderen Schuh aus und legte mich direkt ins Bett.

Mein Bruder sah eindeutig zu viel Wrestling, dachte ich. Dann fielen mir die Augen zu.

* * *

Drei Tage lang war ich das Gesprächsthema Nummer eins im Hof. Ich, Muhlis, der jüngste von allen, konnte jemandem mit nur einem Schlag die Nase brechen. Man begegnete mir mit höchstem Respekt. Meine Freunde wagten es nicht einmal mehr im Spaß, mich als Arschloch oder Spasti zu bezeichnen. Immerhin hatten sie es nun offiziell, dass ich ihnen körperlich überlegen war. Und auch Leute, die mich gar nicht kannten, wechselten jetzt die Straßenseite, wenn ich ihnen allein oder gemeinsam mit meinen Freunden entgegenkam. Ich war kein kleiner Prügler mehr, ich war wirklich gefährlich. Und das genoss ich. Ich wurde respektiert und anerkannt, war Teil einer Gruppe, in der man jedem meiner Worte aufmerksam zuhörte. Die wenigen Stunden zu Hause, wo ich nur der kleine, dumme Befehlsempfänger war, überstand ich da mehr als gelassen.

Der Staat sah eine Anzeige wegen schwerer Körperverletzung natürlich nicht ganz so entspannt: Das Jugendamt besuchte uns erneut.

»Ja, wenn es ihm hilft, besser zu gehorchen«, sagte mein Vater nur und zuckte mit den Schultern.

»Nein, Herr Ari. Es geht nicht darum, dass Muhlis besser gehorcht. Es geht darum, dass sie mit der Erziehung überfordert sind. Und deswegen halte ich es für besser, wenn er von nun an in einem Heim lebt.«

Der Mann vom Jugendamt schaute meinen Vater ernst an.

Meine Mutter fing augenblicklich an zu weinen. Was ich nicht verstand. Meine Eltern legten doch überhaupt keinen Wert auf mich. Ihr ältester Sohn arbeitete bei einer großen Versicherung und ihr mittlerer machte eine Ausbildung. Beides aufrechte und folgsame Staatsbürger und Söhne. Mich konnten sie dagegen überhaupt nicht leiden. Sobald ich die Wohnung betrat, sollte ich ruhig sein und gehorchen. Mit mir redete doch sowieso niemand, warum also jetzt das Geheule? Für meine Eltern musste das Heim doch ein toller Vorschlag sein. Und für mich selbst würde sich nichts ändern. Oder zumindest nicht viel.

Das Kinderheim, in das ich kommen sollte, lag etwas außerhalb Münchens, und wenn ich in den Hof oder nach Hause wollte, bedeutete das für mich lediglich eine Tramfahrt von etwa 30 Minuten. Meine Freunde würde ich also immer noch sehen können. Und wer weiß, vielleicht war es ja ganz cool im Heim. Vielleicht bekam ich sogar ein Zimmer für mich allein, in das niemand einfach ungefragt hineinpolterte, so wie das meine Eltern und mein Bruder ständig taten.

Der Typ vom Jugendamt holte mich aus meinen Gedanken.

»Was hältst du davon, Muhlis?«

»Wovon? Dem Heim? Von mir aus.«

»Schön. Der Aufenthalt wäre ja zunächst einmal freiwillig. Das heißt, wenn deine Eltern dem zustimmen, kannst du jederzeit wieder zurück nach Hause. Es ist kein Gefängnis.«

»Ja«, sagte ich. »Passt schon.«

»Gut, dann unterschreiben Sie mir bitte ein paar Dinge, dann kann Muhlis am Wochenende packen und Montag einziehen.«

Meine Eltern blickten sich einen Moment lang an, dann zog mein Vater die Papiere zu sich, die der Mann vom Amt auf den Tisch gelegt hatte.

* * *

Montagmorgen um 10 Uhr stand ich mitsamt einem großen Koffer in der Eingangshalle eines Kinder- und Jugendheims am Münchner Stadtrand. Der gesamte Fußboden war dunkel gefliest, und obwohl weit und breit keine Küche zu sehen war, roch es nach Essen. Überall um mich herum liefen Leute durch die Halle, auch Kinder, die alle extrem beschäftigt wirkten.

Jetzt wurde mir doch etwas mulmig. In meiner Vorstellung handelte es sich bei einem Heim um eine Art Ersatz-Zuhause für Kinder, deren Eltern entweder tot waren oder sich nicht um ihren Nachwuchs kümmern wollten, und ich war davon ausgegangen, dass man es den Kleinen in ihrer neuen Heimat so gemütlich wie möglich machen würde. Dieser Ort allerdings mit seinen glänzenden Fußböden und den glatten Holztüren wirkte irgendwie … professionell. Eine Aufbewahrungsanstalt, in der man Kinder so lange behielt, bis sie auszogen und man sie durch andere Kinder ersetzen würde.

Der Heimleiter stellte mich einem gewissen Jochen vor, einem Mann mit ausgebeulten Jeans und merkwürdig gemustertem Hemd, den ich auf Anfang 30 schätzte.

»Servus, Muhlis«, lächelte er. »Ich bin der Leiter deiner Gruppe. Magst mitkommen? Dann zeige ich dir dein Zimmer.«

Mir war es gleich, was der Mann mir zeigen wollte. Denn dass ich hier nicht lange bleiben würde, stand innerlich bereits für mich fest.

Jochen und ich stiegen in einen Fahrstuhl und fuhren in die erste Etage des Heims. Wir schlenderten einen schmalen Flur entlang und kamen an unzähligen Türen vorbei, die alle gleich aussahen. Vor einer dieser Türen blieben wir stehen, Jochen klopfte an und trat ein.

Ich folgte ihm und stand in einem Raum, der nur ein wenig größer war als das Zimmer zu Hause, das ich mir mit meinem Bruder teilte. Der Raum hatte ein großes Fenster, unter dem ein breiter Schreibtisch stand. An den Wänden standen insgesamt drei Betten, und auf einem der Betten saß ein Typ im Schneidersitz und blätterte in einem Batman-Comic. Der Junge sah uns kurz an, lächelte Jochen zu und widmete sich dann wieder seinem Heft.

»Hallo Jens, das ist der Muhlis. Er wohnt jetzt hier mit euch.«

Jens sah mich an und nickte mir kurz zu.

Ich beschränkte mich ebenfalls auf ein kurzes Nicken, denn genau wie Jens wusste ich nicht, was ich groß hätte sagen sollen.

Jochen deutete auf den großen Schrank, der neben uns an einer Wand stand, und schob meinen Koffer davor.

»Hier kannst du deine Sachen einräumen. Und wenn du so weit bist, kommst bitte runter ins Esszimmer, es gibt gleich Mittagessen.«

Wieder nickte ich nur.

»Okay«, sagte Jochen schließlich. »Alles weitere erklär' ich dir dann gleich. Macht euch erst mal bekannt, dann gibt's Essen. Hast noch Fragen?«

»Nö«, sagte ich.

Jochen verschwand und ließ mich mit Jens im Zimmer zurück.

Einige Sekunden stand ich blöd herum, dann ging ich zum Fenster, öffnete es und zündete mir eine Zigarette an.

»Hier darf man nicht rauchen«, sagte Jens und sah mich mit großen Augen an.

»Zwingt dich ja auch keiner«, sagte ich und blies den Rauch aus dem Fenster.

Wie stellten die sich das hier vor? Ich war jetzt in einem Heim am Ende der Welt. Allein der Weg zur Schule würde mindestens eine Stunde dauern, schätzte ich. Oder man steckte mich in eine andere Hauptschule, was mir noch viel weniger gefiel. Nein, das Heim war jetzt schon für'n Arsch. Ich wollte nach Hause. Ich war noch keine halbe Stunde hier, vermisste aber bereits meine Eltern, meine Freunde und den Hof. Mein Zuhause eben. Das richtige Zuhause. Nicht diese Scheiße hier. Ein kleines Zimmer, in dem ich mit zwei Fremden übernachten sollte.

»Krieg' ich eine?«, fragte Jens und stand vom Bett auf.

Ich hielt ihm die Schachtel hin, und er nahm sich eine Zigarette heraus. Ich gab ihm Feuer, dann standen wir zu zweit vor dem Fenster und rauchten.

»Wie lange bist du schon hier?«, fragte ich Jens, der etwa einen Kopf kleiner war als ich.

»Ein halbes Jahr. Sind alles Wichser hier, nur dass du's weißt.«

»Aha, wieso?«

»Die gehen einem ständig auf den Sack mit irgendwelchen Regeln und Vorschriften. Du kannst hier nicht mal in Ruhe scheißen gehen, ohne dass sie gleich nach dir suchen. Könntest ja abgehauen sein.«

Ich war überrascht. Ich war ja davon ausgegangen, dass mein Aufenthalt freiwillig war.

»Wieso suchen die einen?«, fragte ich Jens. »Mir hat man erzählt, das wäre hier kein Knast.«

»Ist auch keiner. Aber die wollen dich natürlich schon hier behalten. Sozialpädagogen halt. Die wollen einem immer helfen. Wieso bist du hier? Eltern tot?«

Ich schüttelte den Kopf.

»Nö, ich hab' mich ab und zu gekloppt und letztens einem die Nase gebrochen. Deswegen.«

»Die Nase gebrochen?«

»Ja.«

»Saucool. Wie kam das denn?«

Ich grinste Jens an. Der Junge schien in Ordnung zu sein. Ich erzählte ihm von Neuperlach und davon, was meine Freunde und ich dort den ganzen Tag so trieben. Bis ins Detail klärte ich ihn darüber auf, wie wir regelmäßig klauen gegangen waren, die Busse ausgeräumt hatten, und darüber, dass wir überhaupt in dieser Gegend die Könige waren. Jens war schwer beeindruckt. Er selbst stammte aus München-Bogenhausen, einer eher ruhigen Gegend, und Neuperlach war für ihn nur ein Mythos. Jens hatte sich nie dorthin gewagt, weil er immer von allen gehört hatte, dass es ein »Ghetto« sei, in dem es heiß her ging. Er hatte einfach keine Lust gehabt, ausgeraubt oder zusammengeschlagen zu werden. Je ehrfürchtiger er reagierte, desto mehr erzählte ich. Ich fühlte mich wie ein knallharter Gangster, der einen Ort, den andere fürchteten, nicht nur sein Zuhause nannte, sondern an diesem Ort auch der große Chef war.

Wir hatten unsere Zigaretten gerade zu Ende geraucht, als auch mein zweiter zukünftiger Mitbewohner das Zimmer betrat. Micha war genau wie Jens eher klein und schmal. Offensichtlich kam er gerade vom Fußball, er war ziemlich schmutzig, trug ein Deutschland-Trikot und hatte einen Ball unter seinem Arm klemmen.

»Hi Micha, das ist Muhlis. Aus Neuperlach. Er wohnt jetzt hier mit uns.«

»Das wüsste ich aber«, sagte ich und spuckte aus dem Fenster. »Ich verschwinde nachher wieder.«

»Is' scho' recht. Des sind alles Wichser hier«, sagte Micha in heftigem Bayrisch und grinste breit.

Das bestätigte mich in meinem Vorhaben, noch heute wieder nach Hause zu gehen.

»Glei' mal zum Essen?«, fragte Micha und sah Jens fragend an.

»Ich komm«, sagte der und schob sich schnell einen Kaugummi in den Mund.

»Kommst mit, Muhlis?«, fragte Micha.

»Ich komm nach«, antwortete ich.

Die beiden schlossen die Tür hinter sich, und ich sah mich noch einmal im Zimmer um. Drei Betten, drei kleine Nachttische, ein Schreibtisch und ein Schrank. Alles in hellem Holz. Steril, unpersönlich und hässlich. Mir lief ein Schauer über den Rücken, wenn ich nur daran dachte, hier mit Wildfremden zu übernachten.

Ich war freiwillig hier? Okay, das Angebot nahm ich gern an.

Ich schnappte mir meinen Koffer und verließ das Zimmer.

* * *

»Was machst du denn hier? Der Mann vom Amt wollte doch, dass du im Heim wohnst!«

Meine Mutter wusste gar nicht, wie ihr geschah, als ich plötzlich vor der Tür stand.

Ich war nicht in der Stimmung für Diskussionen. Ich war vom Heim aus über den Münchner Hauptbahnhof bis zurück nach Hause gefahren. Ein Weg von beinahe zwei Stunden lag hinter mir, und ich wollte mich erst einmal ausruhen.

»Die haben mich da pausenlos schikaniert. Die waren echt gemein zu mir. Ich will da nicht sein. Ist ja auch freiwillig.«

»Aber die wollen doch, dass du da bist.«

»Ja, aber ich will nicht. Und ich muss ja auch nicht.«

Meine Mutter sah mich ratlos an, ging dann aber zur Seite und gab den Weg in die Wohnung frei. Was hätte sie auch sonst tun sollen. Niemand zwang mich, im Heim zu leben. Das Jugendamt hatte einen Vorschlag gemacht, und ich hatte diesen Vorschlag nun abgelehnt. Heute Abend würde mein Vater nach Hause kommen, und meine Mutter würde ihm die Geschichte erklären. Und damit wäre das Thema beendet. Und wenn ich in nächster Zeit keinen Scheiß mehr machte, würde das Jugendamt bald sein Interesse an mir verlieren. Mich nervte der ständige Stress allmählich. Der Besuch beim Gericht und meine halbe Stunde im Kinderheim reichten mir. Ich wollte zukünftig in Ruhe mein Leben leben, ohne dass man mir ständig auf die Finger schaute.

Aus dem Menschen Muhlis ist das Symbol »Mehmet« geworden.

Jörg Schallenberg am 9. März 2005 in der *taz*

»Was hast du gesagt?«

»Ich hab' gesagt, du Arschloch kannst mich mal.«

Werner, der Betreuer, sah mich mit riesengroßen Augen an. Ich konnte mir nicht vorstellen, dass ich tatsächlich der Erste sein sollte, der diesen Vollidioten ein Arschloch nannte.

»Du ... du ... So kannst du nicht mit mir reden. Ich werd' jetzt mal zum Heimleiter gehen, dann wirst du sehen, was du davon hast. Das muss ich mir nicht gefallen lassen.«

Werner stürmte aus dem Zimmer und ließ die Tür hinter sich knallen wie ein beleidigtes Kind, dass bei Mama und Papa petzte, weil die anderen Kinder auf dem Spielplatz frech zu ihm gewesen waren.

Die Jungs und ich lachten laut auf.

»Geil, Muhlis. Der Spinner hockt jetzt sicher auf dem Klo und heult«, sagte Kai und klopfte mir auf die Schulter.

Ich hockte mich auf mein Bett und zog noch einmal genüsslich an meiner Zigarette, dann ließ ich die Kippe in ein Wasserglas fallen, wo sie zischend erlosch. Ich rauchte, wo und wann ich wollte. Und niemand hier würde mir das verbieten.

Das Kinderheim, in dem ich nun seit einem Tag lebte, war bereits das vierte, in das mich das Jugendamt gesteckt hatte. Oder besser: meinen Eltern empfohlen hatte, mich dorthin zu geben. Was sie immer wieder brav getan hatten. Denn wenn der deutsche Staat etwas für gut hielt, dann musste es auch gut sein. Daran bestand für sie überhaupt kein Zweifel.

Dabei hatte ich mir tatsächlich überhaupt nichts mehr zuschulden kommen lassen, seit ich dem Jungen beim Fußball die Nase gebrochen hatte. Ich prügelte mich nicht mehr und war überhaupt etwas zufriedener mit mir und meinem Leben. Das lag nicht zuletzt daran, dass ich seit einigen Tagen eine Freundin hatte.

Ich war nie wirklich oft in der Schule gewesen. Ich mochte die Schule einfach nicht. Aber in den letzten Wochen war ich wieder öfter dort gewesen, was an einem bestimmten Mädchen lag: Janine. Meist hatte ich mich erst spät auf den Weg gemacht, wenn der Unterricht schon fast beendet war – um sie abzupassen, wenn sie das Gebäude verließ. Zum Glück hatten wir gemeinsame Bekannte, sodass ich mich einfach dazustellen und ein Gespräch mit ihr beginnen konnte. Interesse hatte sie leider keins an mir, und das ließ sie mich auch spüren.

»Hi, ich bin Muhlis«, sagte ich, als ich mich zum ersten Mal zu ihr gesellte.

Ich legte ein breites Grinsen auf und versuchte, nicht wie jemand zu wirken, der sie unbedingt näher kennenlernen wollte.

»Hi«, antwortete Janine und widmete sich wieder wichtigeren Gesprächen.

Es war nicht einfach. Ich war zwei Jahre jünger als sie, und gerade auf der Hauptschule, wo Mädchen sich gern mit älteren Jungs schmückten, war ich für Janine zunächst einmal so sexy wie ein Zehnjähriger. Aber ich mochte sie, und es war nicht meine Art, einfach aufzugeben. Ich erfuhr, dass sie gerade ein Praktikum im Büro einer Spedition machte. Ein eher kleiner, ziemlich seltsamer Laden mit einem winzigen Büro und angeschlossener Garage. Aber: Ich kannte dort jemanden. Ein Typ, den ich eigentlich gar nicht besonders leiden konnte, half dort nebenbei in der Werkstatt aus. Ich tat also so, als würde ich ihn besuchen, wenn ich Janine sehen wollte. Der Typ freute sich, wenn ich anspaziert kam und so tat, als würden er und sein Leben mich interessieren. Ich redete ein bisschen mit ihm, und dann machte ich mich so schnell es ging aus dem Staub und ging ins Büro, um dort – ganz beiläufig natürlich – mit Janine zu plaudern. Nach einigen Wochen und unendlich vielen Gesprächen mit Janine nahm ich meinen Mut zusammen und fragte sie, ob wir nicht Telefonnummern austauschen wollten. Sie hatte zum Glück nichts dagegen. Es dauerte einige Tage, bis ich schließlich auch den Mut aufbrachte, sie anzurufen und zu fragen, ob wir nicht gemeinsam etwas unternehmen könnten. Im Park spazieren gehen oder so. Und sie sagte Ja.

Ich hatte es also tatsächlich geschafft, sie davon zu überzeugen, dass ich kein kleines Kind war.

Einen Tag nach unserem Telefonat holte ich sie von zu Hause ab, und wir schlenderten einfach drauflos. Es lag eine eigenartige Stimmung in der Luft, und ich fand, dass genau dies vielleicht der Tag war, um endlich aufs Ganze zu gehen. Ich hatte nur keine Ahnung, wie ich das anstellen sollte. Nach einer Stunde setzten wir uns auf eine Bank, um uns etwas auszuruhen. Obwohl wir beide die ganze Zeit pausenlos geredet hatten, waren wir nun still. Irgendetwas musste ich jetzt tun, das wusste ich. Aber was? Ich tat das Schmalzigste, was mir gerade einfiel.

»Janine, irgendwas stimmt mit deinen Lippen nicht«, sagte ich und lächelte.

Ihre Hand wanderte automatisch zu ihrem Gesicht hinauf.

»Was denn?«, fragte sie.

»Dass sie nicht auf meinen sind.«

Ich kam mir unendlich dämlich vor. Ich hatte den Spruch aus irgendeinem Film und hielt ihn selbst für total bescheuert. Mir war spontan einfach nichts anderes eingefallen. Aber – es funktionierte!

Janine lächelte.

»Tja«, sagte sie, »dann ändere das doch.«

Ich rückte ein Stück näher an sie heran und – küsste sie.

Ich hatte schon ungefähr eintausend Leute geküsst. Meine Mutter, Tanten, Cousinen ... Die komplette Familie hatte mich geküsst oder von mir einen Kuss bekommen. Nichts Besonderes. Aber in diesem Augenblick, in dem ich Janine küsste, stand mein gesamter Körper sofort unter Strom. Wäre es nach mir gegangen, wir säßen heute noch dort und würden uns küssen.

Trotz unserer Macho-Art und dem Gangster-Getue hatten weder meine Freunde noch ich irgendwelche Erfahrungen mit Mädchen. Aber ich jetzt schon. Ich hatte nun eine feste Freundin! Ich hätte vor Glück aus dem Stand über eines der Hochhäuser springen können.

Janine sah nicht nur top aus, sie war auch wirklich an mir interessiert und eine witzige und clevere Frau. Und sie hasste es, wenn ich meine O-Dog-Filme fuhr und einen auf Ghetto machte. Abgesehen von meinen Klamotten natürlich, die fand sie cool.

Sie mochte Muhlis, also bot ich ihr genau den. Ich prügelte mich nicht mehr, und auch mit meinen Freunden verbrachte ich weniger Zeit. Mit der Zeit langweilten sie mich sogar. Leuten Geld zu klauen oder im PEP Snickers einzustecken verlor für mich seinen Reiz. Mit Janine Zeit zu verbringen war definitiv interessanter, auch weil es dann so viel einfacher war, ich selbst zu sein. Ob ich bei meinen Freunden der coole Gangster war, dem nichts etwas anhaben konnte, oder ob ich bei meinen Eltern der stumme, dankbare Sohn war – mir wurde jetzt klar, dass es beides Rollen waren, die ich spielte wie in einem Film. Und auch wenn ich sie mit den Jahren immer besser spielte, war es doch unglaublich anstrengend für mich. Das bemerkte ich aber erst jetzt, wo ich jemanden hatte, der es einfach nicht mochte, wenn ich mich verstellte.

Janines Eltern waren weniger begeistert von mir, und daraus machten sie auch gar kein Geheimnis. Und zu einem großen Teil war ich vermutlich auch selber schuld daran. In Neuperlach hatte ich mir mit der Zeit einen Ruf erarbeitet, auf den ich zwar unheimlich stolz war, der meine Beziehung zu Janines Eltern aber schwierig machte. Ihre Tochter Hand in Hand mit dem kleinen Verbrecher-Proleten zu sehen, muss ihnen echte Magenschmerzen bereitet haben. Glücklicherweise gab Janine nicht sehr viel auf die Meinung ihrer Eltern, denn sie war wirklich verliebt in mich. So sehr wie ich in sie.

Und auch aus diesem Grund konnte ich diese beschissenen Heime gerade überhaupt nicht gebrauchen. Ich wollte nach Hause. Aber meine Eltern ließen sich immer wieder auf die Vorschläge ein, die man ihnen unterbreitete.

»Vielleicht war das Heim oder der dortige erzieherische Ansatz einfach nicht das Richtige für ihren Sohn, Herr Ari. Wir hätten hier ein Heim, in dem man völlig anders arbeitet. Das ist genau das Richtige für Muhlis.«

Sprach der Mann vom Amt, mein Vater unterschrieb, und ich hockte wieder am Stadtrand im Heim.

Mit der Zeit hatte ich aber herausgefunden, wie ich meine Aufenthalte so kurz wie möglich gestalten konnte: Ich provozierte die Erzieher eine Weile und haute dann einfach ab. Und niemand vom Heim rief bei uns zu Hause an oder schrieb blöde Briefe. Man war wahrscheinlich einfach froh, mich los zu sein. Nur das Jugendamt meldete sich immer wieder, um sein Bedauern über den Fehlschlag auszudrücken und meinen Eltern ein anderes Heim vorzuschlagen. Ganz so, als wären sie unheimlich wild darauf, mich loszuwerden. Das alles war extrem lästig, aber ich hoffte, dass auch das irgendwann vorbeiging.

»Und was machst jetzt?«, fragte mich einer der Jungs und zündete sich ebenfalls eine Zigarette an.

»Was soll ich schon machen, ich Hau ab«, lachte ich und stand vom Bett auf.

»Ich bin auch schon fünfmal abgehauen. Ist richtig so.«

Ich zog mir meine Sportschuhe an und warf meine Jacke über. Ich schätzte, dass der Erzieher, wenn er denn tatsächlich zum Heimleiter gegangen war, gemeinsam mit ihm in zehn Minuten hier auftauchen würde. Und bis dahin wollte ich weg sein.

»Wie willst'n hier rauskommen?«, fragte mich Kai und sah auf seine Uhr. »Es ist fast acht Uhr, und die Tür unten ist abgeschlossen.«

»Mir doch egal, dann Hau ich durch die Luft ab«, antwortete ich und zog am Griff, um das Fenster zu öffnen.

Er ließ sich nur ein kleines Bisschen drehen. Mein Blick fiel auf das Schloss, das sich auf der Oberseite befand.

»Was ist denn das für 'ne Scheiße?«, rief ich und sah die anderen Jungs fragend an.

»Wir sind hier im ersten Stock, da sind die Fenster zu. Kriegst du nur gekippt, aber nicht ganz auf.«

Hatten diese Penner vom Heim mich tatsächlich eingesperrt? Für was hielten die mich? Irgendeine Art Tier, das nicht frei herumlaufen durfte?

»Die sperren euch hier ein, und ihr sagt da nix zu?«, fragte ich wütend in die Runde, bekam aber von allen nur ein Schulterzucken zur Antwort.

»Was sollen wir machen?«, fragte schließlich der mit der Zigarette, allerdings mehr sich selbst als mich.

»Was sollen wir machen …? Ich zeig' euch mal, was wir machen sollen.«

Ich verließ das Zimmer und ging auf den Flur. Dort befand sich ein kleiner Raum, in dem die Putzfrauen ihren Kram aufbewahrten. Ich schaute mich kurz nach etwas Brauchbarem um, aber das Einzige, was wirklich etwas taugte, war ein Besen. Ich schnappte mir das Ding und stürmte zurück in das Zimmer. Mit beiden Händen umklammerte ich den Besenstiel und rammte ihn in das Fenster. Bereits nach dem zweiten Stoß zerbrach die Scheibe, und ich schlug wütend alle Scherben aus dem Weg. Die Jungs hinter mir sprangen auf und lachten und feierten meine Aktion, was mich dazu anspornte, auch das letzte bisschen Glas aus dem Rahmen zu entfernen. Trotz des gewaltigen Lärms, den ich machte, erschien niemand unten auf der Straße, um zu sehen, was da vor sich ging.

Als der Fensterrahmen so weit war, dass ich durchklettern konnte, drehte ich mich zu den Jungs um und ließ demonstrativ den Besen auf den Fußboden fallen.

»So«, sagte ich, »das nämlich müsst ihr machen, wenn man euch einsperren will.«

Alle Blicke klebten bewundernd an mir. Die Jungen sahen mich an wie einen Helden, der gerade Unvorstellbares vollbracht hatte. Ich genoss die Bewunderung einige Sekunden lang, dann machte ich mich an meine Flucht.

»Wer mitkommen will, der kann mitkommen«, sagte ich, ohne genau zu wissen, was ich damit meinte.

Denn zu mir nach Hause wollte ich auf keinen Fall jemanden mitnehmen. Wahrscheinlich klang es einfach nur gut. Ich stieg in den Fensterrahmen und sah nach unten. Die erste Etage war kein Problem, bei uns im Hof war ich schon aus wesentlich größeren Höhen gesprungen, einfach nur, um zu beweisen, dass ich mich traute. Ich ging in die Hocke und ließ mich fallen. Nach meiner Landung stand ich auf und blickte zu den Jungs hoch. Alle lachten, einige applaudierten, aber niemand folgte mir.

Die feigen Schweine, dachte ich und grinste.

»Servus«, sagte ich zum Abschied.

Dann sah ich zu, dass ich wegkam.

* * *

Es verging eine gute Woche, in der sich bei meinen Eltern weder das Jugendamt noch das Kinderheim meldeten, aus dem ich ausgebrochen war. Meine Theorie stimmte also tatsächlich: Man war froh, dass ich weg war.

Meinen Eltern erzählte ich nichts von meiner spektakulären Flucht. Ich blieb einfach bei der Version, dass man mich schikaniert hatte und ich mich deshalb nicht wohlfühlte. Weder mein Vater noch meine Mutter sagten etwas dazu, dass ich wieder da war. Ihnen war vor allem wichtig, dass ich keinen »Blödsinn« mehr machte. Und den machte ich nicht.

Ich saß gerade in meinem Zimmer und hörte Musik, als es an der Tür klingelte. Noch bevor meine Mutter meinen Namen rufen konnte, stand ich von meinem Bett auf und ging in den Flur. Vor der Wohnungstür wartete ein Mann, der etwa im Alter meines Vaters war, vielleicht sogar etwas älter.

»Hallo«, grüßte der Mann freundlich. »Sind deine Eltern da?«

»Wieso?«, fragte ich zurück, ohne wirklich neugierig zu sein.

Auf mich wirkte der Mann wie ein Vertreter oder einer der anderen Leute, die gelegentlich bei uns klingelten, um irgendetwas zu verkaufen. Ich hielt die Türklinke also schon recht locker in der Hand, bereit, die Tür zuzuschlagen.

»Darüber würde ich gerne mit ihnen persönlich sprechen.«

Der Mann lächelte und hielt mir eine Zeitung entgegen.

Das Erste, was ich sah, war ein Bild von mir. Klein, schwarzweiß und unscharf, aber trotzdem ganz eindeutig ein Foto von mir.

»Was ist das für eine Scheiße?«, fragte ich.

»Sind deine Eltern da?«, wiederholte der Mann nur.

Ich führte den Mann, der sich mir als Rechtsanwalt Haas vorstellte, ins Wohnzimmer. Meine Mutter erschrak, als plötzlich ein fremder Mann im Raum stand.

Ich erklärte ihr, dass er wegen mir da sei und dass dies irgendetwas mit der Polizei zu tun hatte. Ich konnte noch immer nicht glauben, was ich gerade gesehen hatte. Wieso stand ich in der Zeitung? Und seit wann hieß ich Mehmet? Ich war mindestens genauso verwirrt wie meine Mutter. Sie bat ihn, Platz zu nehmen, und machte sich auf den Weg in die Küche, um dem Anwalt einen Tee zu holen.

»Du hast's ja zu reichlich Berühmtheit gebracht, hm?«, sagte Haas.

Neben meinem Foto stand ein Artikel, in dem es um Mehmet A. ging, der gerade in München Angst und Schrecken verbreitete und allen Bemühungen des Jugendamts zum Trotz noch immer als Deutschlands kriminellster Seriengangster galt.

»Das meinen die doch nicht ernst?«, fragte ich Haas.

Der zog Luft durch die Zähne und zuckte mit den Schultern.

»Die haben sich auf dich eingeschossen. Du musst in der nächsten Zeit wirklich aufpassen.«

»Aber ich mach' doch überhaupt nichts.«

»Na ja, du hast über 60 Einträge bei der Polizei. Ein bisschen was machst du also schon ...«

Ich wusste gar nicht, was ich dazu sagen sollte. Klar, ich hatte immer mal wieder Ärger mit der Polizei, aber den hatten meine Freunde auch.

»Ich mach' nur, was andere hier auch machen«, sagte ich.

Der Anwalt nickte.

»Trotzdem wirst du ganz sicher bald einen Anwalt brauchen.«

Ich begriff noch immer nicht, wieso ich plötzlich einen Anwalt brauchte. Und schon gar nicht, warum Haas einfach bei uns vor der Tür stand, ohne dass wir ihn je kontaktiert hätten.

Wieso dieser Mann, der für die nächsten Jahre mein Anwalt bleiben sollte, sich dazu entschlossen hatte, mich zu vertreten, erfuhr ich erst viel, viel später.

Meine Mutter kam aus der Küche zurück und stellte Gläser mit Tee auf den Tisch.

Haas lehnte sich nach vorn und sah meine Mutter ernst an. Die wusste immer noch nicht so genau, was sie von unserem Besuch halten sollte.

Der Anwalt hielt sich gar nicht erst mit einer langen Vorrede auf.

»Man spielt mit dem Gedanken, ihre Familie abzuschieben, Frau Ari.«

* * *

Ich ging ins Wohnzimmer und sagte meiner Mutter, dass ich jetzt draußen im Hof wäre. Immerhin waren es über 20 Grad, da wollte ich nicht in meinem Zimmer hocken, und abgesehen davon würde mein Bruder gleich von der Arbeit kommen – auf neue Geschichten aus der Welt der Autolackiererei konnte ich gut verzichten.

Was ich von dem Besuch des Anwalts halten sollte, wusste ich immer noch nicht. Und dass ich dieser Mehmet war, von dem man hin und wieder in der Zeitung las, konnte ich auch nicht glauben. Abschiebung. Das war ein Wort, von dem ich bisher nur gehört hatte. Wer nach Deutschland kam und jemanden umbrachte, wurde abgeschoben. So oder so ähnlich lief das ab. Aber niemand von uns hatte jemanden umgebracht. Und selbst wenn ich nun etwas Schlimmes getan hätte, dann würde man doch nicht meine gesamte Familie abschieben. Meine Eltern lebten seit Jahrzehnten hier und hatten nie irgendetwas verbrochen. Mein ältester Bruder hatte nie Ärger mit der Polizei gehabt. Mein mittlerer schon, aber nur selten. Bei mir war's schon etwas mehr, aber trotzdem gab es noch lange keinen Grund, mich abzuschieben. Und wenn, dann müsste man mich eben allein wegschicken, ohne meine Eltern. Und das war in einem Land wie Deutschland einfach unmöglich. Da war ich mir sicher. Da hätte man meine Freunde ebenfalls alle abschieben müssen. Okay, Stefan vielleicht nicht, der war ja Deutscher.

Ich beschloss, mich nicht weiter mit dem Thema zu beschäftigen. Wenn ich Ärger bekommen sollte, dann hatte ich ja jetzt einen Anwalt. Und der wollte sogar umsonst für mich arbeiten, zumindest hatte er das gesagt, als mein Vater sich nach den Kosten erkundigte. Ich musste mir also keine Sorgen machen. Und ich beschloss, diese Mehmet-Sache erst einmal für mich zu behalten, meine Freunde würden noch früh genug davon erfahren.

Auf dem Hof sah ich sofort Admir, Stefan, Marco, Dimo und Issam, die locker verteilt auf der Tischtennisplatte saßen. Ich ging zu ihnen hinüber und begrüßte jeden einzelnen mit unserem Handschlag.

»Was geht?«, fragte ich in die Runde, bekam aber nur die üblichen Antworten.

»Nix.«

»Keine Ahnung.«

»Abhängen.«

»Rumsitzen.«

»Überlegen noch.«

Das konnte ja was werden …

Ich hockte mich zu ihnen. Janine war mit ihren Eltern im Schwimmbad, leider. Sonst hätte ich jetzt sicher die Zeit nicht damit verbracht, mit meinen Jungs, die wieder mal voller Tatendrang waren, Löcher in die Gegend zu starren.

»Lass mal irgendwas machen«, sagte ich nach einer Weile.

»Was denn?«, fragte Marco und steckte sich eine Zigarette an.

»Keine Ahnung, Alter. Irgendwas. Wir können uns doch nicht den ganzen Tag den Arsch plattsitzen.«

»Hm, joa, stimmt schon.«

»Hast recht.«

»Nee, geht nicht.«

»Machen wir ja auch nicht.«

»Klar.«

Es war sinnlos. Ich hatte das Gefühl, als wäre ich hier der Einzige, der sich überhaupt ein bisschen entwickelte. Ich hing zwar immer noch mit meinen Freunden herum, aber das Gefühl, dass wir eine verschworene Gemeinschaft, eine Gang waren, hatte ich längst verloren.

»Wir können ja mal gucken, was in der Stadt los ist«, schlug Marco vor.

»Marienplatz, oder was?«, fragte ich, noch immer etwas schlecht gelaunt.

»Klar. PEP ist scheiße, jeder Detektiv da kennt uns inzwischen. Da fliegen wir nach zwei Sekunden raus. In der Stadt können wir wenigstens ein paar Weiber gucken, wenn wir sonst schon nix zu tun haben.«

»Was macht denn die Schnecke heute?«, fragte Issam.

»Halt die Fresse!«, sagte ich und blickte ihm direkt in die Augen.

Janine war meine Freundin, und ich konnte es auf den Tod nicht leiden, wenn meine Freunde respektlos über sie sprachen. Von mir aus konnten sie alle anderen Weiber als Huren, Nutten oder Schlampen bezeichnen, das war mir egal, ich machte es ja nicht anders. Aber Janine war tabu, und das wussten die Jungs auch.

»Ja, dann halt Marienplatz«, sagte ich und stand auf. »Die U-Bahn kommt in zehn Minuten.«

Wir setzten uns in Bewegung und gingen in Richtung Haltestelle. Einige Leute, denen wir unterwegs begegneten, wechselten die Straßenseite oder zogen ihren Kopf zwischen die Schultern, als wären wir ein mächtiger Mafia-Clan, den man mit einem falschen Blick schon provozieren konnte. Ganz so schlimm war es nicht, aber wir genossen es natürlich grinsend, wenn wir sahen, dass die Erwachsenen vor ein paar 13- und 14-Jährigen Angst hatten. Mir fiel ein, dass ich ja ein berühmter Verbrecher war, der sogar in der Zeitung stand. Auf dem gesamten Weg musste ich mich schwer zusammenreißen, meinen Freunden nichts davon zu erzählen.

Wir stiegen in die nächste U-Bahn und fuhren einige Minuten, bis wir schließlich den Münchner Marienplatz erreichten.

Wir drängten uns durch die Menschenmenge und liefen auf der Rolltreppe aufwärts, um die muffige Station so schnell wie möglich zu verlassen.

Wieder im Tageslicht bot sich das bekannte Bild: Die Gegend um den Marienplatz herum wimmelte von Menschen. Einheimische, die in Eiscafés saßen oder vollgepackt mit Einkaufstüten durch die Straßen hetzten, mischten sich mit Touristen, die alles und jeden fotografierten, als würde es München am nächsten Tag nicht mehr geben.

»Und jetzt?«, fragte Marco, als wir vor den Rolltreppen der U-Bahn-Station standen.

»War doch deine Idee, hierher zu kommen«, sagte ich und wunderte mich über die seltsame Frage.

Zumal sowieso niemand von uns hätte sagen können, was es denn hier Tolles zu erleben gab. Ob im PEP in Neuperlach oder hier, ohne Geld konnte man nur herumsitzen und die Leute beobachten.

Wir gingen über den Platz und sahen nach einigen Metern eine Gruppe von Skinheads. Sie trugen Springer-Stiefel mit weißen Schnürsenkeln, Glatzen und T-Shirts, auf denen Parolen standen wie »Rudolf Hess – Märtyrer des Friedens«. Nein, kein Zweifel, diese Jungs waren Nazis. Sie standen neben dem Eingang des Kaufhof, tranken Bier und schienen sich zu langweilen, denn weder unterhielten sie sich noch taten sie sonst etwas. Sie standen nur herum, hielten ihre Flaschen in den Händen und nahmen gelegentlich einen Schluck. Ich schätzte, dass die Skins etwa 16 bis 18 Jahre alt waren. Schon deutlich älter als wir. Auch deswegen hatte keiner von uns Lust, sich jetzt und hier mit ihnen anzulegen.

Ich stieß Stefan in die Seite und nickte in Richtung der Nazis.

Stefan verzog angewidert das Gesicht.

»Stinkende Arschlöcher, Alter«, sagte er nur.

Auch die anderen hatten den kleinen Trupp bemerkt.

Issam sah zu ihnen herüber und schüttelte langsam den Kopf. Auch wenn er nichts sagen wollte, war es ihm doch wichtig, dass sie merkten, dass er sie nicht mochte.

Einer der Nazis stellte sich aufrecht hin, als er uns sah.

»Guck mal, die dreckigen Kanacken!«, rief er so laut, dass es seine Freunde hörten – und wir natürlich auch.

Keiner der Passanten würdigte den Idioten auch nur eines Blickes, nur wir blieben augenblicklich stehen.

»Was hast du gesagt, du Spasti?«, rief Admir zu dem Glatzkopf herüber.

Einer der Nazis stellte sich neben seinen Kumpel, sah uns an und spuckte auf den Boden.

»Scheiß Asylantenpack«, sagte er laut.

Ich lachte.

»Steht mitten am Tag hier rum und säuft Bier. Wer ist jetzt das Pack?«, rief ich dem Typen zu.

Meine Freunde lachten ebenfalls, und wir setzten uns schon wieder in Bewegung, als wir aus den Augenwinkeln sahen, wie die Skinheads auf uns zustürmten.

Noch bevor wir irgendwie reagieren konnten, rannte der Trupp grölend in uns hinein. Sofort packte ich mir einen der Nazis, riss an seinem Hemdkragen und zog ihn so weit herunter, dass ich sein Gesicht gut mit der Faust treffen konnte. Er versuchte, sich von meinem Griff zu lösen und schlug dabei wild um sich, seine Schläge trafen mich immer wieder am Kopf und an den Armen, aber ich schlug ihm trotzdem weiter in sein dummes Nazi-Maul.

Sekunden später konnte er sich tatsächlich losreißen und sprang einige Schritte von mir weg. Stefan stand mit dem Rücken zu ihm, und sofort ging der Skin auf ihn los, trat ihm in den Rücken und sprang dann hinter ihm her. Stefan stürzte auf den Boden, doch noch ehe der Nazi sich auf ihn werfen konnte, angelte ich mir mit einem Arm seinen Hals und zog ihn wieder zu mir.

Um mich herum hörte ich alle schreien und wild durcheinanderrufen. Der Nazi, den ich noch immer fest im Griff hatte, schlug hinter sich und traf mich zwischen den Beinen. Im Reflex ließ ich ihn los.

»Du feige Drecksau!«, schrie ich ihn an.

Der Skin kramte in seiner Hosentasche und zog ein Springmesser heraus, dessen Klinge mit einem hellen Klicken aus dem Griff sprang.

»Ich stech' dich ab, du scheiß Kanacke!«, schrie er, und ich sah, wie er das Messer fest mit der Klinge nach oben packte und ausholte.

Der Irre wollte mich von unten nach oben aufschlitzen.

Ich wich nach hinten aus und zog den Bauch ein, spürte aber im selben Moment einen brennenden Schmerz. Ich sah an mir herunter und erkannte einen größer werdenden Blutfleck, der sich auf meinem T-Shirt abzeichnete.

Ich stürmte auf ihn zu, packte seinen Arm und drehte mit aller Kraft an seinem Handgelenk. Das Messer war schon längst zu Boden gefallen, als ich seinen Arm noch weiter bearbeitete. Der Nazi schrie und schlug mit seinem freien Arm auf mich ein, aber ich spürte das gar nicht. Ich kochte vor Wut und wollte ihm seinen beschissenen Arm abreißen.

»Muhlis!«

Ich packte mit der anderen Hand die Finger und bog sie weit nach hinten. Der Nazi ging vor mir auf die Knie und riss den Mund auf. Seine schwarzen Zähne machten mich nur noch wütender.

»Muhlis! Hör auf!«

Irgendwer zerrte an meiner Jacke. Ich drehte den Kopf und sah Dimo, der mich mit großen Augen anstarrte. Aus einem seiner Nasenlöcher lief Blut. Ich wandte mich um und sah, wie die anderen Nazis gerade wegrannten.

»Muhlis, lass gut sein. Die Bullen sind bestimmt gleich da.«

Ich ließ den Arm des Nazis los und sah jetzt erst, dass sich eine kleinere Menschenmenge um uns herum versammelt hatte. Alle sahen uns mit offenen Mündern an.

»Lass abhauen«, sagte ich zu Dimo, und gemeinsam machten wir, dass wir wegkamen.

In einer Querstraße fiel mir zum ersten Mal auf, dass wir nur noch zu zweit waren.

»Wo sind die anderen?«, fragte ich Dimo und presste meine Hand auf meinen Bauch, der noch immer wie Feuer brannte.

»Abgehauen«, antwortete Dimo nur.

Nach einigen Minuten erreichten wir einen kleinen Brunnen. Wir hockten uns auf den Rand und atmeten durch.

»Jeder sollte für sich nach Hause fahren«, sagte Dimo schließlich. »Keine Ahnung, ob die Bullen uns suchen.«

Ich nickte und hob vorsichtig das Shirt von meinem Bauch. Der Nazi hatte mich erwischt. Zum Glück schien der Schnitt nicht sehr tief zu gehen, die Wunde blutete kaum noch. Trotzdem sah mich Dimo erschrocken an.

»Krankenhaus?«, fragte er.

Ich schüttelte den Kopf.

»Geht schon.«

Ich zog den Reißverschluss meiner Jacke zu, da ich mit dem blutverschmierten Shirt sonst auf die Passanten in der Münchner Innenstadt wie ein Serienkiller gewirkt hätte.

»Du fährst mit der U-Bahn«, schlug ich Dimo vor.

»Und du?«

»Ich schau mal.«

»Okay, wir treffen uns in einer Stunde im Hof.«

Dimo stand auf und machte sich auf den Weg.

Ich sah mich noch einmal kurz um, dann ging ich ebenfalls zur U-Bahn-Haltestelle. Dimo hatte sicher schon eine Bahn Richtung Neuperlach bekommen, sodass wir uns nicht gemeinsam im selben Wagen befinden würden.

Ich ging langsam die Stufen hinab und wartete auf eine der Linien, die mich nach Hause bringen würden. Von Polizisten war weit und breit nichts zu sehen, was mich erleichterte. Ich war mir zwar überhaupt keiner Schuld bewusst, aber ich ahnte schon, dass ich, wenn ich blutverschmiert nach einer Schlägerei aufgegriffen wurde, damit sofort mein Ticket ins nächste Kinderheim gelöst hätte.

Ich war einige Stationen gefahren, als zwei Kontrolleure die Bahn bestiegen. Ich hatte zwar eine Fahrkarte, aber einer der beiden sah mich gleich skeptisch an. Ich schaute an mir herunter und sah, dass ein Teil meines blutigen Shirts aus meiner Jacke vorhing. Ich stopfte den Stoff wie beiläufig zurück, stand langsam auf und stieg aus der U-Bahn.

Das Letzte, was ich jetzt gebrauchen konnte, waren zwei übereifrige Kontrolleure, die einen auf besorgt machten und mich der Polizei übergaben.

Langsam und möglichst unauffällig ging ich an den Menschen vorbei und sah, dass ich mich an der Haltestelle »Michaelibad« befand, also zu Fuß noch etwa eine halbe Stunde vom Hof entfernt. Ich überlegte, was ich tun sollte. Die nächste Bahn zu nehmen, wäre eine Möglichkeit, aber in diesem Moment schien mir das zu unsicher. Vielleicht war es am besten, wenn ich einfach laufen würde. Eine halbe Stunde war schließlich absolut machbar.

Ich ging die Straße entlang und zündete mir eine Zigarette an.

Verdammte Nazis, dachte ich und betrachtete noch einmal meinen Bauch. Das gab mit Sicherheit eine Narbe.

Was tatsächlich der Fall war, ich habe diese Narbe bis heute.

Nach knapp der Hälfte des Weges hatte ich keine Lust mehr zu laufen. Wieso musste ich durch die Gegend schleichen wie ein Verbrecher? Diesmal war nun wirklich ich das Opfer. Man hatte mich erstechen wollen. Sollten mich die Bullen doch ins Heim stecken, ich würde eh nach einem Tag wieder bei meinen Eltern sitzen.

Ich hielt auf die nächste U-Bahn-Station zu und kam dabei an einem Fahrradständer vorbei. Sofort fiel mir ein Herrenrad auf, dessen kleines Schloss nicht richtig eingerastet war. Ich hatte schon ziemlich oft Fahrräder mitgenommen. Nicht etwa, um sie später zu verkaufen und ein bisschen Geld zu machen, sondern um damit nach Hause zu fahren und sie an der nächsten Ecke stehen zu lassen.

Und genau das machte ich jetzt auch. Ich sah es als Wink des Schicksals, dass ich plötzlich vor einem nicht abgeschlossenen Fahrrad stand.

»Oder eben so«, sagte ich lächelnd zu mir selbst, hob das Rad aus dem Ständer und setzte mich darauf.

Der Fahrtwind hauchte mir wieder ein wenig Leben ein. Ich dachte weder an meine Verletzung noch an die Nazis oder irgendwelche Kinderheime.

Im Gegenteil freute ich mich sogar, Janine am Abend meine Wunde präsentieren zu können. Denn wenn sie sich um mich sorgte, war sie ganz besonders süß.

* * *

Die Polizisten legten meinen Eltern einige Papiere auf den Tisch, während ich in mein Zimmer ging, um mal wieder meine Sachen zu packen.

»Das ist für Sie, Herr Ari«, sagte der Mann vom Jugendamt. »Leider geht es nicht mehr anders – in den offenen Einrichtungen funktioniert es ja ganz offensichtlich nicht.«

Ich war erst einige Stunden zu Hause gewesen, da hatte sich bereits das Jugendamt für den folgenden Tag angekündigt. Man hatte beobachtet, wie ich ein Fahrrad gestohlen hatte, und nach Aussage des Amtes hatte die Tat das Fass zum Überlaufen gebracht. Da ich ja offensichtlich nichts dazulernen wollte, hatte man beschlossen, mich in ein geschlossenes Heim zu geben.

»Das scheiß Fahrrad«, maulte ich und stopfte ein paar Pullover in meinen Koffer.

Ich war mit dem blöden Ding nach Hause gefahren und hatte es einfach an einen Zaun gestellt. Es war weder kaputt noch hatte es sonst irgendetwas. Wenn der Besitzer das Fahrrad wiederhaben wollte, konnte er es sich doch einfach nehmen. Wieso musste er mich da gleich anzeigen? Die Polizei hatte dann schnell herausgefunden, dass ich das Rad genommen hatte. Ziemlich schnell sogar. Ich hatte mittlerweile den Eindruck, dass man sowieso erst einmal mich fragte, wenn irgendwo in München etwas passierte.

Vielleicht sollte ich den scheiß Nazi auch anzeigen, immerhin hatte der mich killen wollen. Aber so eine Muschi war ich nun einmal nicht. In Neuperlach regelte man die Sachen unter sich.

»Du bist so weit?«, fragte mich der Typ vom Jugendamt, als ich gerade den Reißverschluss meines Koffers zuzog.

»Ja, kann losgehen.«

Flankiert von den beiden Bullen verließen wir die Wohnung. Meine Mutter hörte ich schluchzen, mein Vater blieb wie immer stumm. Was auch okay war, denn spätestens am nächsten Tag würde ich wieder in meinem Bett liegen.

Im Polizeiwagen fuhren wir kreuz und quer durch München, verließen die Stadt schließlich und kamen nach gut einstündiger Fahrt vor einem großen Gebäude an. Der Wagen rollte auf den Hof, ich hörte den Kies unter den Reifen knirschen.

Und allmählich wurde mir doch etwas mulmig. Alle Fenster waren vergittert, außerdem befanden sich keine Kinder auf dem Gelände. Jedenfalls konnte ich keine entdecken. Ich vermutete, dass sie alle eingesperrt waren. Es hätte mich zumindest nicht gewundert, denn das hier sah nicht aus wie eines der Heime, die ich bereits kannte, sondern wie ein Gefängnis.

Sollte ich jetzt tatsächlich in den Knast wegen eines Fahrrades, das ich mir geliehen hatte, weil man mich hatte umbringen wollen?

»Ist das ein Knast?«, fragte ich den Mann vom Amt, der neben mir auf der Rückbank des Polizeiwagens saß.

»Nein, aber ein geschlossenes Heim. Hier hast du die Möglichkeit, dir erst einmal in Ruhe alles anzusehen, ohne dass du direkt wieder … na ja … abhaust.«

Ich sagte gar nichts dazu. Wir stiegen aus dem Wagen und wurden gleich von zwei Männern empfangen. Riesige Kerle, die mich nicht mit gütigem Sozialpädagogen-Lächeln anblickten, wie es normalerweise der Fall war. Die beiden Typen sahen streng zu mir herunter, als wäre ich tatsächlich ein gefährlicher Verbrecher.

Einer der Männer schnappte sich wortlos meinen Koffer, während der andere seine Hand schwer auf meine Schulter legte, kurz »Hallo, Muhlis« sagte und mich dann neben sich her in Richtung Eingang schob.

Mir war nun nicht mehr nur mulmig, ich bekam es mit der Angst zu tun. Das hier war ein Knast, scheißegal, wie die das nannten. Man sperrte mich weg. Vielleicht für immer. Weil man mich für gefährlich hielt.

Meine Knie zitterten, und ich spürte, wie mir der Schweiß auf der Stirn stand.

Die Polizisten warteten draußen. Die beiden Gorillas, der Mensch vom Jugendamt und ich betraten die Einrichtung.

Im Inneren sah das Heim wie eine Art Krankenhaus aus. Alles hell, steril und unpersönlich. Zwar hingen hier und dort ein paar gerahmte Bilder an der Wand, aber auch mit denen wirkte der Laden nicht weniger bedrohlich.

In einem langen Korridor kamen wir an einem Raum vorbei, dessen Tür offen stand. Ich sah hinein und stellte fest, dass sich darin nichts befand als ein Bett, von dem Hand- und Fußfesseln aus dickem, braunem Leder herabhingen.

Der Mann, der mich noch immer an der Schulter hielt, zwinkerte mir zu.

»Kannst dich schon drauf freuen, Freundchen. Wenn du uns Ärger machst, dann landest du genau da und kriegst 'ne schöne Beruhigungsspritze.«

Jetzt hatte ich keine Angst mehr, jetzt bekam ich Panik. In mir schrillten alle Alarmglocken. Nicht nur, dass man mich einsperrte, man wollte mich ans Bett fesseln! Und mir irgendetwas spritzen! Ich hasste Nadeln, und ganz sicher hasste ich es, gefesselt zu werden.

Ich riss mich von dem Kerl los und baute mich vor den anderen auf.

»Ich bleib hier keine Sekunde!«, schrie ich die drei Männer an.

»Muhlis ...«, begann der Mann vom Jugendamt.

»Nix Muhlis. Ich bleib hier nicht. Ich schwör', dass ich euch umbringe, wenn ihr mich zwingt!«

Die beiden Gorillas sahen sich fragend an. Ich stand mit geballten Fäusten im Flur und wartete auf eine Antwort. Ich wusste, dass ich keine Chance gegen die Männer gehabt hätte, aber ich hatte panische Angst, auch nur eine weitere Minute in diesem »Heim« zu bleiben. Und wenn jetzt auch nur einer von den Männern den entsprechenden Satz gesagt hätte, wäre ich sofort auf ihn losgegangen und hätte ihn erwürgt. Und dann den nächsten. Und den nächsten. Ich hätte jeden angesprungen, der sich mir in den Weg gestellt hätte. Kein Mann und keine Frau hier hätten überlebt, da war ich mir in diesem Moment absolut sicher.

Einige Sekunden standen wir uns wortlos gegenüber, bis schließlich einer der Kerle den Mann vom Amt ansah und mit den Schultern zuckte.

»Das macht keinen Sinn, wenn das hier schon so losgeht ...«

»Man könnte es ja wenigstens mal versuchen«, schlug der Jugendamt-Mann vor.

Die beiden Gorillas sahen sich kurz an und schüttelten dann gleichzeitig den Kopf.

»Wir können uns jetzt nicht den ganzen Tag mit Muhlis beschäftigen. Schon gar nicht, wenn der nicht will.«

»Nein, ich will nicht!«, schrie ich wieder. »Bringt mich sofort hier weg, ihr Deppen, oder ich bring' euch alle um!«

Der Mann vom Jugendamt seufzte laut, drehte sich um und ging.

Die beiden Männer sahen mich an, einer drückte mir meinen Koffer in die Hand.

»Dann scher dich halt weg«, sagte er.

Sie gingen an mir vorbei und ließen mich stehen. Mit meinem Koffer in der Hand stand ich allein auf dem Flur des Kinderheims. Ich überlegte kurz, was ich tun sollte, folgte dann aber dem Mann vom Amt.

Draußen im Freien stand er gemeinsam mit den beiden Polizisten vor dem Wagen. Alle drei Männer rauchten. Ich stellte meinen Koffer ab und zündete mir ebenfalls eine an, ohne dass es jemanden zu interessieren schien.

Nach der Zigarette entschloss sich der Mann vom Amt dann doch, mit mir zu reden.

»Weißt du, dass du echt in der Scheiße sitzt?«, fragte er mich.

Mich überraschte die Art, wie er plötzlich mit mir redete. Es klang beinahe … sympathisch.

* * *

Es musste sich etwas ändern. So viel hatte ich begriffen. Nicht wegen einer drohenden Abschiebung, auch nicht, weil ich mir Sorgen machte, irgendwann vielleicht einmal im Gefängnis zu landen, wie es die Zeitungen und Pädagogen immer wieder prophezeiten, nein, ich hatte ein anderes Problem, und das Problem hieß Neuperlach.

Ich kannte hier jedes einzelne Haus, jeden Stein und jeden Menschen. Die grauen Klötze, die alle gleich aussahen und uns die Sicht nahmen, umpflanzt von Gebüschen und Bäumen, damit wir, die hier wohnen mussten, nicht den Eindruck bekämen, man würde sich nicht bemühen, wirkten auf mich inzwischen wie leblose Riesen, die uns aus tausend müden Fenstern anstarrten. Mir fielen die Tiger im Zoo ein, denen man in ihren Betonbecken Bäume an die Wände malte, damit sie dachten, sie wären frei. Aber das waren sie natürlich nicht, und das wussten sie auch. Und genau wie bei uns die Grünanlagen, so waren die Bemalungen in den Zoos hauptsächlich für die Besucher gemacht, nicht für die Insassen.

»Ich kann das alles nicht mehr sehen«, sagte ich an diesem Tag ins allgemeine Schweigen.

Meine Freunde nickten, als wüssten sie, was ich meinte.

Ich stand vom Rasen auf und zündete mir eine Zigarette an.

»Habt ihr nicht auch mal Bock, hier rauszukommen? Irgendwo hinzufahren, wo's geiler ist?«

»Wie meinst das? Geiler?«, fragte Dimo.

»Anders, besser. Ich kann den grauen Scheiß einfach nicht mehr sehen. Wir hocken hier rum, und das Einzige, was wir hören, sind die Fernseher von den Typen, die hier wohnen. Das kann's doch nicht sein.«

»Wo willst denn hin?«, fragte Marco.

»Keine Ahnung«, sagte ich und zog an meiner Kippe. »Ich hätte voll Bock auf Sonne. Und Strand. Und ich fänd's irgendwie geil, mal weiter als zwei Meter schauen zu können, ohne direkt in die Küche vom Nachbarn zu glotzen.«

»Willst in Urlaub, oder was?«, fragte Admir.

Ich sah, dass seine Augen neugierig zu glänzen begannen.

»Italien wär' mal geil«, sagte Dimo dann.

Marco, Admir und ich nickten synchron.

»Ja, genau so was«, sagte ich. »Geiles Wetter und kein Stress. Einfach nur entspannen.«

Marco zuckte mit den Schultern.

»Können wir doch machen.«

»Wie das denn, du Depp?«, fragte ich.

»Schon mal was von Zügen gehört, Spasti?«

»Wir sollen uns jetzt einfach in einen Zug setzen und nach Italien fahren?«

»Wieso nicht?«, fragte Dimo. »Hast was Besseres vor?«

»Wir könnten ja am Bahnhof mal schauen ...«, sagte Admir.

In mir begann alles zu kribbeln. Einfach zum Bahnhof und nach Italien fahren. Das klang so unendlich gut. Raus aus der Langeweile, raus aus den grauen Häuserblocks, weg von irgendwelchen Jugendämtern und Kinderheimen. Einfach nur Ruhe.

»Na dann ... pack mer's«, sagte ich, und im nächsten Augenblick machten wir uns auf den Weg zur U-Bahn.

Am Münchner Hauptbahnhof standen wir versammelt um einen Fahrplan herum.

»Verona«, sagte ich. »Das ist doch vielleicht was.«

»Ist das in Italien?«, fragte Admir und sah Marco an.

»Glaub schon«, antwortete der.

»Wie, glaub schon? Was bist'n du für'n Itaker?«

»Kenn' ich jede scheiß Stadt in Italien, bloß weil ich da herkomm'? Ich kenn' nur Verona Feldbusch.«

»Weil du'n Schwuler bist«, sagte ich. »Aber das hier passt schon.«

Die Reisezeit war mit gut fünf Stunden angegeben, kam also hin. Ich war zwar vorher noch nie in Italien gewesen, aber irgendwer hatte mir mal erzählt, dass er auf dem Weg in den Urlaub beinahe sechs Stunden gebraucht hatte. Und wenn Richtung und Dauer stimmten, dann musste Verona in Italien liegen. So einfach war das.

»Und der fährt sogar in zehn Minuten los.«

Wir suchten das richtige Gleis und sprangen in den Zug, der sich dann kurz darauf in Bewegung setzte.

Wir saßen zu viert im Abteil und freuten uns.

»Italien, Alter. Geil.«

Marco kriegte sich gar nicht mehr ein.

»Wird der Hammer«, lachte ich. »Den ganzen Tag in der Sonne liegen und Bier trinken und Party machen.«

Ich war so aufgeregt, dass ich an Janine oder meine Familie keine Sekunde lang dachte. Ich fühlte mich wie jemand, der gerade aus dem Gefängnis entkommen war. Vor mir lagen nur noch Ruhe und Freiheit.

Wir fuhren bereits knapp zwei Stunden, als sich am Ende des schmalen Durchganges ein Mann zeigte, der langsam die Sitzreihen abging.

»Scheiße, Kontrolle«, sagte Admir und zog die Tür des Abteils zu.

»Und jetzt?«, fragte ich.

»Verstecken halt«, sagte Marco.

»Wo denn?«

Dimo hielt es schon nicht mehr auf seinem Sitz. Er stand an der Tür, als würde er auf einen Startschuss warten.

Ich sah mich um. Hier im Abteil gab es nicht viele Möglichkeiten, eigentlich gar keine. Aber etwas weiter hinten hatte ich etwas gesehen.

»Kommt mit«, sagte ich. »Aber langsam.«

Ganz unauffällig verließen wir unser Abteil und gingen weiter nach hinten, bis wir einen Waggon erreicht hatten, in dem es keine abgetrennten Abteile gab. Hier saßen auch nur zwei weitere Fahrgäste, und beide schliefen.

»Leise«, flüsterte ich und deutete in verschiedene Richtungen.

Meine Freunde verstanden sofort.

Dimo und Admir gingen langsam in die Hocke und rutschten unter die ersten Sitzbänke. Zusammengerollt und dicht an die Wand gedrückt, waren sie nur zu sehen, wenn man gezielt nach ihnen suchte.

Marco und ich kletterten auf die breiten Gepäckablagen. Ich legte mich hin und schob eine Reisetasche vor mich, die einem der Schlafenden gehören musste. Über meine Beine legte ich meine Jacke. Auch Marco tarnte sich so, allerdings gab es in seiner Reichweite keine Tasche, weshalb er mit zwei Jacken auskommen musste. So warteten wir beinahe zehn Minuten, bis sich die Tür öffnete. Ein älterer Mann ging direkt an uns vorbei auf die beiden anderen Fahrgäste zu. Er weckte sie höflich und fragte nach ihren Fahrkarten. Ich sah an der Tasche vorbei und grinste.

Ich konnte das Gesicht des Schaffners nicht sehen, vermutlich brachte es sein Job mit sich, dass er den ganzen Tag mit gesenktem Kopf herumlief. Nicht einmal ansatzweise blickte er in Marcos und meine Richtung. Nach wenigen Sekunden war der Spuk schon wieder vorbei. Der Kontrolleur verließ den Waggon, und Admir streckte als Erster vorsichtig seinen Kopf unter einer Sitzbank hervor.

Auch wir anderen verließen unsere Verstecke. Einer der Fahrgäste, eine junge Frau, beobachtete unsere Aktion zwar, sagte aber kein Wort. Wahrscheinlich war es ihr einfach egal.

Wir gingen zurück in unser Abteil und lachten uns halb tot über den Vollidioten der Bahn, der uns nicht entdeckt hatte.

Wir wiederholten unsere Versteckaktion noch dreimal, und immer mit dem gleichen Ergebnis.

Schließlich erreichten wir nach Stunden tatsächlich die italienische Grenze. Der Zugführer meldete sich über Lautsprecher zu Wort und erklärte, dass man nun in Italien sei und ein Kollege übernehmen würde. Von nun an würden alle Durchsagen also nur noch in Italienisch und Englisch gemacht.

Wir sprangen auf unseren Sitzen herum und lachten. Wir schubsten uns herum und machten dabei die wildesten Pläne, wie es denn weitergehen würde, wenn wir erst einmal in Verona wären. Admirs erste Amtshandlung als Neu-Italiener war, sich einen echten Ferrari zu besorgen und damit herumzufahren. Mit 300 Stundenkilometern über die Autobahn zum Strand, so stellte er sich das vor. Auch Marco und Dimo hatten ähnliche Ideen. Alles sollte toll und neu und aufregend sein. Ich freute mich einfach nur darauf, am Strand zu liegen und gelegentlich ins Meer zu springen. Mein ganzes Leben sollte nur noch daraus bestehen, dass ich meine Ruhe hatte. Sollten die anderen doch machen, was sie wollten.

»Buona sera«, sagte plötzlich irgendjemand, und wir sahen zur Tür.

Zwei uniformierte Männer, die wie Polizisten gekleidet waren, sahen uns streng an.

»Chi siete?«, sagte einer der Männer und verschränkte die Arme vor der Brust.

»Was?«, fragte ich.

»Sprich Deutsch, Alter«, maulte Dimo.

»Dove sono i tuoi genitori?«, sagte der andere Kerl jetzt in deutlich ruppigerem Ton.

»Irgendwas mit Eltern …«, flüsterte Marco.

»Scheiße«, sagte ich und ließ mich in den Sitz fallen.

»Vieni con me!«, sagte der erste Bulle nun wieder und wedelte wild mit einer Hand. »Los, kommen mit!«

»Das war's dann ja wohl«, maulte Admir und stand auf.

Wir saßen nebeneinander auf Stühlen an der Wand. Die italienischen Bullen hatten keine zehn Minuten gebraucht, um herauszufinden, wer wir waren und wo wir herkamen.

Unsere Eltern hatten sich vor Stunden ins Auto gesetzt und waren auf dem Weg zu der kleinen italienischen Wache am Arsch der Welt.

Ich sah aus dem Fenster und konnte außer Bergen und Wiesen nichts erkennen. Vermutlich hatten wir es noch nicht einmal in die Nähe von Verona geschafft. Dabei hatte es doch so gut angefangen. Ich fühlte mich deprimiert und niedergeschlagen. In nicht einmal sechs Stunden würde ich wieder in meinem Zimmer sitzen und auf meine Poster starren. Am nächsten Tag dann Schule und Hof. Alles wie immer. Dieselbe Langeweile, derselbe Trott.

Dazu kam, dass sich mein ältester Bruder gemeinsam mit meinem Vater auf den Weg gemacht hatte, um mich hier abzuholen. Mir drehte sich der Magen um bei dem Gedanken daran, wie viel Prügel mich nun erwartete. Für einen Fluchtversuch nach Italien würde man mich ganz sicher halb tot prügeln. Nicht sofort und auf der Stelle, denn mein ältester Bruder hielt nichts von Gewalt in der Öffentlichkeit, und mein Vater respektierte das. Aber zu Hause …

Eine knappe halbe Stunde später öffnete sich die Tür der Polizeiwache, und eine Gruppe Menschen erschien: Mein Bruder und mein Vater, Admirs Vater, Dimos älterer Bruder und Marcos Eltern standen vor uns und blickten wütend zu uns herunter. Marcos Vater kam gleich auf ihn zu und ohrfeigte ihn. Sein Kopf flog seitwärts, er hielt Marco an den Haaren fest und ohrfeigte ihn wortlos weiter. Marco heulte bereits und strampelte wild mit den Beinen, aber sein Vater reagierte sich weiter an ihm ab.

Die italienischen Bullen sahen sich das Spektakel gelassen an.

Als Marcos Vater fertig war, ging er zu den Polizisten und redete mit ihnen.

Marcos rechte Gesichtshälfte war angeschwollen, seine Nase und sein Mund bluteten. Ich sah auf den Boden. Ich wusste nicht, was ich zu Marco hätte sagen sollen, mich erwartete zu Hause ja höchstwahrscheinlich das Gleiche.

Mit dem 14. Geburtstag fiel Mehmet unter das Jugendstrafrecht, die Justiz nahm ihre Arbeit auf.

Der Tagesspiegel am 17. September 2012

• •

»Hey, Mehmet ist wieder da«, lachte Admir und winkte mir zu, als ich aus dem Haus kam.

Leck mich, dachte ich nur und machte mich auf den Weg zu Janine.

Wie meine anderen Freunde, so hatte auch Admir seine helle Freude daran, dass ich der gefährliche Mehmet war, über den mittlerweile regelmäßig berichtet wurde.

Beinahe meine gesamte Lebensgeschichte wurde in den Zeitungen ausgebreitet, manches stimmte, das meiste war einfach erfunden. Und auch wenn ich den Artikeln keine große Beachtung schenkte, kam ich manchmal nicht daran vorbei, mir den einen oder anderen durchzulesen. Die Zahl meiner Einträge kannte ich gar nicht genau, aber es werden so um die 60 gewesen sein. Nicht wenige dieser Taten hatte ich tatsächlich selbst begangen, gar nicht so selten hatte ich aber auch nur den Kopf für einen meiner Freunde hingehalten, denn ich war ja der Jüngste von uns. Mir konnte nichts passieren, also konnte ich zugeben, was ich wollte, wenn dafür ein Freund, der bereits 14 war, aus der Schusslinie kam.

Dass in manchen Zeitungen aber davon die Rede war, dass ich »Deutschlands gefährlichster Serien-Gangster mit mehr als einhundert Vorstrafen« war, fand ich dämlich. Mehr nicht. Weder machte ich mir große Sorgen noch belastete mich der ganze Kram sonst irgendwie. Und da nicht ein einziger Reporter je auf die Idee gekommen war, mit mir oder meiner Familie persönlich zu sprechen, ging ich einfach davon aus, dass sich die Sache in Luft auflösen würde, sobald das nächste interessante Thema die Aufmerksamkeit der Presse auf sich lenkte. Abgesehen davon hatte ich nicht vor, in Zukunft noch neuen Stoff zu der Geschichte beizusteuern.

Knapp einen Monat zuvor, kurz nachdem man versucht hatte, mich in das geschlossene Kinderheim zu stecken, hatte mir das Jugendamt den Kontakt zur Münchner Diakonie vermittelt. Das Amt hatte großen Wert darauf gelegt, mich und meine Eltern darauf hinzuweisen, dass es sich bei der Diakonie um meine allerletzte Chance handelte. Sollte ich diese nicht nutzen, würde meine Familie unter Umständen abgeschoben.

Das Thema Abschiebung war für mich überhaupt kein Thema, man hätte mir genauso gut mit Hinrichtung drohen können. Beides war für mich gleich lächerlich und abwegig. Trotzdem nahm ich das Angebot der Diakonie an, und zwar nicht, weil ich es musste, sondern weil ich es wollte.

Die Gruppe, die ich mindestens einmal in der Woche besuchte, wurde von Jörg geleitet, einem Mann Mitte 30. An meinem ersten Tag unterhielten wir uns für etwa eine Stunde. Er wollte alles Mögliche von mir wissen. Wie ich aufgewachsen war, wer meine Freunde waren und wie ich meine Zeit so verbrachte.

Nachdem ich ihm erzählt hatte, was ich den ganzen Tag so trieb, nickte er einfach und meinte, dass es an der Zeit wäre, meine Energie etwas sinnvoller zu nutzen.

Sein Verhalten erstaunte mich. Er verurteilte mich nicht, ließ sich aber auch nicht davon beeindrucken, dass ich so ziemlich der härteste Typ in Neuperlach war. Ich erzählte ihm immer ausführlicher, was ich alles getan hatte, ich erwähnte sämtliche Schlägereien und Diebstähle, aber er tat weiter so, als wäre das völlig normal, ich sollte nur eben jetzt damit aufhören.

Ich war völlig baff. Wenn ich bis dahin erzählt hatte, wie ich jemanden verprügelt und anschließend ausgeplündert hatte, dann hatte es entweder Schläge gesetzt oder ich war bewundert und gefürchtet worden. Dass ein erwachsener Mensch so unaufgeregt reagierte, kannte ich nicht. Jörg fand sogar, dass ich das Zeug dazu hätte, den kleineren Kindern der Gruppe ein Vorbild zu sein. Zuerst wollte ich das auf keinen Fall, ich gab mich ja nicht mit Kindern ab, aber keine zwei Tage später stand ich dann doch in einem Klettergarten an höchster Stelle und versuchte, Zehnjährige davon zu überzeugen, dass sie bis zu mir hinaufkommen könnten, wenn sie die Arschbacken zusammenkniffen. Ich, der Gangster aus Neuperlach, rief kleinen Kindern zu, dass sie es bis in die Baumkronen schaffen konnten, wenn sie nur keine Angst hätten.

Ich fand das alles ziemlich abgefahren.

Mit meinen Freunden hatte ich dagegen immer weniger zu tun. Das Gangster-Gehabe, auf das wir immer so stolz gewesen waren und das uns von den anderen in der Gegend abgehoben hatte, gefiel mir überhaupt nicht mehr.

Dieses ewige »Wer ist cooler?« nervte mich inzwischen. Und ständig Leute mit »Arschloch«, »Depp« oder »Spasti« anzusprechen oder selbst so genannt zu werden, wurde für mich allmählich zur Qual, so als würde man mich zwingen, eine Sprache zu sprechen, die ich eigentlich kaum beherrschte. Ich war der Jüngste in unserem Trupp, aber ich hatte immer mehr das Gefühl, der Einzige zu sein, der erwachsen wurde. Dass ich selbst Kinder verprügelt und ihnen ihr Geld weggenommen hatte, kam mir inzwischen völlig unwirklich vor. Das alles hatte ein Muhlis getan, mit dem ich immer weniger zu tun hatte.

Ich erreichte das Haus, in dem Janine wohnte, und klingelte. Keine fünf Sekunden später flog die Haustür auf und sie sprang mir in die Arme. Wir küssten uns lange und gingen schließlich Händchen haltend in einen kleinen Park.

»Und? Hat's dir in der Toskana gefallen?«, fragte Janine, als wir uns auf eine der Parkbänke setzten.

Die Diakonie hatte eine zweiwöchige Italienfahrt angeboten. Land und Leute kennenlernen, Sport treiben und überhaupt mal aus der Wohnsiedlung herauskommen. Ein richtig schöner Urlaub eben.

»War auf jeden Fall abgefahren«, sagte ich und zündete mir eine Zigarette an.

Janine nickte. »Als wir vor zwei Jahren da waren, hab' ich auch geglaubt, auf einem anderen Planeten zu sein. Echt richtig schön da.«

»Ja, das auch«, sagte ich. »Aber das mein' ich gar nicht. Irgendwie war das so … ja, komisch halt.«

»Wie, komisch?«

»Komisch eben. Hier in Perlach hast du Türken, Jugos, Russen und was weiß ich noch. Alles Kanacken unter Deutschen. In Italien waren wir alle Kanacken. Verstehst du? Dass ich Türke bin und der andere Deutscher und der nächste Serbe ... das war scheißegal. In Italien sind wir alle die blöden Ausländer gewesen. Und die hatten da echt mehr Probleme mit den Deutschen als mit den Türken. War auch mal schön zu sehen.«

Ich lachte, Janine sah mich aber fast strafend an.

Ich wusste, dass sie es hasste, wenn ich mich selbst als Kanacken bezeichnete, aber in dem Moment war das eben wichtig, um zu erklären, was ich meinte.

»Und was habt ihr gemacht?«, fragte sie dann.

»Alles Mögliche. Wir sind viel rumgelaufen, also wandern. Und wir sind tauchen gegangen.«

»Richtiger Gangster-Kram eben«, lachte Janine, und ich musste ebenfalls grinsen.

Wenn meine Kumpels erfuhren, dass mir so uncoole Sachen wie Wandern und Tauchen gefielen, dann war ich für die gestorben. Das wäre für mich zwar nicht so dramatisch gewesen, aber es schadete ja nicht, wenn sie mich weiter für einen krassen Typen hielten. So ließen sie mich wenigstens in Ruhe.

»Und in ein paar Wochen wollen die mit uns Skifahren gehen.«

»Das will ich sehen, du auf Skiern.«

»Ich bin auch gespannt«, lachte ich und warf meine Zigarette weg.

Janine wurde wieder ernster.

»Hast du den Kram hier mitgekriegt? Von wegen abschieben und so?«

Ich nickte.

»Klar. Aber ich hab' vorhin noch mit dem Anwalt geredet. Der meinte, das würde nicht funktionieren. Und überhaupt kümmert der sich um alles.«

»Ganz sicher?«

»Hat er gesagt. Und warum sollte der lügen?«

»Hm.«

»Abgesehen davon muss ich ja erst mal wieder was machen. Und das letzte Mal, dass ich Schwierigkeiten mit den Bullen hatte, ist schon ewig her.«

»Was in den Zeitungen steht, ist sowieso alles alter Kram.«

»Wenn überhaupt. Ich hab' noch nie kleine Mädchen verprügelt.«

»Stimmt, das stand irgendwo.«

»Die denken sich irgendeine Scheiße aus, damit ich wie der letzte Mensch dastehe. Aber nächste Woche erwischen sie den Hoeneß oder den Gottschalk im Puff, dann bin ich auch wieder uninteressant.«

»Hoffentlich. Meine Eltern finden das nämlich ziemlich ...«

»Glaub ich.«

»Und was machst du an deinem Geburtstag?«

»Weiß noch nicht. Wenn der Familienkram vorbei ist, dann schau ich vielleicht mal vorbei.«

»Fänd' ich schön«, lächelte Janine und legte ihren Kopf an meine Schulter.

»Klar, mach' ich.«

* * *

Mein 14. Geburtstag.

Eigentlich war an diesem Tag noch gar nichts Besonderes passiert. Ich hatte ein paar Geschenke von meinen Eltern und einigen Verwandten bekommen, und man hatte mir gratuliert. Nach wenigen Minuten war bereits dieser »Mehmet« das Gesprächsthema, von dem man ja die grauenhaftesten Dinge las.

Meine Eltern blieben zum Glück recht gelassen und standen eindeutig auf meiner Seite. Natürlich hatte der Junge Dummheiten gemacht, und natürlich war es völlig in Ordnung, wenn er dafür seine gerechte Strafe erhielt. Aber dies sei Sache der Familie, und bisher wäre es meinen Eltern noch immer gelungen, mich angemessen zu bestrafen, wenn ich wieder etwas ausgefressen hatte.

Mich langweilte das Thema. Von den Titelseiten der großen Zeitungen war »Mehmet« weitestgehend verschwunden, nur die kleineren Blätter befassten sich noch mit dem »Monster von Neuperlach«, was mir aber ziemlich egal war. Ich wusste, dass auch das irgendwann aufhören würde. Und die Arbeit meines Anwalts schien sich auszuzahlen, denn er hatte es geschafft, meine Eltern zumindest so weit zu beruhigen, dass das Thema »Abschiebung« an meinem Geburtstag nicht mit einer Silbe erwähnt wurde.

Gegen Abend rief ich bei Janine an, immerhin hatte ich versprochen, bei ihr vorbeizusehen, aber niemand hob ab. Ich setzte mich in mein Zimmer, um etwas Musik zu hören und es später noch einmal zu versuchen.

Nachdem ich zwei oder drei Zigaretten geraucht hatte, öffnete ich das Fenster, um frische Luft hereinzulassen. Und sah direkt in die strahlenden Gesichter meiner Freunde, die offenbar gerade auf dem Weg waren, mich zu besuchen.

»Muhlis, Alter!«, rief Marco.

»Ey, Glückwunsch zum Geburtstag!«, rief Stefan.

»Komm raus, Mann«, lachten auch Issam und Dimo.

Ich sagte meinen Eltern, dass ich mit meinen Freunden unterwegs sei, und verließ die Wohnung.

Unten im Hof fielen die vier mir direkt in die Arme.

»Happy Birthday, du Spast«, sagte Stefan, boxte mir gegen den Arm und drückte mir eine Bierdose in die Hand.

»Was geht jetzt, hm? Feiern, oder was?«, fragte Marco und klopfte mir auf den Rücken.

Ich schüttelte den Kopf.

»Nix geht. Ich bin gleich noch verabredet.«

Dimo sah mich entsetzt an.

»Das kannst du nicht bringen, Alter. Du hast Geburtstag, das müssen wir feiern.«

»Geht echt nicht, keine Zeit.«

»Wie kann man denn keine Zeit für Party haben? Bist eingeladen«, sagte Dimo.

Issam legte mir die Hand auf die Schulter und nickte eifrig.

»Eben. Hinten im Dorf ist Zeltparty oder so'n Scheiß. Richtig großes Ding mit Musik und allem. Und wir zahlen für dich, hast ja Geburtstag.«

Ich hatte überhaupt keine Lust auf eine dämliche Zeltparty. Wahrscheinlich feierte dort irgendein Schützenverein oder sonst ein Haufen alter Leute. Und außerdem hatte ich nicht so richtig Bock, mich mit meinen alten Freunden zu besaufen. Und das auch noch in einem bayrischen Bierzelt. Ich wollte lieber zu Janine, der ich inzwischen viel näher war als den Jungs.

»Jetzt sei nicht so 'ne Muschi«, maulte Marco.

»Echt, Mann«, sagte Stefan. »Wir dachten, du wärst cool drauf.«

»Ich kann echt nicht, Verabredung und so«, sagte ich entschuldigend.

»Du bist so'n Lappen geworden, Muhlis, echt«, sagte Issam und schüttelte den Kopf. »Nicht mal ein Bier kann man mit dir trinken? An deinem eigenen Geburtstag?«

Ich fühlte mich bedrängt und irgendwie auch verpflichtet, wenigstens auf ein Bier mitzugehen. Um der alten Zeiten willen. Abgesehen davon wollte ich nicht, dass die Jungs mich für ein Mädchen hielten. Okay, ich baute schon lange keinen Scheiß mehr, aber das hieß ja nicht, dass sie neuerdings das Recht hatten, mich für einen Schwächling zu halten, der nicht einmal mehr ein einziges Bier vertrug.

»Wo ist denn eure scheiß Seppelparty?«, fragte ich, und sofort jubelten alle.

»Das ist die richtige Einstellung, Alter«, sagte Stefan und schob mich von der Haustür weg.

Nach einer knappen halben Stunde stiegen wir aus der S-Bahn und befanden uns mitten im Nichts. Abgesehen von der Haltestelle sah ich in der Dämmerung nur Wald, Wiesen und Felder.

»Wollt ihr mich verarschen?«, fragte ich Issam und stieß ihn ein Stück von mir weg. »Das ist voll das Bauernland hier. Wo ist denn die Party?«

»Reg dich ab, Alter. Da hinten, siehst das?«

Ich blickte in die Richtung, in die Issam deutete, und erkannte jetzt, nachdem die S-Bahn weitergefahren war und nicht mehr im Weg stand, ein großes Festzelt. Die Bässe der Musik drangen dumpf bis zu uns herüber, der Takt allerdings ließ vermuten, dass es sich tatsächlich eher um eine Art Bauernparty handelte. Ich war etwas enttäuscht, denn mit Schlagermusik hatte ich meinen Geburtstag eigentlich nicht verbringen wollen.

»Wir rauchen erst mal einen«, sagte Stefan und zog einen verknitterten Joint aus der Jackentasche.

Er drehte ihn zwischen den Fingern wieder in Form, zündete ihn an, nahm zwei tiefe Züge und reichte ihn an mich weiter.

Als ich den Rauch inhaliert hatte, ging es mir automatisch wieder etwas besser. Okay, Bauernparty. Scheiß drauf. Und frei saufen konnte ich auch. Meine Kumpels wollten ja alles bezahlen. Vielleicht wurde der Abend doch noch ganz cool.

Dimo leerte sein Bier und zog eine weitere Dose aus seiner Jacke. Als ich ihn kurz ansah, grinste er und reichte mir ebenfalls ein weiteres Bier. Da er die Dose in einer seiner weiten Hosentaschen mit sich herumgetragen hatte, war das Bier schon ziemlich warm, aber das störte mich nicht weiter. Der Verschluss zischte unter meinem Finger, ich trank die Hälfte des Bieres in einem Zug.

Ich sprang von der Plattform herunter auf die Gleise, stieg durch ein Gebüsch und betrat einen kleinen Feldweg. Meine Freunde folgten mir, ohne sich über die Route zu beschweren, auch wenn Issam sein halbes Bier verschüttete, als er auf dem Schotter landete und ausrutschte.

Wir sangen und tranken und schubsten uns beinahe den gesamten Weg, bis wir schließlich einen großen Platz erreichten, an dessen Ende das riesige Zelt aufgebaut worden war. Das Erste, was ich hörte, war Matthias Reims »Verdammt, ich lieb' dich« in gewaltiger Lautstärke.

»Wenn so eine Scheiße den ganzen Abend läuft, dann Hau ich wieder ab«, sagte ich und stieß Stefan in die Seite, dem dadurch beinahe der kleine Beutel mit seinem Gras aus der Hand fiel.

Er bastelte trotzdem unbeirrt weiter an seinem nächsten Joint.

»Wart doch erst mal ab. Nach ein paar Bier hörst du den Scheiß gar nicht mehr«, lachte Marco und zog mich zu sich heran. Er drückte mich vor seine Brust und klopfte mir auf die Schulter. »Ist echt geil, dass du wieder dabei bist.«

Ich packte seinen Arm und beugte mich ein kleines bisschen vorwärts, und Marco, dessen Arm noch immer über meiner Schulter lag, hob sofort vom Boden ab.

Mit Marco als Rucksack torkelte ich über den Sandplatz, und gemeinsam kippten wir schließlich lachend auf die Motorhaube eines geparkten Wagens, die gleich eine riesige Beule bekam.

»Scheiß Japaner«, lachte Marco. »Können nix ab.«

»Aber echt«, sagte ich und tastete nach meiner Bierdose, die nun neben dem Vorderreifen lag und sich langsam auf dem Boden ausleerte.

Die Musik wurde immer lauter, und wir begegneten auf unserem Weg einigen von den anderen Besuchern. Die meisten blickten uns kurz an und machten dann einen Bogen um den kleinen Haufen Jugendlicher, der sich singend und fluchend der Party näherte. Man mochte uns nicht, das war ganz klar, aber niemand traute sich, etwas zu sagen. Und das gefiel mir jetzt wieder sehr. Wohin wir auch kamen, alle respektierten und fürchteten uns. Wie in alten Zeiten. Es war großartig.

Im Zelt war die Feier in vollem Gange, lange Biertische waren aufgestellt worden, die Wände waren mit grünen Girlanden verziert, und auf der Tanzfläche kämpften die ersten Betrunkenen verzweifelt gegen den Takt von »I bin a bayrisches Cowgirl«.

Wäre ich zu dem Zeitpunkt nicht schon so bekifft und besoffen gewesen, ich hätte mich gleich wieder auf den Heimweg gemacht.

Stattdessen gingen wir gleich zur Theke, um uns mit frisch gezapftem Bier zu versorgen. Der pickelige, kleine Mann, der hinter der Zapfanlage stand, sah uns misstrauisch an, als wir fünf große Bier bestellten.

»Seid ihr auch schon 16?«, fragte er zögerlich.

Wir lachten ihn schallend aus.

»Jetzt mach hier keinen Aufriss«, sagte ich und lehnte mich über die Theke. »Dein Job ist, uns Bier zu geben. Also gib uns Bier, verdammte Scheiße.«

Der Blick des Kerls wanderte kurz zwischen unseren Gesichtern hin und her, dann endlich griff er sich das erste Glas und hielt es unter den Zapfhahn.

»Geht doch«, sagte Marco.

»So ein Spasti«, grinste Issam und zündete sich eine Zigarette an.

Während wir warteten, wollten auch andere Partygäste Getränke bestellen, aber alle, die sich der Theke näherten, achteten darauf, dass sie möglichst großen Abstand zu uns hielten. Wir hatten zwar gar nichts gemacht, aber es war natürlich schön zu sehen, wie man allgemein gleich einsah, dass man sich mit uns besser nicht anlegte. Selbst als wir unsere Biere hatten und damit zu einer der Bänke gehen wollten und Dimo versehentlich sein halbes Glas über die Armbanduhr eines Tischnachbarn schüttete, sagte dieser nichts, sondern rückte ein Stück von uns weg und versuchte stillschweigend, mit einer Papierserviette seine Uhr zu retten.

Den ganzen Abend tranken und kifften wir. Jeder Gang zur Theke, um neues Bier zu besorgen, fiel schwerer und schwerer. Trotzdem kamen wir irgendwie immer wieder heil mit unseren Gläsern zurück, auch wenn die Leute, die uns dabei im Weg waren, regelmäßig ihre Bierdusche abbekamen. Nach ein paar Stunden merkte ich, wie meine Blase drückte.

»Ich muss pinkeln«, sagte ich und stemmte mich an Stefans Schultern aufwärts. »Wo sind denn hier die Toiletten?«

»Die haben Dixi-Klos vor der Tür«, lallte Marco. »Aber da hab' ich vorhin schon zehn Minuten angestanden.«

»Scheiße«, sagte ich und schwankte durch das Zelt in Richtung Ausgang.

Marco hatte nicht gelogen. In einer Ecke des Vorplatzes, zwischen einigen geparkten Autos, befand sich eine Reihe dieser dreckigen, stinkenden Bauarbeiter-Klos, vor denen sich tatsächlich lange Schlangen gebildet hatten.

Ich blickte mich um und sah, dass überall verstreut Männer standen, die gegen Zäune, Bäume oder sogar einen Briefkasten pinkelten.

So geht's natürlich auch, dachte ich und machte mich auf den Weg zu einem kleinen Zaun, vor dem bereits ein Typ stand.

»Servus«, lallte ich und begann, vor den Zaun zu pieseln.

Der Kerl, den ich auf Anfang 20 schätzte, beachtete mich nicht. In seinem Mundwinkel hing schief eine Zigarette, während er den Kopf in den Nacken legte und offenbar mit großem Druck sein Geschäft verrichtete.

Ich zog meinen Reißverschluss wieder zu und tastete nach meinen Zigaretten, hatte aber nur eine leere Schachtel in der Hosentasche. Auf Anhieb konnte ich auch keinen Zigarettenautomaten entdecken, mein Kleingeld nützte mir also nichts.

Ich drehte mich zu dem Mann um, der neben mir stand und inzwischen ebenfalls seine Hose schloss.

»'tschuldigung, hast du mal 'ne Zigarette?«, fragte ich.

Der Typ ignorierte mich.

»Hallo, ich hab' dich was gefragt.«

Jetzt hatte ich zumindest seine Aufmerksamkeit.

»Ob du mal eine Zigarette für mich hast, wollte ich wissen.«

Der Typ grinste schief und sah mich von oben bis unten an. Die Asche, die an seiner Kippe hing, war länger als der Rest.

»Für Idioten hab' ich keine Zigarette«, sagte er dann.

Ich war perplex.

»Was hast du gesagt ...?«, fragte ich.

Wieder sah mich der Mann abschätzig an.

»Hast scho' richtig verstanden.«

Ich machte einen Schritt auf den Penner zu und sah ihm in die Augen. Seine einzige Reaktion war ein noch breiteres Grinsen.

Ich holte aus und gab ihm eine Ohrfeige. Seine Zigarette flog aus dem Mundwinkel, und der Typ fiel auf den Rasen vor den Zaun.

»Du Arschloch!«, rief er und versuchte, sich wieder aufzurappeln.

»Wen nennst du hier Idiot?«, sagte ich und trat dem Spinner so in den Bauch, dass er gleich wieder auf dem Boden zusammensackte.

Ich beugte mich zu ihm hinunter und ohrfeigte ihn weiter.

»Wen du hier Idiot nennst, hab' ich dich gefragt!«

Der Mann schlug wild um sich und erwischte mich mit der Faust im Gesicht. Also nahm ich ebenfalls die Faust. Immer wieder traf ich das Gesicht des Betrunkenen.

»Was ist das für eine Scheiße?«, hörte ich plötzlich Stefan rufen.

Er, Marco und Dimo hatten scheinbar nach mir gesucht. Sie stürmten auf den Kerl zu, der noch immer am Boden lag und sich verzweifelt zu wehren versuchte.

»Mistsau!«, brüllte Dimo und trat dem Mann mit Wucht in den Rücken, woraufhin er wie ein Hund jaulte.

Stefan und Marco traten ebenfalls auf ihn ein. Mit den Sekunden wich auch die Gegenwehr. Wie automatisch trat ich an den Zaun, stemmte einen Fuß dagegen und riss eine der Latten heraus.

»Weg!«, schrie ich meine Freunde an, die mir sofort Platz machten.

Ich holte aus und ließ das Holz laut gegen den Schädel des Mannes krachen.

Sofort war er still und bewegte sich nicht mehr.

»Ey, du Wichser«, sagte ich und stieß den Mann mit dem Fuß an, aber er rührte sich nicht.

»Jetzt mach hier keine Show«, befahl Marco und beugte sich zu dem Mann herunter.

Er zog sein Portemonnaie aus der Hosentasche und nahm ein paar Geldscheine heraus.

»Das hast du davon«, sagte ich und ließ die Zaunlatte fallen. »Jetzt steh auf.«

Zu fünft standen wir über dem leblos daliegenden Körper des Mannes. Dort, wo ich ihn am Kopf getroffen hatte, sickerte das Blut heraus. Nicht sehr viel, trotzdem bildete sich unter seinem Schädel eine schnell größer werdende Lache.

»Scheiße«, keuchte Stefan.

»Ist der tot?«, fragte Dimo und sah uns mit großen Augen an.

Eine Ewigkeit standen wir um den Mann herum und sagten gar nichts. Beinahe gierig warteten wir auf jede noch so kleine Regung, die aber nicht kam. Wir wussten nicht einmal, ob der Mann überhaupt noch atmete.

»Da drüben sind sie!«, schrie plötzlich irgendwer, und sofort war ich wieder klar im Kopf. Das Adrenalin, der Alkohol, das Gras; alles war mit einem Mal verschwunden. Ich hörte wieder die Musik aus dem Zelt und die Leute, die lachten und sangen.

Ich sah über den Platz und erkannte einen Mann, der nach irgendwem rief und dabei hektisch mit dem Arm in unsere Richtung deutete.

»Weg hier!«, rief ich, und sofort machten wir, dass wir wegkamen.

Mit Sicherheit würde gleich die Polizei auftauchen, und wenn der Mann schwer verletzt oder vielleicht wirklich tot war, dann konnten wir uns das Kinderheim abschminken. Dann würde nämlich wirklich der Knast auf uns warten.

Zuerst wollten wir wieder zurück zur S-Bahn-Station, dann aber stoppten wir, als wir die Sirenen der Polizeiwagen hörten.

»Wir trennen uns«, schnaufte Stefan. »Die suchen nach fünf Leuten.«

Wir anderen nickten.

Stefan und Dimo rannten in die eine Richtung, Marco und ich in die entgegengesetzte, direkt in ein Feld hinein, wo das Gras bis zu unseren Schultern ragte.

»Ist der echt tot?«, fragte Marco immer wieder, aber beantworten konnte ich das nicht.

Ich hatte auch andere Sorgen, denn mittlerweile wimmelte es auf dem Vorplatz des Zeltes von Polizisten. Wo waren die so schnell hergekommen? Marco und ich hörten Hunde bellen, und sofort brach uns der kalte Schweiß aus.

»Die haben Köter«, sagte ich.

»Fuck …«, sagte Marco.

Mit Hunden an der Leine rannten zwei Polizisten in unsere Richtung. Die S-Bahn kam noch immer nicht infrage, da dort bestimmt schon ein paar Bullen auf uns warten würden.

»Was machen wir jetzt?«, fragte Marco.

Ich zog ihn an der Schulter zu Boden.

»Gar nichts.«

Wir legten uns flach auf den Boden und versuchten, möglichst keine Geräusche von uns zu geben. Immer näher kamen die Schritte der Polizisten, die kein Wort sagten. Marco und ich drückten unsere Gesichter so tief es ging in den Dreck. Wir trauten uns kaum zu atmen. Keine fünf Meter von uns entfernt hörten wir die Hunde hecheln und schnüffeln. Ich musste mich zusammenreißen, nicht sofort in Panik zu geraten. In meinem Kopf formten sich Bilder von blutgierigen Höllenhunden, die mich packten und zerfleischten. Ich presste die Augen zusammen, bis sie wehtaten.

Dann endlich hörte ich, wie sich die Polizisten von uns entfernten.

Marco und ich sahen uns an. Man hatte uns nicht gefunden. Die Bullen und ihre dämlichen Köter waren einfach an uns vorbeispaziert.

Wir konnten unser Glück gar nicht fassen, blieben aber trotzdem noch mindestens eine halbe Stunde lang ruhig liegen. Bloß weil man die Polizei nicht hörte oder sah, hieß das ja nicht automatisch, dass sie nicht da war.

Irgendwann wagten wir uns doch aus unserem Versteck. Auf dem Platz befand sich neben der Polizei inzwischen auch ein Rettungswagen. Geduckt schlichen wir zur S-Bahn-Haltestelle. Dort waren weit und breit keine Polizisten zu sehen, trotzdem wagten wir uns nicht ins Licht, sondern versteckten uns hinter einer Gruppe Bäume, einige Meter entfernt. Als endlich eine Bahn einfuhr, warteten wir ab, was sich tun würde. Nichts passierte. Niemand stieg aus oder ein, um die Waggons oder die Haltestelle nach uns abzusuchen. Wir schlichen uns an die Bahn heran, öffneten die Tür und krochen hinein. Da niemand sonst im Waggon saß, wären zwei einzelne Jungs umso auffälliger gewesen. Marco und ich hielten die Luft an und kauerten uns auf den verdreckten Boden der S-Bahn, bis diese endlich anfuhr.

Wir schwitzten und waren dreckig, aber in diesem Moment auch unendlich erleichtert.

»Mehmet«: Sonderarrest im Gefängnis

Focus am 27. Juli 1998

• •

Am folgenden Morgen klingelte bei uns das Telefon.

Ich ging ran, ohne mir irgendetwas dabei zu denken. Mein Anwalt, Haas, war dran.

»Servus, Muhlis. Du weißt, wieso ich anrufe?«

Auf solche Tricks fiel ich schon lange nicht mehr rein.

»Nein, keine Ahnung«, antwortete ich.

»Der Junge von gestern.«

Sofort wurde mir extrem mulmig. Haas wusste Bescheid. Das hieß, dass auch die Polizei Bescheid wusste. Und das hieß, dass bald die ganze Welt Bescheid wissen würde. Innerlich betete ich, dass mir mein Anwalt jetzt nicht sagte, dass der Mann tot war.

»Was ist mit dem?«, fragte ich vorsichtig.

Am Ende der Leitung hörte ich Haas seufzen.

»Was soll mit dem sein? Du hast ihm fast den Schädel eingeschlagen. Er liegt im Krankenhaus, mindestens bis morgen. Du hast also verdammtes Glück gehabt.«

Er machte eine Pause.

»Muhlis, du musst dich der Polizei stellen.«

»Mach ich nicht«, sagte ich im Reflex, wobei ich vor allem froh war, dass der Typ offensichtlich nicht sehr schwer verletzt worden war.

»Die Polizei sucht dich wegen schwerer Körperverletzung und Raub. Du musst dich stellen. Eine andere Möglichkeit gibt es nicht.«

Ich atmete durch. Das Gespräch gefiel mir überhaupt nicht. Haas war mein Anwalt, und es war sein Job, derartige Dinge aus der Welt zu schaffen. Ich würde ganz sicher nicht zu den Bullen gehen und darum betteln, ins Gefängnis gesteckt zu werden. Denn seit gestern konnte mir das ja passieren, jetzt, wo ich 14 war.

»Ich ... Ich stell' mich nicht«, wiederholte ich nur.

Mein Anwalt hatte anscheinend genug.

»Bleib zu Hause«, sagte er. »Ich komm vorbei.«

Ich ließ den Hörer in meiner Hand baumeln und überlegte, was ich tun konnte. Mich den Bullen zu stellen, war absolut unmöglich. Das ganze Land hatte es doch sowieso schon auf mich abgesehen und wartete nur darauf, mich in den Knast zu stecken.

Ich stellte mich vor den großen Spiegel im Flur.

Ich könnte mir die Haare kurz schneiden. Und andere Klamotten tragen. Und nur noch mit Sonnenbrille herumlaufen. Und einen Bart wachsen lassen.

Ja, so würde ich das machen. Einfach untertauchen und Gras über die Sache wachsen lassen. In ein paar Wochen oder Monaten würde sich niemand mehr für den Fall interessieren. Ich wäre schließlich nicht der Erste, der nicht in den Knast musste, weil er es geschafft hatte, unterzutauchen. Und clever genug war ich ganz sicher.

Ich ging in mein Zimmer und sah aus dem Fenster. Keine fünf Minuten später hielt eine schwarze Limousine vor der Tür. Groß, klobig und mit getönten Scheiben. Ein richtiger Gangster-Schlitten. Ich war beeindruckt. Vor allem, als ich meinen Anwalt hinter dem Steuer erkannte.

Ich verließ die Wohnung, ging die Stufen herunter und den schmalen Weg entlang zum Auto. Dass mich Admir und Dimo dabei beobachteten, wie ich in die Luxuskarre stieg, machte mich stolz. Ja, im Gegensatz zu den beiden Versagern war ich jemand Wichtiges.

Als ich mich in den Sitz fallen ließ und die Tür schloss, war ich allerdings nicht mehr ganz so selbstbewusst.

Haas sah mich nur an und schüttelte den Kopf.

»Tja«, sagte er dann, »war scheiße, was du gemacht hast.«

Mehr sagte er nicht. Einige Sekunden saßen wir schweigend nebeneinander, dann fragte ich ihn, was ich jetzt tun sollte.

Er wiederholte nur, was er auch schon am Telefon gesagt hatte: »Du musst dich stellen.«

»Ich geh aber nicht in den Knast.«

»Pass auf, es sieht so aus: Die kriegen dich. Ob heute oder morgen, ist egal, aber die werden dich kriegen. Du musst dich stellen, und dann schau ich, was ich tun kann. Ich regle das. Was hältst du davon?«

Ich war perplex. Und das lag nicht daran, dass Haas mir riet, mich der Polizei zu stellen. Ich war überrascht, dass er mich fragte, was ich davon hielt. Es war bis dahin nicht sehr häufig vorgekommen, dass mich Erwachsene nach meiner Meinung gefragt hatten.

Ich konzentrierte mich trotzdem auf das Wesentliche.

»Muss ich in den Knast?«

Mein Anwalt nickte.

»Ja, wahrscheinlich. Aber ich versuche, dich so schnell wie möglich wieder rauszuholen.«

Jetzt ging es mir richtig elend. Ich sollte ins Gefängnis. Sogar mein Anwalt sagte das. Ich wusste nicht, was das zu bedeuten hatte. Was ging im Gefängnis ab? Was würde man dort mit mir machen? Und wie lange musste ich drin bleiben?

Tausend Gedanken schwirrten mir durch den Kopf, aber ich wollte mir in diesem Moment meine Panik nicht anmerken lassen.

»Na, wenn's sein muss«, sagte ich, »dann geh ich halt in den Knast. Was soll's. Die paar Tage stören mich nicht. Scheiß drauf.«

Ich dachte an all die Rapper, auf die ich stand. Jeder einzelne hatte schon im Gefängnis gesessen. Das gehörte zu einer normalen Gangster-Biografie einfach dazu. Und wenn die das gepackt hatten, dann würde mich das auch nicht umbringen.

Diese Selbstberuhigung funktionierte in dem Moment wirklich ein bisschen.

»Okay«, sagte Haas. »Musst du noch wem Bescheid sagen? Ich würde dann nämlich direkt los wollen.«

»Nö, meine Eltern sind arbeiten, mein Bruder auch.«

»Okay, dann rufe ich sie später an.«

Mein Anwalt startete den Motor, und wir fuhren in die Münchner Innenstadt. Haas parkte den Wagen, und gemeinsam gingen wir in die Ettstraße.

Vor dem Polizeirevier blieb ich stehen. Im Angesicht des Metalltors und der beiden großen, steinernen Löwen, die auf den Säulen des Eingangs hockten, spürte ich die Macht der bayrischen Staatsgewalt. Obwohl ich praktisch mein ganzes Leben lang mit der Polizei zu tun gehabt hatte, empfand ich in diesem Moment zum ersten Mal so etwas wie Ehrfurcht. Das war eindeutig keines der kleinen Reviere, von denen mein Vater mich gelegentlich hatte abholen müssen. Aus irgendeinem Grund hatte ich das Gefühl, dass diese Sache übel für mich ausgehen würde.

»Können wir?«, fragte mein Anwalt.

Ich nickte, und wir gingen durch das Tor auf den Eingang zu, der mit seinen Stufen und den beiden schweren Holztüren eher an eine Kirche erinnerte als an ein Polizeipräsidium.

Nach seinem Sinne leben ist gemein, der Edle strebt nach Ordnung und Gesetz

Diese Inschrift, die über den Eingang in den Stein gehauen war, verstärkte mein Gefühl noch zusätzlich. Nein, das hier ging mit Sicherheit übel für mich aus …

Wir betraten die Wache. Hinter einer Glasscheibe saß ein fetter, bärtiger Polizist mit knallrotem Gesicht. Ein richtiger Klischee-Bayer, der aussah, als würde er sich den ganzen Tag nur von Bier und Schweinshaxen ernähren. Über den Rand seiner in diesem Gesicht viel zu kleinen Brille blickte er uns fragend an.

»Grüß Gott«, begann mein Anwalt freundlich und deutete auf mich. »Das hier ist der Mehmet, den kennen Sie vielleicht aus der Zeitung. Er wird gesucht und ist hier, um sich freiwillig zu stellen.«

Einen kleinen Moment lang blickte uns der Dicke schweigend an. Dann griff er langsam zum Telefon, wählte eine Nummer und hielt sich den Hörer ans Ohr.

»Joa, I bin's. Pass auf, der Mehmet is' doa, der will sich stellen … Joa, verstanden. Is' guat.«

Der Polizist sah zu uns und zeigte auf eine Glastür.

»Gehen's bitte durch«, sagte er.

Haas und ich gingen durch die Tür und befanden uns nun in einer Art Schleuse, denn nach der ersten Glastür folgte eine zweite. Mein Anwalt nahm den Griff und rüttelte daran, die Tür öffnete sich nicht. Um mich herum nahm ich bereits ein Geräusch wahr, das sich anhörte, als ob sich gerade ein ganzes Bataillon in Marsch gesetzt hätte. Mein Anwalt fuhr irritiert herum und versuchte, die Schleuse wieder zu verlassen, aber auch die Tür, durch die wir diese betreten hatten, war jetzt fest verschlossen und wir damit eingesperrt.

»Was soll das?«, fragte er den Polizisten im Glaskasten.

Die Antwort ließ nicht lange auf sich warten.

Das Getrampel war nähergekommen, und plötzlich war die Schleuse umstellt von Dutzenden von Polizisten. Alle wirkten äußerst nervös, die meisten von ihnen hatten ihre Hand bereits an der Waffe.

Ich war völlig entsetzt, mein Anwalt dagegen flippte aus.

»Spinnt's ihr?«, schrie er mit hochrotem Kopf. »Seid's ihr alle blöd? Wir sind da, um uns zu stellen!«

Das beruhigte die Polizeibeamten zwar überhaupt nicht, aber einer von ihnen löste sich aus der Gruppe und trat einen Schritt näher an mich heran.

»Is' ja gut, is' ja gut«, sagte er, eine Hand an der Waffe. »Jetzt nimmst du die Hände mal schön dahin, wo ich sie sehen kann.«

Ich hob meine Hände und hatte immer noch keine Ahnung, was hier vor sich ging. Diese Szene hätte ich verstanden, wenn ich Al Capone gewesen wäre. Aber dass ein Junge von 14 Jahren ein ganzes Polizeirevier derart nervös machen konnte, erstaunte mich, gelinde gesagt.

Eine der Türen öffnete sich, und ich trat mit noch immer erhobenen Händen langsam aus der Schleuse heraus. Sofort packte man mich, drehte mir die Arme auf den Rücken und legte mir Handschellen an. In diesem Moment löste sich auch die Spannung etwas auf. Die Polizisten nahmen ihre Hände von den Waffen, schauten sich gegenseitig an und begannen, einander Sätze wie »Ist der das?« oder »So sieht der also aus ...« zuzutuscheln.

Ich kam mir vor wie ein sagenumwobenes Tier, das man nach ewig langer Suche endlich hatte einfangen können.

Mein Anwalt war noch immer stinksauer.

»Wieso legt ihr meinem Mandanten Handschellen an? Er ist kooperativ und will sich stellen!«

Er fluchte und drohte damit, jeden einzelnen Beamten vor Ort zu verklagen, wenn man nicht langsam damit begann, mich normal zu behandeln. Ich hatte Haas erst wenige Male gesehen, aber auf mich hatte er immer sehr entspannt gewirkt. Jetzt sah es so aus, als würde er sich gleich vor Wut die Klamotten vom Leib reißen und jeden einzelnen Bullen erwürgen.

Den Polizisten, der mich vor sich herführte, beeindruckte das aber nicht.

»Wenn du Faxen machst, fliegst du gleich in eine Zelle«, sagte er zu mir.

Ich wurde in einen Raum geführt, in dem man mir die Handschellen wieder abnahm. Sofort stieg auch die Anspannung der Anwesenden abermals. Jede meiner Bewegungen wurde genau registriert. Man nahm meine Fingerabdrücke und reichte mir ein paar Papierlappen, mit denen ich meine Fingerspitzen von der Tinte reinigen konnte, was aber nicht wirklich funktionierte.

Wieder wollte man mir Handschellen anlegen, aber mein Anwalt wiederholte, dass er jeden verklagen würde, der dies versuchte. Der Bulle hinter mir steckte seine Handschellen zurück an seinen Gürtel, und gemeinsam mit einem Kollegen führte er mich in eine Zelle.

Ich war nun allein. Weder mein Anwalt noch sonst irgendwer ließ sich blicken. Ich hockte auf einer schmalen Pritsche und fühlte mich wie ein Häufchen Elend.

»Ah, das is' er also«, hörte ich jemanden flüstern.

Ich sah zur Tür und erkannte das Gesicht eines Polizisten, der scheinbar mit jemandem redete.

»Und, hat er schon was gesagt?«, fragte eine andere Stimme.

»Nein, noch nicht«, antwortete das Gesicht.

»Will er was?«

»Nein, noch nix.«

Die Augen des Polizisten funkelten mich böse an.

»Ja, Bürschchen, hamma dich 'kriegt, hä? Am Ende krieg'n wir euch alle.«

Von wegen »gekriegt«, dachte ich. Ich war freiwillig hier aufgetaucht. Mich hätten die doch nie geschnappt. Ich überlegte, ob meine Idee mit dem Bart und der Sonnenbrille wirklich so falsch gewesen war. Ich hatte es gemeinsam mit meinen Freunden bis Italien geschafft. Es musste doch auch möglich sein, noch weiter wegzukommen.

Die beiden Polizisten vor der Tür sagten nichts mehr, waren aber noch da. Immer wieder wechselten sie sich an der Tür ab, um ja gleich viele Blicke auf mich werfen zu können.

Nach einigen Minuten kam endlich mein Anwalt in die Zelle. Ich hatte zwar erst kurze Zeit allein hier gesessen, trotzdem war ich unendlich froh, ihn zu sehen.

Jetzt würde er mich hier herausholen. Dafür war er ja schließlich da.

Haas setzte sich neben mich und schaute ernst.

»Okay, deine Eltern hab' ich angerufen. Du bleibst jetzt erst einmal hier und machst keine Aussage. Hörst du? Du sagst denen absolut gar nichts. Morgen früh bringen sie dich ins Gefängnis. Aber innerhalb der nächsten sechs Tage komm ich vorbei, und wir besprechen dann, wie es weitergeht.«

»Was?«, fragte ich nur und war völlig fassungslos.

»Ich komm in den Knast? Für eine ganze Woche?«

Der Anwalt nickte.

»Das ... das geht nicht. Ich will nicht.«

Dass all meine Rap-Vorbilder ebenfalls eingesessen hatte, war mir plötzlich scheißegal und tröstete mich überhaupt nicht mehr.

»Geht leider nicht anders«, sagte Haas. »Aber ich tu', was ich kann.«

»Im Knast sind Verbrecher, die Gott weiß was mit mir veranstalten. Ich kann da nicht rein.«

Mein Anwalt erhob sich von der Pritsche.

»Dir passiert nichts, versprochen. Ich hol' dich so schnell wie möglich wieder raus. Halt die Ohren steif.«

Die Zellentür wurde geöffnet, und mein Anwalt verschwand. Einen Moment lang betrachtete mich noch ein Augenpaar, dann war ich endgültig allein.

Ich wusste nicht, was ich jetzt tun oder denken sollte.

Ich saß hier allein in einer Zelle und würde morgen früh in ein Gefängnis gebracht werden. Und wieso? Weil ich mich geprügelt hatte. Und der Typ war noch nicht einmal schwer verletzt. Okay, er lag im Krankenhaus, aber das war doch wohl kein Grund, einen 14-Jährigen wegzusperren. Oder doch?

Am nächsten Morgen wurde ich früh geweckt.

»So, Mehmet. Frühstück«, blaffte mich ein Polizist an. »Und danach geht's nach Stadelheim.«

Stadelheim? Das war der Knast für Verbrecher! Echte Verbrecher!

Jemand stellte mir ein Tablett mit Essen auf den kleinen Holztisch, der sich gegenüber der Pritsche befand, aber ich versuchte erst gar nicht, etwas herunterzukriegen.

Nach Stadelheim kam man nur, wenn man wirklich etwas ausgefressen hatte. Jemanden umgebracht oder vergewaltigt hatte. Das hatte ich alles nicht.

Und wie lange würde ich da bleiben müssen? Eine Woche, einen Monat, ein Jahr?

Was war die Strafe dafür, dass man jemanden schlug? Ich wusste es nicht, aber ich bekam eine Todesangst.

Nachdem man das Tablett wieder abgeräumt hatte, führte man mich in Hand- und Fußfesseln aus meiner Zelle. Begleitet von zwei Polizisten ging ich durch mehrere schmale Gänge und gelangte schließlich auf einen Hof. Dort stand ein Bus mit vergitterten Fenstern, der von mehreren Polizisten umringt war. Die Stimmung war äußerst angespannt und erinnerte mich an die Szene aus *Das Schweigen der Lämmer*, in der Hannibal Lecter auf einer Sackkarre gefesselt und mit Maulkorb befragt wird. Aber ich war weder ein gefährlicher Kannibale noch ein Serienkiller. Ich war ein Junge von 14 Jahren in einem Jogginganzug. Wovor hatten alle hier solche Angst?

Man setzte mich in den Bus, in dem außer mir lediglich drei Beamte einstiegen, und ich wurde vom Polizeigelände gefahren.

Gut 20 Minuten ging es durch die Münchner Straßen, bis wir schließlich das Ziel erreichten. Niemand hatte auch nur ein Wort mit mir gesprochen, dabei hätte ich tausend Fragen gehabt. Zum Beispiel, wieso ich allein in diesem Bus saß. Normalerweise wurden Gefangene doch im »Schub« abtransportiert, man setzte so viele wie möglich in einen Wagen.

Ich schaute aus dem Fenster und sah die riesige Eisenpforte, die auf mich bedrohlich und gleichzeitig trostlos wirkte.

Das war's jetzt, dachte ich. Jetzt sperren sie dich für immer weg …

Der Bus hielt auf einem großen Platz, und zwei Schließer kamen langsam auf uns zu.

Die Tür öffnete sich, und die Beamten, die mich begleitet hatte, übergaben mich.

Einer der Schließer, ein großer Kerl um die 40, packte mich an den Handschellen und zog mich mit einem kurzen Ruck zu sich.

»Das ist er also, der berühmte Mehmet.«

Dann sah er mir lange und streng in die Augen. Ich sah zu Boden.

»Ich will hier keinen Ärger machen«, sagte ich schließlich, weil ich glaubte, dass er genau das von mir hören wollte. »Nur meine Zeit absitzen.«

»Das will ich erst mal seh'n«, sagte der Mann und grinste.

Nachdem die Formalitäten erledigt waren, brachten mich die Schließer in eine Zugangszelle, wie sie das nannten. Dort würde ich die nächsten Nächte allein verbringen, bevor man mich einer der Stationen zuteilte.

Meine Gefühle waren in dem Moment extrem gemischt. Einerseits war ich froh, dass ich eine Zelle für mich hatte und mir nicht mit einem irren Killer den Raum teilen musste, andererseits wurde mir bei der Formulierung »die ersten Nächte« beinahe schlecht.

Was dachten die denn, wie lange ich bleiben würde? Oder hatte ich etwas verpasst? War der Junge in der Zwischenzeit vielleicht doch gestorben und ich musste nun bis zu meinem Lebensende hier bleiben? In mir stieg eine unglaubliche Unruhe auf. Ich wollte, nein, ich musste hier raus. Ich musste wissen, was los war. Irgendjemand musste mir doch sagen können, was jetzt mit mir passierte. Die konnten mich doch nicht einfach in eine Zelle sperren und nach Hause gehen.

Ich stellte mich an die Tür und rief nach einem Wärter.

»Was is', hm?«, fragte ein Beamter und schob sich in mein Blickfeld.

Sofort platzte alles aus mir heraus.

»Was ist hier los? Wie lange muss ich hier bleiben? Wo sind meine Eltern? Wo ist mein Anwalt? Was passiert jetzt? Muss ich vor Gericht? Weswegen bin ich angeklagt? Warum ...«

»Is' gut, is' gut«, lächelte der Mann und unterbrach mich. »Du erfährst noch früh genug, was hier los is'.«

Dann drehte er sich um und verschwand.

Ich rief noch einige Male nach ihm, aber er ließ sich nicht wieder blicken.

Vier Tage verbrachte ich in der Zugangszelle. Ich bekam Frühstück, Mittagessen und Abendbrot. Aber niemand sprach mit mir.

Regelmäßig wiederholten sich die Szenen, die ich auch schon auf der Wache erlebt hatte.

»Das ist er also«, sagte ein Schließer und sah in meine Zelle.

Der nächste kam und lachte: »Ja, am Ende kommen's alle hierher.«

»So schaut also der Mehmet aus. Den hab' ich mir größer vorgestellt«, meinten zwei weitere und diskutierten vor meiner Tür, ob ich dem Bild, das sie von Mehmet hatten, gerecht würde.

Ich versuchte, das alles zu ignorieren, und wartete darauf, das mein Anwalt mich endlich aus diesem Albtraum herausholte.

Am vierten Tag schlossen früh morgens zwei Beamte meine Zelle auf und baten mich mitzukommen, da ich jetzt auf meine Abteilung verlegt würde.

Ich packte meinen Kram, der nur aus einem Shirt und einer Trainingsjacke bestand, und die beiden Männer nahmen mich zwischen sich.

In einem Nebenraum musste ich meine private Kleidung abgeben, und man belud mich mit allem, was ich im Gefängnis brauchen würde: Bettbezug, Wolldecke, Shirts, Hosen, Pullover und Schuhe. Alles in den typischen Knastfarben blau oder hellgrün.

Wir gingen durch mehrere Gittertüren und stiegen einige Stufen hinauf.

In meiner Abteilung angekommen, war ich völlig überrascht.

Die meisten Zellentüren waren verschlossen, trotzdem standen viele der Gefangenen auf den Gängen und lehnten sich an die Geländer. Sie sahen zu mir und grüßten mich.

»Ey, Mehmet«, lachten einige.

Drei Türken freuten sich so sehr, mich zu sehen, dass sie sofort »Mehmet, Mehmet, Mehmet« sangen.

Andere blickten mich nur still an und applaudierten.

Ein junger Türke stellte sich mir gleich als Ali vor und sagte mir, dass ich ihm sofort Bescheid geben sollte, wenn ich irgendetwas brauchte.

Die Beamten schoben Ali beiseite.

Was war denn hier los?

Der graue, düstere Ort, an den man mich gebracht hatte, verwandelte sich augenblicklich in eine gute, sehr interessante Sache. Ich wurde gefeiert wie ein Popstar, und dabei hatte ich meine Zelle noch nicht einmal betreten. Besonders die Türken waren völlig aus dem Häuschen.

So also fühlte sich Michael Jackson, dachte ich. Coole Sache eigentlich.

* * *

Ich saß jetzt seit zwei Tagen in meiner Zelle. Meiner eigenen Zelle. Nicht wenige von den anderen Insassen hatten tatsächlich jemanden umgebracht oder vergewaltigt, und deswegen hatte man beschlossen, mir zum Schutz eine Einzelzelle zu geben.

Die Schließer hatten mittlerweile verstanden, dass ich tatsächlich keinen Ärger machen wollte. Deswegen wurden sie auch richtig freundlich. Und so langsam verstand ich, wieso man mich so feierte. Erst hier im Gefängnis bemerkte ich, wie berühmt ich tatsächlich schon war.

Meine Zellentür öffnete sich, und einer der Schließer warf mir eine Zeitung hin.

»Schau. Wieder was über dich«, lachte er.

Ich nahm die Zeitung und fand ein riesiges Foto von mir auf der Titelseite.

Ich las den Artikel und staunte nicht schlecht.

Dort stand, dass ich ein hoch aggressiver Häftling sei, der bereits mehrere Schlägereien angezettelt hatte. Außerdem hätte ich einen Vollzugsbeamten angegriffen und mich geweigert, meine Eltern zu sehen. Einige Seiten weiter war ein Interview mit einem Mädchen abgedruckt, das lang und breit erklärte, wie ich es vor einem Jahr mit dem Messer bedroht und immer wieder »Ich stech' dich ab!« gerufen hatte.

Ich kannte das Mädel gar nicht, und erst recht hatte ich noch nie ein Mädchen bedroht.

Wieso dachten die sich so eine Scheiße aus?

Ich legte die Zeitung auf den Stapel zu den anderen, mit denen mich Mitgefangene und Schließer regelmäßig versorgten.

Kein Wunder, dass die Leute einen vollkommen falschen Eindruck von mir bekamen. Wenn man nur die Hälfte von dem glaubte, was in der Zeitung stand, musste man Mehmet zwangsläufig für ein Monster halten.

Hier drin sah die Welt aber glücklicherweise anders aus. Hier freute man sich immer, mich zu sehen. Man respektierte mich, grüßte freundlich und war darauf bedacht, mir einen Gefallen zu tun, wenn möglich. Ein Mitgefangener bot sogar an, mich zu tätowieren. Normalerweise war das den erwachsenen Insassen vorbehalten. Ich fühlte mich geschmeichelt und willigte ein. Auf den kleinen Finger meiner linken Hand ließ ich mir drei Punkte stechen. Drei Punkte, die für die drei wichtigsten Dinge in meinem Leben standen: Liebe, Freiheit, Familie.

Ich fühlte mich im Gefängnis also voll akzeptiert und anerkannt.

Trotzdem wollte ich nicht länger bleiben. Während des Hofgangs oder beim Essen ließ ich mich gern bejubeln und als »Mehmet« feiern, und ich wäre auch nie im Leben auf die Idee gekommen, jemandem zu sagen, dass der Kram in den Zeitungen nicht stimmte. Im Gegenteil schilderte ich in allen Einzelheiten, was ich getan hatte. Wie fest ich zugeschlagen hatte, wie sehr mein Opfer gejammert hatte … Ich übertrieb oft gnadenlos, aber alle hingen an meinen Lippen. Nein, für einen krassen Gangster gehalten zu werden, der obendrein noch prominent war, machte mein Leben im Knast sehr viel leichter.

Aber am Abend, allein in meiner Zelle, sah das ganz anders aus.

Janine schrieb mir jeden Tag zwei bis drei Briefe, und jeder einzelne war mindestens zehn Seiten lang und besprüht mit dem Vanille-Parfum, das sie immer trug. In jedem Brief sagte sie, wie sehr sie mich liebte und vermisste. Sie schrieb aber auch, dass ihre Eltern es ihr nun endgültig verbieten wollten, mit mir zusammen zu sein. Ihr Vater verfolgte sie mit dem Auto und hatte in einem Wutanfall ihr Handy kaputt getreten. Auf keinen Fall wollten er, dass sie mich im Gefängnis besuchte oder weiter mit dem kleinen Gangster zusammen war, der täglich in den Zeitungen stand.

Ich war über jeden Brief überglücklich, aber gleichzeitig war ich am Boden zerstört, dass ich hier eingesperrt war und meiner Freundin nicht helfen konnte.

Ich begann, über mich und mein Leben nachzudenken.

Wenn die Zeitungen so schlecht über mich schrieben, dann musste da doch auch etwas dran sein. Natürlich war ich nicht der Killer, für den man mich hielt, aber trotzdem hatte ich eine ganze Menge falsch gemacht. Ich hatte Menschen verprügelt und ihnen ihr Geld abgenommen, und das nur, damit ich mir Zigaretten kaufen konnte. Ich hatte gestohlen, Menschen beleidigt und alle möglichen Dinge zerstört. Aus Langeweile oder aus Spaß. Oder, um mich zu beweisen. Und aus denselben Gründen hatte ich jetzt beinahe jemanden umgebracht. Einen Menschen getötet.

Und wo hatte das logischerweise hingeführt: in den Knast.

Mir fiel die Zeit mit der Diakonie wieder ein. War das wirklich ich gewesen, der anderen Jugendlichen gezeigt hatte, wie man kletterte und tauchte? Oder hatte ich mich nur verstellt und war tatsächlich das knallharte Ghettokind? Ich wusste es nicht.

Vielleicht gehörte ich hier ja tatsächlich hin. Ich war kein böser Mensch, aber viele meiner Mitgefangenen waren das auch nicht. Und trotzdem hatten sie schlimme Dinge getan, die nicht zu rechtfertigen waren.

Mir wurde klar, dass man nicht dafür verurteilt wurde, wer man war, sondern dafür, was man tat. Und wer sollte mir denn glauben, dass ich nur ein ganz normaler 14-jähriger Junge war, wenn ich mich einfach nicht so verhielt?

Irgendwann würde ich 16 sein, dann 18, dann 20, dann 30. Und wie sollte mein Leben dann aussehen? Sollte ich dann noch immer auf dem Hof herumhängen mit meinen dämlichen Freunden? Wollte ich wirklich einer dieser Penner werden, über die ich mich selbst am lautesten lustig machte? Die, die von der Sozialhilfe lebten, ihre Zähne verloren und in den Supermärkten Bier klauten, weil sie sich die Flasche nicht mehr leisten konnten?

Die Zellentür öffnete sich.

»Mehmet, Besuch«, sagte der Schließer und gab den Weg frei.

Ich zog meine Schuhe an und folgte ihm in einen Raum, den er Sammelraum nannte. Dort standen zwei schmale Holzbänke, auf denen je vier Insassen saßen und warteten. Hier hockte man, bis sie einen in den Besucherraum ließen, das kannte ich bereits vom Vortag, als mein Anwalt mich besucht hatte.

Er hatte mir gesagt, dass man tatsächlich versuchte, meine Familie abzuschieben. Meine Eltern hätten mir gegenüber ihre Aufsichtspflicht vernachlässigt und gehörten deswegen abgeschoben, wie bayrische Politiker fanden. Ich war entsetzt, aber Haas hatte mich gleich beruhigt. Meine Brüder machten eine Ausbildung, zudem lebten meine Eltern seit über 30 Jahren unbescholten in Deutschland. Uns abzuschieben sei schlichtweg unmöglich. Kein Gericht in Deutschland würde das genehmigen.

Das erleichterte mich tatsächlich. Weniger erfreulich war die Nachricht, dass ich bis nach meiner Verhandlung in ein paar Tagen noch im Gefängnis bleiben musste.

Als Haas fort war, hatte ich gleich noch einmal Besuch: Janine.

Als ich hörte, dass sie mich besuchte, zog ich mir ein frisches Knast-Hemd an und lieh mir sogar etwas Parfum von einem Mitgefangenen. Ich wollte für sie so gut wie möglich aussehen, trotz der Umstände.

Im Besucherraum hatte sie hinter der Scheibe gestanden und mich angelächelt. In dem Moment, in dem ich sie sah, kam sie mir wie ein Engel vor. Der Beamte, der mich in den Besucherraum geführt hatte, gestattete uns sogar, dass wir uns berührten. Ich war auf sie zugegangen, hatte sie umarmt und geküsst. Jetzt, einen Tag später, hatte ich noch immer den Duft ihres Parfums in der Nase. Die wenigen Minuten, die ich mit ihr hatte, hatten mir so viel Kraft gegeben …

Ich stellte mich zwischen zwei Gefangene an eine Wand und wartete, dass man mich in den Besucherraum ließ.

Ein riesiger Fleischklops sah mich und stand von seinem Platz auf. Seine Glatze war vollständig tätowiert, und er schien nur aus Muskeln zu bestehen. Fragend sah er mir in die Augen.

»Bis' du der Mehmet?«

Wie ich erkennen konnte, hatte er kaum noch einen Zahn im Mund.

Alle Männer im Raum starrten mich nun an. Jetzt erst wurde mir klar, dass es hier drin überhaupt keine Wärter gab.

»Ja …«, antwortete ich leise, versuchte aber gleichzeitig, mir meine Angst vor diesem Tier nicht anmerken zu lassen.

Ich fürchtete, der Typ würde mich an Ort und Stelle umbringen, denn genau danach sah er aus.

Er legte mir jedoch seine Hand auf die Schulter, lächelte und schob mich an seinen Platz auf der Bank.

»Kumm, setz' di hier hi.«

Ich konnte es nicht glauben. Dieses Vieh gab mir seinen Platz, bloß weil ich Mehmet war. Er selbst stellte sich geduldig an eine Wand und wartete.

Nach wenigen Minuten war es dann so weit. Die Tür zum Besucherraum öffnete sich, ein Beamter sah zu uns in den Warteraum und rief: »Muhlis Ari!«

Ich ging durch die Tür und trat nun in dem Raum, in dem die Gefangenen ihren Besuch empfingen. An einer Wand lehnten mehrere Beamte und beobachteten alles, was in dem Raum vor sich ging. Mitten im Zimmer stand ein langer Tisch, an den jeweils einander gegenüber Stühle geschoben waren. In der Mitte des Tischs verlief eine dicke Glasscheibe, sodass sich Gefangene und Besucher nicht berühren oder sich Gegenstände zustecken konnten. Auf einem der Stühle erkannte ich meinen Vater, der gleich aufstand und mir zuwinkte.

Ich ging zu ihm und nahm ihm gegenüber Platz.

»Hallo, Junge. Wie geht's dir?«, fragte er auf Türkisch. »Behandeln sie dich gut?«

Ich beherrschte die Sprache kaum, weswegen ich lediglich antwortete, dass ich klarkäme.

»Hey, Sie da!«, rief einer der Schließer. »Keine Gespräche auf Türkisch. Nur Deutsch!«

»Aber mein Vater kann kaum Deutsch«, sagte ich.

»Ist mir egal, dann wird der Besuch eben abgebrochen.«

»Okay, okay, ist gut. Nur Deutsch«, sagte ich.

Ich drehte mich im Sitz wieder meinem Vater zu.

»Nicht auf Türkisch, Papa. Ist verboten.«

»Aber … ich kann nicht gut.«

»Ich weiß … Geht aber nicht anders. Tut mir leid.«

Mein Vater spielte nervös mit seinen Fingern, dann sah er mich an.

»Alles gut? Du … gut essen? Gut schlafen?«

Mir schossen die Tränen in die Augen. Meinen Vater so hilflos zu sehen, machte mich fertig.

»Ja, alles gut. Essen und schlafen ist sehr gut.«

»Gut, gut«, sagte mein Vater und nickte. »Mama … nicht kommen. Sehr traurig. Kann nicht den Weg in Gefängnis, um ihren Sohn zu sehen wie Verbrecher.«

»Verstehe ich«, sagte ich und schluckte wieder, um nicht an Ort und Stelle loszuheulen.

Auch meinem Vater standen die Tränen in den Augen.

»Nächste Mal. Vielleicht. Aber du nicht lange hier. Bestimmt. Ich geben Anwalt Geld, damit schneller wieder daheim.«

»Brauchst Anwalt kein Geld geben«, sagte ich. »Wird alles auch so gut.«

»Doch, ich gebe Geld. Du musst wieder bei uns wohnen. Hier ist nicht gut für Kind.«

»Ich komm zurecht, Papa. Wirklich.«

Mein Vater sah durch die Scheibe zu dem Gefangenen, der auf dem Stuhl neben mir saß. Ein dürrer Kerl, der die ganze Zeit lachte und sich im Flüsterton mit seiner Freundin darüber unterhielt, was er im Bett mit ihr alles anstellen würde, wenn er erst einmal aus dem Knast war.

»Nicht guter Ort für Kind«, wiederholte mein Vater und brach in Tränen aus.

* * *

Am folgenden Mittag machten sich alle bereit für den Hofgang.

Die Zellentüren wurden geöffnet, und jeder zog sich an, um möglichst schnell den kleinen Brocken Freiheit zu bekommen, der den Häftlingen täglich für eine Stunde zustand.

Ich hatte den ganzen Abend noch über das Thema Abschiebung nachgedacht und alle meine Zeitungen noch einmal durchgesehen. Es wurde auf jeden Fall viel darüber diskutiert. Die eine Seite meinte, meine Familie abzuschieben werde einen positiven Effekt auf alle kriminellen Ausländer in Deutschland haben, weswegen man die Sache möglichst schnell angehen sollte. Die Gegenseite argumentierte, dass man deutsche Probleme auch in Deutschland lösen müsste. Einig waren sich beide Seiten nur in dem Punkt, dass es wohl äußerst schwierig werden würde, die Abschiebung überhaupt in die Tat umzusetzen. Immerhin.

Das und die Bemerkung meines Anwalts, dass wir in keinem Fall abgeschoben würden, beruhigte mich. Ein Leben in der Türkei war für mich undenkbar. Ich sprach die Sprache nicht und kannte dort nichts und niemanden. Genauso gut hätte man uns nach Afrika oder China abschieben können.

»Mehmet, komm. Es geht raus«, sagte ein Schließer

»Bin gleich da«, sagte ich und band mir noch den Schuh.

Als Letzter verließ ich meine Zelle und machte mich auf den Weg in den Hof. Kurz vor dem Ausgang stand einer der sogenannten Hausarbeiter. Diese Jungs trugen weiße Kittel und genossen im Gefängnis einige Privilegien, zum Beispiel konnten sie sich frei zwischen den Abteilungen bewegen. Im Gegenzug verrichteten die Hausarbeiter verschiedene Tätigkeiten. Sie teilten das

Essen aus, verteilten Bücher oder machten sonst irgendwelchen Kram, für den die Beamten nicht zuständig waren.

Den, der jetzt vor mir stand, kannte ich schon seit einigen Tagen vom Sehen. Er hatte einen kahl rasierten Schädel, war Mitte 20 und schaute mich grundsätzlich seltsam an. Ich hielt ihn für einen Neonazi, und einige meiner Mitgefangenen hatten mir gesagt, dass ich mit der Einschätzung richtig lag. Ich hasste dieses Pack, und das nicht erst, seitdem einer von ihnen versucht hatte, mich zu erstechen.

Als ich ihn erreichte, sahen wir uns gegenseitig misstrauisch an.

»Bist du der Mehmet?«, fragte er.

»Ja, der bin ich.«

Und sofort holte der Kerl mit der Faust aus.

Ich duckte mich unter dem Schlag weg und verpasste ihm selbst eine. Der Nazi fiel zu Boden, und wie auf Autopilot bearbeitete ich ihn mit Schlägen und Tritten.

»Du scheiß Nazi, was willst du von mir?«, schrie ich ihn an und trat weiter auf ihn ein.

Ich wurde gepackt und an den Armen in die Luft gehoben.

»Was soll das?«, schrie ich die beiden Schließer an. »Der Penner wollte mich schlagen!«

»Das kannst dem Direktor erzählen«, war die knappe Antwort.

Der Nazi stand auf und schlich ohne ein Wort auf den Hof hinaus, ich wurde von den Männern ins Büro des Direktors gebracht. Vor seinem Schreibtisch stand ein Stuhl, auf den ich gesetzt wurde.

Der Direktor fragte, was passiert sei. Ich schilderte, wie der Glatzkopf mich hatte schlagen wollen und dass ich nichts anderes getan hatte, als mich zu wehren.

Der Direktor schwieg eine Weile, dann sah er mich ernst an.

»Tja, Scheiße … Bunker.«

Das war alles.

Ich wusste noch gar nicht, was das zu bedeuten hatte, als mich die Schließer bereits wieder an den Armen nahmen und aus dem Raum führten.

Man brachte mich in den Keller des Gefängnisses, wo sich kleine Zellen für den Sonderarrest befanden, umgangssprachlich Bunker genannt.

Ein Beamter, der dort unten Dienst tat, öffnete eine der Zellentüren. Dahinter befand sich eine Gittertür, durch die man schließlich in die Zelle gelangte.

Ich schluckte und ging vorsichtig hinein. Ein kleiner, fensterloser Raum, nur beleuchtet von einer kleinen Glühbirne, die vergittert unter der Decke hing. Dazu eine gemauerte Pritsche und ein Plumpsklo.

Der Schließer ließ das Gitter hinter mir zuschlagen. Ich drehte mich zu ihm und fragte, wie lange ich denn hier unten bleiben sollte.

»Eine Woche«, war die Antwort.

Dann schlug auch die Zellentür ins Schloss, und ich war allein.

Eine Woche? Ich hatte gehofft, in einer Woche längst wieder zu Hause zu sein, und jetzt musste ich hier in diesem stinkenden Loch aushalten.

Ich setzte mich auf das Steinbett und legte den Kopf in die Hände.

Was passierte denn noch alles? Wieso passierte mir so eine Scheiße?

Stundenlang saß ich im Halbdunkel, bis ich schließlich hörte, wie sich der Schlüssel im Schloss der Zellentür umdrehte. Ich sah zur Tür und blinzelte ins Licht. Der Beamte kam auf das Gitter zu, in den Händen hielt er ein Tablett, auf dem sich mein Abendessen befand.

Das wurde auch Zeit, langsam hatte ich tatsächlich Hunger. Warum hier unten nicht die Hausarbeiter für solche Dinge zuständig waren, wusste ich zwar nicht, aber in dem Moment war es mir herzlich egal.

Kurz vor der Gittertür grinste der Mann, tat so, als würde er stolpern und ließ mein Tablett fallen. Brot, Wurst, Käse und Tee; alles rutschte durch die Stäbe und verteilte sich auf dem Boden der Zelle.

Ich sah den Mann entsetzt an. Der grinste weiter.

»Hups, ich kleiner Tolpatsch«, sagte er. »Na ja, guten Appetit.«

Er schloss die Zellentür, und ich stand vor den Resten meines Essens. Ich hockte mich auf den Boden und sammelte alles ein, was noch genießbar schien.

Was hatte ich dem Kerl denn getan?

Mittlerweile war ich den vierten Tag im Bunker. Oder den fünften. Ganz genau wusste ich es nicht. Ich stand von der Toilette auf und rief dem Mann vor der Tür zu, dass ich nun so weit war. Sekunden später betätigte er von außen die Spülung. Ich setzte mich wieder aufs Bett. Ich fühlte mich dreckig, schmierig und überhaupt völlig verwahrlost. Ab und zu gestattete man mir zwar, mir das Gesicht zu waschen und die Zähne zu putzen – dafür gab es zwischen den Gittern und der Tür ein kleines Waschbecken –, aber duschen konnte ich hier unten nicht. Meine Kopfhaut juckte wie verrückt. Normalerweise legte ich großen Wert auf mein Äußeres, und zu Hause duschte ich mindestens zweimal täglich. Dass ich hier unten nun wie ein Schwein stank, machte mich langsam aber sicher wahnsinnig.

Ich hörte, wie der Schlüssel ins Schloss gesteckt wurde. Man brachte mir also mein Abendessen, und wie üblich würde der Beamte dabei »stolpern«. Das Spiel wiederholte sich bei jeder Mahlzeit. Der Typ hasste mich, wieso auch immer. Vielleicht war er auch einfach nur ein Sadist. Mir war es egal. Wenn es nicht gerade Suppe gab, hatte ich trotzdem noch genug zu essen.

Die Tür öffnete sich, und Ali, der auf meiner Abteilung einige Zellen weiter saß, kam mit einem Tablett in den Händen herein.

Ich wollte es zuerst gar nicht glauben.

Ali kam zu mir, stellte das Tablett ab und lächelte mich an.

»Hey, Mehmet. Alles gut bei dir?«, flüsterte er.

»Seh' ich so aus?«, fragte ich nur, und hörte, wie sehr meine Stimme krächzte. Ich hatte schon seit Tagen nicht mehr gesprochen, fiel mir jetzt auf.

»Es wird nicht geredet!«, sagte der Beamte in der Tür.

Ich sah zu ihm und erkannte, dass es ein anderer als sonst war. Das erklärte, wieso mir ein Hausarbeiter das Essen brachte.

»Kopf hoch, da oben denken wir alle an dich«, flüsterte Ali und ging zurück.

Die Tür wurde wieder abgeschlossen, und zum ersten Mal, seit ich hier unten eingesperrt war, aß ich ein Mittagessen, das ich nicht zuvor vom staubigen Zellenboden aufkratzen musste.

Auch am Abend brachte mir Ali das Essen. Und am nächsten Morgen, am nächsten Mittag, am nächsten Abend. Und jedes Mal, wenn er mir das Tablett reichte, flüsterte er mir Dinge zu wie »Kopf hoch«, »Du packst das« oder »Lass dich nicht kaputtmachen«.

Mir gab das unglaublich viel Kraft. Nur wenige Tage hier in diesem kleinen Kellerloch, und schon fühlte ich mich wie genau der letzte Dreck, für den mich der Rest der Welt ohnehin schon hielt. Umso dankbarer war ich für jede Aufmunterung.

Dann war endlich der letzte Tag gekommen. Nur noch dieses Abendessen und eine Nacht, dann durfte ich zurück in meine Zelle.

Die Tür öffnete sich wie üblich, und Ali kam herein.

Wieder stellte er das Tablett ab, wobei er dieses Mal aber nichts Tröstendes sagte, sondern mir einfach nur zuzwinkerte.

»Genieß das Brot, ist selbst gebacken.«

Dann verschwand er wieder.

Ich verstand nicht. Stadelheim war wie eine eigene kleine Stadt, und natürlich wurde hier das Brot für die Häftlinge auch von Häftlingen gebacken. Nichts Besonderes.

Trotzdem wollte ich es mir genauer ansehen. Ich brach den Laib in der Mitte durch, und zum Vorschein kam ein kleines Bündel Folie. Ich wickelte es aus und traute meinen Augen nicht: eine Handvoll Tabak, Blättchen und ein Streichholz.

Ich hätte weinen können vor Glück. Ich hatte seit Tagen keine Zigarette geraucht, und was ich jetzt in den Händen hielt, war der größte Schatz, den man hier unten besitzen konnte.

Wie ein Tier hockte ich mich neben mein Steinbett und begann, mir kleine, hauchdünne Zigaretten zu drehen. Ich steckte mir die erste an und inhalierte den Rauch tief. Sofort wurde mir schwindelig, aber trotzdem genoss ich jeden einzelnen Zug. Kurz bevor die Zigarette zu Ende war, zündete ich mir an der Glut der ersten die nächste an.

Ich hustete und sah im Reflex zur Tür, aber niemand kam herein.

Als auch diese Zigarette dem Ende zuging, machte ich die nächste an. Ich war gezwungen, den gesamten Tabak auf einmal zu rauchen, schließlich hatte ich nur dieses eine Streichholz gehabt. Aber das störte mich nicht im Geringsten.

Nach einer halben Stunde war der gesamte Tabak verbraucht. Meine Zelle glich einer Räucherhütte, ich konnte kaum die Hand vor Augen sehen. Mir fiel ein, dass das sicher auch dem Wärter nicht entging, wenn er in die Zelle kam und außer Rauch und Qualm nichts mehr erkennen konnte. Und so war es dann auch.

Die Tür sprang auf, und der Beamte stand vor dem Gitter.

»Ich glaub, ich spinne!«, rief er und sah sich im Raum um.

»Möglich«, lachte ich.

Mir war alles egal. Ich hatte die Zigaretten geraucht, und das konnte mir keiner mehr nehmen.

Der Schließer griff hektisch nach seinen Schlüsseln und öffnete das Gitter. Dann baute er sich vor mir auf.

»Wo ist der Tabak?«

»Weggeraucht.«

»Und das Feuerzeug?«

»Runtergeschluckt.«

Der Mann wusste nicht, was er sagen sollte. Ich saß lachend vor seinen Füßen, und er sah sich weiter um. Dann machte er sich auf den Weg zum Ausgang.

»Das wird noch ein Nachspiel haben!«, brüllte er. »Das wird noch ein Nachspiel haben!«

Irgendwie tat es mir leid, den Beamten, der mich gut behandelt hatte, verärgert zu haben. Aber größtenteils ... nein, größtenteils nicht.

Einen Tag später wurde ich aus dem Bunker entlassen, ohne dass es irgendeine Art von Nachspiel gegeben hätte. Ich kam auf meine Abteilung und wurde von den anderen Insassen wie ein Held gefeiert. Alle standen vor ihren Zellen und jubelten mir zur Begrüßung zu oder applaudierten. Ich winkte breit grinsend hinauf und genoss den Moment.

Am folgenden Tag war es dann endlich so weit: Mein Prozess begann.

Ich wurde in Handschellen aus der Zelle geführt und in den Keller gebracht, von wo aus eine Art Tunnel in das Gerichtsgebäude führte.

Dort angekommen, wurde ich von den Polizisten abgeschirmt wie ein schwerstkrimineller Mafioso. Niemand durfte mit mir reden, erst recht nicht die Journalisten, die sich bereits überall auf den Gängen tummelten.

Ich hatte in den Zeitungen gelesen, dass die Aufregung über meinen Fall enorme Wellen schlug, aber das hier übertraf meine Erwartungen bei Weitem. Ich wusste gar nicht, wo ich hinschauen sollte, jeder meiner Blicke wurde sofort von einer Kamera eingefangen. Ich nahm also einfach den Kopf zwischen die Schultern und ließ mich von den Schließern führen.

Im Gerichtssaal schloss sich die Tür, und ich atmete durch. Diese Hektik gefiel mir ganz und gar nicht. Ich konnte mir das übergroße Medieninteresse noch immer nicht wirklich erklären. Der Saal hatte riesige Fenster, durch die ich einige Bäume und eine Wiese sah. Nach nur ein paar Tagen Gefängnis war ich tatsächlich glücklich, wieder einmal das Grün von Pflanzen zu sehen.

Mit mir auf der Anklagebank saßen Marco, Issam, Stefan und Dimo. Ich nickte ihnen lächelnd zu, und sie lächelten zurück.

Miteinander reden durften wir nicht, aber da sie nicht in Stadelheim saßen, ging ich davon aus, dass sie von zu Hause aus hergekommen waren.

Jeder von ihnen hatte seinen eigenen Anwalt dabei, und auch Haas kam nun zu mir und nahm an meiner Seite Platz.

»Dir geht's gut?«, fragte er knapp.

»Alles okay«, antwortete ich.

Haas schaute mich ernst an.

»Was auch immer hier gleich gesagt wird, du hältst den Mund und lässt mich reden. Verstanden?«

Ich nickte.

»Das ist sehr wichtig, ich meine das todernst. Du redest nur, wenn du gefragt wirst.«

»Ja, hab' schon verstanden«, sagte ich und ahnte, dass ich gleich Dinge hören würde, die mir ganz sicher nicht gefielen.

Der Richter betrat den Saal. Wir erhoben uns von den Plätzen.

Nach dem Begrüßungsritual wandte sich der Richter an einige Frauen und Männer und erklärte ihnen, dass sie als Zeugen die Wahrheit zu sagen hatten und was sie erwartete, wenn sie vor Gericht logen.

Ich kannte die Zeugen alle nicht. Wahrscheinlich handelte es sich um Besucher der Bauern-Party, die uns dabei beobachtet hatten, wie wir den Jungen verprügelten.

Aus den Augenwinkeln sah ich draußen vor dem Fenster eine weiß gekleidete Gestalt, die gerade an einem der Bäume hinaufkletterte. Ich sah genauer hin und erkannte Janine, die sich an einem dickeren Ast festhielt und mir zuwinkte.

Das konnte doch nicht sein! Janine kletterte diesen gewaltigen Baum hinauf, nur um mich zu sehen. Sie winkte weiter fröhlich in den Gerichtssaal, und ich tat so, als würde ich sie nicht sehen, denn wenn man sie bemerkte, würde man sie dort herunterholen, da war ich mir sicher.

Die Zeugen verließen den Saal, und der Richter wandte sich an mich. Er fragte, wie ich hieß und wo ich wohnte.

»Da ist jemand!«, schrie plötzlich ein Gerichtsdiener, und alle im Saal zuckten zusammen.

Wir sahen zum Gerichtsdiener, dann zum Fenster. Alle Blicke richteten sich auf Janine, die auf einem Ast saß und meiner Verhandlung zusah.

Ein Polizist schnappte sich sein Funkgerät.

»Fremde Person auf dem Baum, fremde Person auf dem Baum!«

Der Gerichtsdiener stürmte zum Fenster und ließ alle Rollläden herunter. Dann schaltete er die Lichter im Saal an.

Ich machte mir ernsthafte Sorgen. Die Leute reagierten auf Janine wie auf einen Scharfschützen. Ich hoffte, dass ihr nichts passierte.

Obwohl nichts mehr zu erkennen war, starrten noch alle zu den Fenstern. Wir hörten mehrere Männerstimmen, immer wieder unterbrochen durch Janines Stimme, die »Ist ja gut, ist ja gut« rief.

Irgendwann legte sich der Tumult draußen, und der Richter bat um Aufmerksamkeit. Er fragte mich, was an jenem Abend passiert sei. Ich erklärte ihm, dass meine Freunde und ich den Jungen geschlagen hatten, weil er frech zu uns gewesen war.

»Und warum haben Sie dann noch mit der Zaunlatte auf ihn eingeschlagen, als er längst bewusstlos war?«, fragte der Richter.

Ich wollte ihm gerade antworten, dass ihn erst der Schlag mit der Latte bewusstlos gemacht hatte, als mein Anwalt sich zu Wort meldete.

»Dass mit einem Holzstück zugeschlagen wurde, ist nicht eindeutig zu klären gewesen«, warf er ein.

Der Richter nickte und sah wieder mich an.

»Haben Sie den Mann mit einem Stück Holz geschlagen?«

Ich schüttelte den Kopf.

»Nein, habe ich nicht.«

Haas warf mir einen kurzen Blick zu, der mir verriet, dass er genau das von mir zu hören gehofft hatte.

Als Nächstes wandte sich der Richter an Dimo. Nachdem auch er erklärt hatte, wer er war und wo er wohnte, erzählte nun er, was an jenem Abend passiert war:

»Wir waren im Zelt und haben gefeiert. Zwei oder drei Bier getrunken. Als wir nach Hause wollten, haben wir draußen nach Muhlis gesucht. Wir haben ihn dann gefunden, wie er sich gerade mit dem Typ geprügelt hat. Und als der ohnmächtig dalag, haben wir Muhlis von ihm weggezogen und sind abgehauen.«

Ich bekam meinen Mund überhaupt nicht mehr zu. Hatte ich das gerade richtig verstanden, und Dimo schob mir alles in die Schuhe?

Ich sah meinen Anwalt an, doch der legte nur seine Hand auf meine und schüttelte sachte den Kopf. Ich spürte, wie meine Beine nervös zitterten. Am liebsten wäre ich Dimo direkt an den Hals gegangen für seine Lügerei.

Als Dimo fertig war, fragte der Richter Marco nach seiner Sicht des Abends. Auch er erzählte, dass ich ganz allein den Mann verprügelt hätte. Und er und die anderen sogar noch versucht hätten, mich davon abzuhalten.

Stefan und Issam erzählten anschließend haargenau die gleiche Geschichte.

»Das ist gelogen, die erzählen Scheiße«, flüsterte ich meinem Anwalt zu.

Der neigte seinen Kopf etwas in meine Richtung.

»Das war klar. Du bist Mehmet, der Sündenbock. Deren Anwälte versuchen jetzt, alles auf dich zu schieben.«

Ich ballte die Faust und sah meine Freunde an, die meinen Blicken aber sofort auswichen.

Diese verdammten Wichser, dachte ich. Und so Leute nannten sich Freunde. Immer hatte ich mich vor sie gestellt, hatte sogar die ein oder andere Aktion auf meine Kappe genommen, weil ich wusste, dass die Polizei mir im Gegensatz zu ihnen nichts anhaben konnte. Und das war der Dank? Sie verrieten mich, ohne mit der Wimper zu zucken, nur weil ein paar Anwälte das für eine gute Idee hielten.

Die Lügen meiner Freunde schwirrten den gesamten Prozess über in meinem Kopf herum. So sehr, dass ich die Aussage unseres Opfers nur noch am Rande wahrnahm.

Er sei betrunken gewesen und könne sich nur noch an mich erinnern, auch wenn da ganz sicher noch andere Leute beteiligt waren. Irgendwie so etwas sagte er. Aber das spielte in dem Moment für mich keine Rolle. Meine eigenen Freunde hatten mich gerade ans Messer geliefert.

Die Zeit verging, und nachdem die Zeugen angehört waren und alle Anwälte ihre Plädoyers gehalten hatten, standen der Richter und die Männer an seiner Seite von ihrem Platz auf und sprachen das Urteil: ein Jahr Jugendarrest, keine Bewährung.

Dass ich den Jungen mit der Zaunlatte verprügelt hatte, konnte mir nicht nachgewiesen werden, trotzdem galt ich als der Haupttäter, der grundlos zuerst zugeschlagen hatte.

Marco, Issam, Stefan und Dimo kamen mit mehrwöchigen Strafen davon.

Die Verhandlung war beendet, und der Richter gab die Anweisung, mich umgehend in ein Jugendgefängnis zu überführen.

Ein Jahr Gefängnis! Mir ging es hundeelend, dazu kam der Verrat meiner Freunde. Ich saß noch immer auf meinem Stuhl, als die Polizisten zu mir kamen, um mir wieder Handschellen anzulegen.

Haas klopfte mir auf die Schulter und sagte, dass es schlimmer hätte kommen können.

Aber das konnte ich mir in dem Moment nicht vorstellen.

* * *

Durch den Tunnel ging ich zwischen zwei Justizbeamten zurück ins Gefängnis. Ich fühlte mich wie betäubt. Ein Jahr lang würde ich meine Eltern, meine Brüder und Janine nicht mehr wiedersehen, gelegentliche Besuche ausgenommen.

Für mich brach eine Welt zusammen.

In meiner Zelle sammelte ich Janines Briefe, die mittlerweile zwei Plastiktüten füllten, und einigen anderen Kram in einer Reisetasche zusammen. Dann führten mich die Schließer aus der Abteilung.

Ich bekam meine private Kleidung zurück und ließ mich aus dem Gefängnis hinaus und auf den Hof führen, wo ein Polizeiwagen auf mich wartete. Ich stieg mit einem Polizisten hinten ein, und man fuhr los. Ich war überglücklich, als sich das Tor des Gefängnisses hinter uns schloss – was auch immer jetzt kommen mochte, Stadelheim zumindest war Geschichte.

Wir fuhren schweigend aus der Stadt hinaus und erreichten ein Jugendgefängnis. Wir stiegen aus und wurden von einem freundlichen Mann in Empfang genommen.

»Guten Tag, Herr Ari«, sagte er und gab mir die Hand.

Ich mochte die höfliche, aber distanzierte Art des Mannes. Das erste Mal seit Langem fühlte ich mich ernst genommen.

Man brachte mich in die Zelle, in der ich nun das nächste Jahr leben sollte. Mir wurden die Regeln erklärt und auch, dass meine Zellentür abends abgeschlossen wurde.

»Abends?«, fragte ich erstaunt.

»Ja, sicher. Das ist ja ein Gefängnis.«

Ich kam gerade aus Stadelheim, dort war ich den ganzen Tag eingesperrt gewesen. Dass man hier nur über Nacht die Tür absperrte, klang für mich eher nach Jugendherberge als nach Knast.

Die Polizisten verabschiedeten sich, und auch der Mann, der das Gefängnis leitete, wollte später wiederkommen, wenn ich mich eingerichtet hatte. Das ging sehr schnell, denn außer den zwei Tüten mit den Briefen von Janine und einem Shirt hatte ich kaum etwas bei mir.

Aber der Leiter sagte mir, dass er sich kümmern wollte, damit ich das Nötigste bekam.

Mein Eindruck, dass es sich bei diesem Gefängnis eher um eine Jugendherberge handelte, stellte sich als richtig heraus. Ich lief den ganzen Tag im Gebäude herum und unterhielt mich mit den anderen Kindern. Sie hatten ähnliche Dinge angestellt wie ich und saßen hier auch maximal ein Jahr fest.

Die Zeitungen, die überall auslagen, waren voll von Artikeln über Mehmet und seine Verurteilung. In einem Artikel stand, dass es nach der Verhandlung noch zu regelrechten Krawallen auf den Gängen gekommen war. Marcos Vater hatte scheinbar einen Reporter geschlagen und dabei dessen Kamera zerbrochen. Ich fand, er hätte lieber seinen verlogenen Sohn schlagen sollen.

Meine Eltern hatten mich inzwischen auch gemeinsam besucht. Ihnen war anzusehen gewesen, dass sie unter der Situation extrem litten. Sie wirkten traurig und übernächtigt. Sie erzählten mir, dass es dem Land Bayern gerichtlich verboten worden war, uns abzuschieben. Das beruhigte mich zwar, aber meine Eltern sagten auch, dass man nun versuchte, mich allein in die Türkei zu schicken, ohne sie. Sie hätten da so einen Brief bekommen. Mein Vater wusste nicht, ob es tatsächlich möglich war, ein Kind allein außer Landes zu schaffen, aber vorsichtshalber hatte er beim türkischen Konsulat meinen Pass ungültig stempeln lassen. Jetzt hatte ich streng genommen überhaupt keine Staatsangehörigkeit mehr, konnte also auch nicht weggebracht werden. Trotzdem litt die ganze Familie unter der Tatsache, dass diese Mehmet-Figur nun zu ihnen gehörte. Reporter bedrängten meine Mutter und meinen Vater am Telefon oder persönlich, und jeden Tag mussten sie sich auf der Arbeit oder von Bekannten anhören, dass sie als Eltern völlig versagt hatten. Mein ältester Bruder hatte sogar seinen Vornamen geändert, nachdem Zeitungen ihn genannt hatten. In dem neuen Versicherungsbüro, in dem er nach seiner Ausbildung zu arbeiten begonnen hatte, wollte er auf keinen Fall mit Mehmet in Verbindung gebracht werden.

Dass er nicht zu mir stand, macht mich bis heute wütend und traurig, aber so hat er sich leider entschieden.

Mit meinen Eltern war das etwas anderes. Ich hatte im Traum nicht daran gedacht, dass sie so unter der dämlichen Mehmet-Sache leiden würden. Mir brach es das Herz. Und allein schon deswegen wollte ich meinen Entschluss, nach dem Gefängnis ein neues Leben zu beginnen, unbedingt in die Tat umsetzen. Ich wollte nicht mehr, dass man sich für mich schämen musste.

Ich saß in meinem Zimmer und überlegte, was ich tun konnte, sobald ich wieder frei war.

Zunächst musste ich die Schule beenden, aber das sollte kein Problem sein. Danach könnte ich eine Ausbildung machen wie meine Brüder auch. Versicherungskaufmann oder Autolackierer kamen nicht infrage, aber es gab Millionen Berufe, irgendetwas würde ich schon finden. Danach dann eine eigene Wohnung, ein Auto und Janine.

Keine Polizei mehr, keine Richter mehr und keine Gefängnisse mehr.

In der Vergangenheit war so ziemlich alles schiefgelaufen, aber das spielte jetzt keine Rolle mehr. Ich war 14 und hatte mein ganzes Leben noch vor mir. Ich konnte praktisch alles machen.

Meine Zellentür öffnete sich und zwei der Vollzugsbeamte standen im Raum.

»So, Mehmet. Pack deine Sachen, du kommst jetzt mit.«

Ich lag auf meinem Bett und wusste gar nicht, was los war.

»Wieso?«, fragte ich nur.

»Entweder kommst du von allein, oder wir holen dich raus.«

Was sollte dieser Ton? Hatte ich etwas verbrochen, ohne davon zu wissen?

Ich sah, dass die Typen es ernst meinten, und kramte mein Zeug zusammen.

Die Männer brachten mich in einen Raum und befahlen mir, mich auszuziehen.

»Was soll der Scheiß?«, fragte ich.

»Ausziehen. Sofort.«

»Wieso?«

»Du ziehst dich jetzt aus.«

Ich hatte keine Ahnung, was hier lief, aber ich tat, was man von mir verlangte, und stand schließlich nur in Unterhose vor den Beamten.

»Nackt«, bellte der eine.

»Das ist doch nicht euer ernst, Leute«, sagte ich und musste beinahe lachen.

Das hier war doch völlig bescheuert.

Der Mann wiederholte seinen Befehl, und ich zog auch meine Unterhose aus. Als ich jetzt nackt vor den Männern stand, führten sie mich zu einer Tür. Einer der Männer reichte mir eine Papierunterhose, öffnete die Tür und schob mich über die Schwelle.

Nackt und mit Papierunterhose in der Hand stand ich dann in einem kleinen Raum. Boden, Wände und Decke waren weiß gefliest. Ein Fenster gab es nicht.

»Was soll der Scheiß?«, rief ich und klopfte an der Tür. »Hey, ich hab' euch was gefragt!«

Es kam keine Reaktion.

Langsam wurde ich stinksauer. Ich hatte doch überhaupt nichts getan, verdammte Scheiße.

»Ihr Arschlöcher lasst mich sofort hier raus. Los!«

Mit beiden Fäusten schlug ich wie wild gegen die Tür, aber niemanden kümmerte das.

Nach Minuten hörte ich schließlich auf.

»Dann sagt mir doch wenigstens, was ich getan habe«, jammerte ich, und wieder antwortete niemand. Die Tür blieb verschlossen.

Ich hob die Papierunterhose vom Boden auf und streifte sie über.

Ich sah mich nervös im Raum um, aber abgesehen von einer Neonröhre und einer kleinen Kamera an der Decke gab es nichts zu entdecken. So stellte ich mir das Zimmer in einer Klapsmühle vor, nur mit weicheren Wänden. Das Bett ähnelte dem im Bunker in Stadelheim: kalt, hart und ohne Kissen oder Decke. Die ganze Zeit über hatte man mich wie einen normalen Jungen behandelt, jetzt war ich wieder der Schwerverbrecher. Und ich verstand einfach nicht, wieso. Ich überlegte ununterbrochen, was ich getan haben konnte, dass eine solche Aktion plötzlich gerechtfertigt war. Ich hatte heimlich mit einem anderen Jungen nachts ein paar Sachen getauscht, wir hatten uns Zigaretten und Süßigkeiten durch die Gitterstäbe gereicht. Aber das machte doch jeder. Das war normal.

»Was soll die Scheiße!«, schrie ich noch einmal aus Leibeskräften.

Nichts passierte.

Ich legte mich auf die kalten Fliesen meiner Pritsche und kauerte mich zusammen.

»Ich hab' doch überhaupt nichts gemacht …«

Irgendwann ging das Licht aus. Ich lag allein in der Dunkelheit. Nach einer Ewigkeit konnte ich tatsächlich schlafen, schreckte aber hoch, als sich die Neonröhre wieder einschaltete.

Ich saß auf der Pritsche und blinzelte in Richtung Tür.

»Schau in die Kamera!«, befahl eine Stimme von irgendwo her.

»Was?«, fragte ich.

»Schau in die Kamera!«

Ich suchte die Kamera in der oberen Zimmerecke und sah hinein. Sofort ging das Licht wieder aus.

»Was habe ich denn gemacht?«, fragte ich wieder.

Man antwortete mir immer noch nicht.

Ich rollte mich wieder zusammen, um weiterzuschlafen. Nach einer Stunde ging das Licht erneut an, und wieder sollte ich in die Kamera schauen. Ich tat es, und wieder erlosch das Licht.

So ging das die ganze Nacht.

Irgendwann, am folgenden Morgen, schätzte ich, öffnete sich die Tür. Zwei Beamte standen vor mir.

»Komm mit, du gehst jetzt«, sagte einer der beiden.

»Was? Wohin?«

»In die Kammer.«

In die Kammer? Sofort war ich hellwach. Die Kammer war der Ort, wo man als Gefangener seine Zivilsachen abgab und zurückbekam. Wenn ich dort hin sollte, konnte das nur bedeuten, dass ich gehen durfte. Ich war überglücklich.

In meiner Papierunterhose ging ich voran, die Männer folgten mir. In der Kammer angekommen, überreichte man mir mein Bündel. Ich zog meinen Jogginganzug an und fuhr mir durch die Haare. Egal, was diese Schikane hier sollte, sie war vorbei. Ich konnte gehen. Nach Hause oder zurück in die Zelle, das war mir gleich. Die Hauptsache war, dass man mich von hier wegbrachte.

Als ich so weit war, legte man mir wieder Handschellen an.

Auf meine Frage, was denn das sollte, erhielt ich wie üblich keine Antwort.

Wir stiegen in ein ziviles Auto und fuhren los. Ich sah mich um, konnte aber aus der Umgebung keine Rückschlüsse darauf ziehen, wohin es gehen sollte. Erst als wir die Stadt verließen und uns dem Flughafen näherten, dämmerte es mir.

Nein, das kann nicht sein, dachte ich. Das konnten die unmöglich machen. Das war unfair und illegal.

Am Flughafen sperrte man mich wieder in eine Zelle. Mein Anwalt kam einige Minuten nach mir dort an.

»Was soll das? Was machen die mit mir?«, fragte ich Haas.

»Tja«, antwortete er schulterzuckend. »Die ziehen's durch. Du wirst abgeschoben.«

»Das geht nicht. Ich will nicht. Was soll ich in der Türkei? Ich kenn' da nichts und niemanden.«

»Ist aber jetzt so. Die machen das.«

In diesem Moment rastete ich komplett aus. Ich wollte nicht in ein fremdes Land abgeschoben werden. Ich war ein verdammter Bayer, was sollte ich in der Türkei? Ich bekam es mit der Angst zu tun und wollte zumindest vorher noch einmal mit meinen Eltern sprechen. Ich konnte nicht davon ausgehen, dass sie Bescheid wussten. Mir selbst hatte man ja auch nichts erzählt, warum also meinen Verwandten?

Ich wählte zitternd die Nummer von daheim und wartete ungeduldig, dass jemand abhob.

Schließlich ging meine Mutter ran.

»Mama, ich bin am Flughafen. Die schieben mich ab, die schieben mich ab. Ihr müsst was tun. Irgendwas. Bitte.«

Ich hörte, wie meine Mutter zu weinen begann.

»Nein, bitte. Nicht weinen. Ihr müsst herkommen, sofort. Die schicken mich in die Türkei!«

Meine Mutter schluchzte und sagte, dass sie nicht kommen könnte, da man sie sonst bestimmt auch wegschicken würde. Ich versuchte, ihr zu erklären, dass das unmöglich war. Auch wenn ich das in dem Moment selbst nicht glaubte.

»Bitte, ihr müsst kommen und die aufhalten!«

»Geht nicht. Du bist in der Türkei ganz allein, ich habe telefoniert. Wenn die Deutschen sehen, dass du allein bist, kommst du schnell wieder zurück.«

»Was? Mama!«

Meine Mutter sagte mir, dass sie mich lieb hatte und alles gut werden würde. Dann legte sie auf.

Ich wusste nicht, was ich noch tun konnte. Ich hatte mittlerweile selbst Tränen in den Augen, aber weinen wollte ich nicht. Das wäre ein Triumph gewesen, den ich den Deutschen nicht gönnte.

Ich gab meinem Anwalt das Handy zurück, als ein Mann in Pilotenuniform den Raum betrat. Er nickte mir freundlich zu und stellte sich vor die Gitter.

»Grüß Gott, Herr Mehmet. Machen Sie sich keine Sorgen, es wird ein angenehmer Flug. Sie sind der einzige Passagier, und wir werden uns gut um sie kümmern. Bis später.«

Der Pilot ging und ließ mich mit offenem Mund zurück.

Was zum Teufel war hier nur los?

Teil 2
Istanbul und Çerkezköy, Türkei

Wir werden selbstverständlich einen 14-jährigen nicht einfach vom Flughafen auf die Straße setzen, von wo er womöglich in den Slums von Istanbul landet, sondern wenn ihn die türkischen Behörden nicht in Empfang nehmen und zu Verwandten oder in ein Heim bringen, haben wir vorgesorgt, dass das deutsche Generalkonsulat sich vorerst um ihn kümmert.

Bayerns damaliger Innenminister Günther Beckstein am 14. November 1998 in der *Welt*

....

Der Wagen hielt auf eine Lufthansa-Maschine zu, die mutterseelenallein auf dem Rollfeld stand. Davor befand sich nur noch die kleine Treppe, die Gangway.

Der Wagen hielt, und mein Anwalt, die Polizisten und ich stiegen aus. Oben auf der Treppe erschien ein Mann vom Bundesgrenzschutz, wie ich an seiner Kleidung erkennen konnte. Er nickte den Polizisten zu, worauf diese mich augenblicklich in Richtung Treppe schoben.

Die ganze Situation war völlig unwirklich und gespenstisch. Ein einsames Flugzeug auf einem menschenleeren Platz. Mir war durchaus klar, dass man es sehr, sehr ernst meinte, aber ich hätte mich trotzdem nicht gewundert, wenn im nächsten Moment einer der Polizisten gesagt hätte, dass es sich nur um einen kleinen Vorgeschmack handelte, dass man mir zeigen wollte, wie die tatsächliche Abschiebung dann aussehen würde. Und dann würde man mich nach Hause fahren.

Das passierte aber nicht.

»Was ist mit Ihnen?«, fragte ich meinen Anwalt.

Der schüttelte den Kopf.

»Ich hol' dich so schnell es geht wieder zurück, versprochen. Das kann ich aber nur von hier aus.«

»Wie lange wird das dauern?«

»Ich weiß es nicht, ehrlich. Halt einfach die Ohren steif!«

Halt die Ohren steif ... Mit dem gleichen Satz war ich auch ins Gefängnis und in den Bunker verabschiedet worden. Haas setzte sich ins Auto und winkte mir noch kurz zu, so als würde ich jetzt in den Urlaub fliegen. Dann fuhren die Polizisten ihn zurück zum Flughafengebäude.

Der Grenzschützer nahm meine Reisetasche und führte mich ins Innere des Fliegers, und augenblicklich stand ich in einem Blitzlichtgewitter.

»Mehmet, wie geht es Ihnen?

»Mehmet, was sagen Sie zu ihrer Abschiebung?«

»Mehmet, hassen Sie Deutschland jetzt?«

Überall blitzte es, von allen Seiten hörte ich Fragen.

Reporter! Die ganze Maschine war voller Reporter!

Der Grenzschützer, der noch zwei weitere Kollegen hatte, schob die Journalisten zurück in den hinteren Bereich des Flugzeugs, in die zweite Klasse.

Mitten in dem Gewimmel erkannte ich plötzlich ein bekanntes Gesicht, und ich lächelte automatisch von einem Ohr zum anderen.

»Was machst du denn hier?«, fragte ich.

»Ich komm mit dir, was dachtest du denn?«, rief Janine gegen den Lärm an.

Ich war noch nie so froh gewesen, sie bei mir zu haben. Wie auch immer sie das angestellt haben mochte, sie war hier.

Ich drehte mich um und blickte in die Gruppe von Menschen, die von der Polizei zwischen den Sitzen auf dem Gang zurückgedrängt wurde. Alle fotografierten wie wild, die meisten riefen meinen neuen Namen, manche hielten sogar Plakate hoch, auf denen Dinge standen wie »Abschiebung ist illegal! Hier wird ein Mensch deportiert!« oder »Faschistenstaat Bayern!«.

Demonstrierende Journalisten! Es war alles ziemlich verrückt.

Ich wurde vorn, in der ersten Klasse, an einen der Fensterplätze geschoben. Janine durfte nicht bei mir bleiben.

Einer der Grenzschützer kam zu mir.

»Handgelenke«, sagte er nur. »Deine Handgelenke, Junge. Komm schon.«

Ich hielt dem Mann meine Hände entgegen. Von seinem Gürtel nahm er einen breiten, weißen Kabelbinder und fesselte damit meine Handgelenke zusammen.

»Jetzt das«, sagte er und deutete auf mein Gesicht.

»Was? Mein Ohr?«

»Den Stecker. Raus damit.«

Ich trug im linken Ohr einen kleinen Stecker. Den wollte er offenbar haben.

»Wieso das?«, fragte ich.

»Ich will nicht, dass du den als Waffe benutzt und womöglich noch das Flugzeug entführst.«

Ich sah den riesigen Kerl ungläubig an.

Dachte der wirklich, ich würde mir den Ohrstecker schnappen, alle Grenzschützer und Journalisten damit erstechen und anschließend das Ding dem Piloten an den Hals halten, damit er mich woanders hinflog?

Was hatte man den Leuten hier erzählt, mit wem sie es zu tun hatten?

Ich lachte und gab dem Mann meinen Ohrring.

»In Istanbul kriegst du den zurück. Bis dahin verhalt dich ruhig.«

Aha. Es ging also nach Istanbul. Gut zu wissen.

»Eine Frage …«, hielt ich den Mann auf, der sich gerade zu einem Kollegen setzen wollte. »Kann meine Freundin sich neben mich setzen?«

Der Polizist sah kurz zu seinen Kollegen, die zuckten nur mit den Schultern.

»Okay«, antwortete er dann. »Zehn Minuten. Aber baut keinen Scheiß.«

Der Beamte schob den Vorhang beiseite, der die erste von der zweiten Klasse trennte. Sofort begann wieder der Lärm der Journalisten.

»Mehmet, Mehmet, Mehmet …«

Zwei oder drei Fotografen gelang es, am ausgestreckten Arm ihre Kamera am Polizisten vorbeizuschieben und in meine Richtung zu fotografieren.

Der Beamte schob sie wieder zurück und nahm Janine in Empfang, die sich gleich neben mich setzte.

»Alles klar bei dir?«, fragte sie und streichelte über meinen Arm.

»Ich werd' abgeschoben, sonst alles topp«, grinste ich.

»Blödmann.«

»Sorry, nein, alles okay. Bei dir auch?«

»Alles okay. Die gehen mir nur ein bisschen auf den Keks dahinten. Wollen alles Mögliche von mir wissen.«

»Wie bist du überhaupt hier reingekommen?«

»Die Reporter wissen, dass ich deine Freundin bin. Und die haben mir halt angeboten, mich ins Flugzeug zu bringen, wenn ich ihnen dafür ein paar kurze Interviews gebe.«

»Und deine Eltern? Die haben dir das einfach erlaubt?«

Janine zuckte mit den Schultern.

»Keine Ahnung. Es gab viel Geschrei, und das Letzte, was ich gehört habe, war: ›Dann mach halt, was du willst!‹ Das zählt als Erlaubnis.«

Janine wechselte das Thema.

»Du hast Verwandte in der Türkei, oder?«

»Ja, reichlich sogar. Tausend Onkel, Tanten, Cousins ... Ich bin Türke, ich hab' überall Verwandte.«

Zum ersten Mal lächelte Janine. Dass sich keiner dieser Verwandten blicken lassen würde, musste ich ihr ja nicht sofort sagen. Wenn wir gelandet waren, konnte ich noch immer mit meinen Eltern telefonieren und sie nach der Adresse eines Onkels oder einer Tante fragen. Irgendwie kriegte ich das schon hin.

Erst einmal war ich froh, dass Janine bei mir war. Aber gleichzeitig machte ich mir auch Sorgen, dass die ganze Situation hier zu viel für sie sein könnte. Ich hatte ja selbst noch nicht ganz begriffen, was eigentlich los war.

»Ich hab' mit zwei Reportern geredet. Die nehmen mich mit.«

»Wohin?«

»Wohin du halt gehst in Istanbul.«

»Das wissen die gar nicht?«

»Nö, das weiß noch keiner da hinten.«

»Super«, sagte ich. »Die packen mich in ein Flugzeug und wissen nicht einmal, was die mit mir machen sollen, wenn das Ding gelandet ist?«

»Schaut so aus.«

»Ich könnt' jetzt gut eine rauchen ...«, sagte ich nur und sah aus dem Fenster.

Die Maschine kam in Bewegung und rollte langsam Richtung Startbahn. Wir standen kurz, dann drückte uns die Beschleunigung in die Sitze. Nach einer Minute stießen wir durch die Wolkendecke.

Auf nach Istanbul, dachte ich.

Die Tür der Maschine öffnete sich, und sofort blies mir ein heißer Wind entgegen. Vor vier Stunden war ich bei spätherbstlichem Wetter in das Flugzeug gestiegen, hier schien es fast so, als wäre noch Sommer.

Ich blinzelte in die grelle Sonne und erkannte den Istanbuler Atatürk-Flughafen.

Die Luft über dem Asphalt flimmerte, und obwohl ich nichts weiter als meinen Jogginganzug trug und noch gar nicht aus dem Flugzeug gestiegen war, war mir schon heiß.

Ich trat einen Schritt vor und stand sofort wieder im Blitzlichtgewitter. Die Reporter waren eilig noch vor mir aus der Maschine gestiegen und versuchten nun, mich einzukreisen.

Ich hatte keine Ahnung, wie ich dem ganzen Zirkus entkommen sollte.

Auf der Gangway kamen mir zwei türkische Polizisten entgegen. Einer der Grenzschützer grüßte kurz und schob mich in Richtung der Beamten. Eine Szene, wie in einem Spionage-Film. Agentenaustausch auf der Brücke.

Nur dass niemand in das Flugzeug einstieg. Spion Mehmet war ein Geschenk ohne Gegenleistung.

Die türkischen Polizisten versuchten, mich so gut es ging abzuschirmen, aber die Journalisten drückten uns auf dem Weg zum Auto regelrecht zusammen. Nur in winzig kleinen Schritten kamen wir vorwärts, und erst nach einer Ewigkeit erreichten wir den kleinen Polizeiwagen. Die Polizisten schoben mich auf die Rückbank und schlossen langsam die Tür, um nicht die Hand oder Kamera eines Reporters einzuklemmen. Dann nahmen sie vorn Platz und fuhren los.

Ich hoffte, die Reporter aus dem Flugzeug hatten Janine nicht angelogen und würden sie tatsächlich mitnehmen. Der Gedanke, dass sie nun allein mitten in der Türkei stand, gefiel mir gar nicht.

Der Wagen hielt schließlich vor dem Flughafenrevier, und da wir einen kleinen Vorsprung hatten, konnten wir unbedrängt von den Journalisten aussteigen und das Gebäude betreten. Man brachte mich in das Büro eines Hauptkommissars. Der Mann kam hinter seinem Schreibtisch vor und redete mit den beiden Polizisten, und obwohl mein Türkisch sich etwa auf Tarzan-Niveau befand, verstand ich, dass er absolut keine Ahnung hatte, was er mit mir anstellen sollte.

Schließlich setzte er sich auf die Kante seines Schreibtischs und schaute mich an.

»Was hast du in Deutschland gemacht?«, fragte er.

Ich zuckte mit den Schultern.

»Nix hab' ich gemacht.«

»Für nix wird man aber nicht abgeschoben.«

»Ja, ich hab' halt geklaut und ein paar Leute zusammengeschlagen.«

»Wieso bestrafen die dich dann nicht in Deutschland?«

»Keine Ahnung.«

»Hast du jemanden umgebracht?«

»Nein.«

»Vergewaltigt?«

»Nein.«

»Was wollen die ganzen Reporter da draußen von dir?«

»Ich weiß es nicht.«

»Sind deine Eltern mitgekommen?«

»Nein.«

»Und wo wohnst du jetzt hier?«

»Ich weiß es nicht.«

»Was haben die dir gesagt, was wir mit dir machen sollen?«

»Gar nichts.«

»Du willst mir erzählen, dass du keine Ahnung hast, was die von dir wollen? Ich lass' dir die Haare abschneiden, wenn du mich anlügst! Dann siehst du wenigstens wie ein Mann aus.«

»Ich … ich habe wirklich keine Ahnung.«

Der Kommissar griff sich an den Kopf und ging im Raum auf und ab.

Er war völlig verzweifelt. Die Deutschen hatten ihm einen Deutschen ins Büro gesetzt, und er hatte keine Ahnung, was er mit ihm anstellen sollte.

Er sprach mit einem Kollegen, der das Büro betreten hatte, und fragte ihn, warum die Deutschen einem Kind so etwas antaten, bloß weil es ein paar Leute verprügelt hatte. Man solle mich wieder in die Maschine setzen, damit ich in meiner Heimat meine Strafe absitzen konnte. In Deutschland müsste es doch auch ein Justizsystem geben. Überhaupt sei die gesamte Aktion mehr als lächerlich. Die Türkei hätte längst wegen Überfüllung geschlossen werden müssen, wenn man jeden Deutschen, der eine Schlägerei anzettelte, herverfrachtete. Man sollte den Jungen gefälligst in Ruhe lassen!

Während er das sagte, fluchte er immer wieder.

Der Kollege erklärte, dass es so einfach wohl nicht wäre. Und außerdem solle der Kommissar sich schnell entscheiden, da sich vor der Tür inzwischen ein riesiger Pulk türkischer und deutscher Journalisten versammelt hatte. Ein Engländer sei auch dabei und eine Holländerin. Vielleicht auch ein paar Italiener, aber da sei er sich nicht sicher.

»Die ganze Welt«, jammerte der Kommissar und streckte seine Arme zur Zimmerdecke, als würde er um göttliche Unterstützung bitten.

Er atmete kurz durch und sagte mir, dass ich nun einem Schnellrichter vorgeführt würde. Dieser solle entscheiden, was mit mir zu passieren habe.

Die Polizisten schleusten mich durch das Gewühl der Pressemeute zum Wagen und fuhren mich in die Istanbuler Innenstadt. Ein riesiger Konvoi bildete sich, direkt nachdem wir das Flughafengelände verlassen hatten, eine lange Schlange von Autos, vollgestopft mit Journalisten, die sich durch den Istanbuler Verkehr schob. In dem unklimatisierten Polizeiwagen schwitzte ich wie verrückt, und ich hätte in diesem Moment tatsächlich einer lebenslangen Haft zugestimmt, wenn ich im Gegenzug endlich, endlich wieder hätte duschen und mir frische Klamotten anziehen dürfen.

Trotzdem war meine Hauptsorge natürlich, was jetzt mit mir passieren würde. Ich hatte meine einjährige Haftstrafe ja noch gar nicht richtig angetreten, weswegen ich annahm, dass ich sie nun in der Türkei würde absitzen müssen. Der Gedanke bereitete mir Magenschmerzen, denn von türkischen Gefängnissen hörte man eine Menge, und nichts davon war gut. Der Bunker in Stadelheim war dagegen sicher ein Spaziergang im Wald gewesen.

Unser Wagen hielt vor einem Gerichtsgebäude, und die Polizisten sprangen heraus, nahmen mich zwischen sich und flüchteten mit mir ins Innere, noch bevor die Reporter ihre Wagen parken konnten.

In einem Büro wurde ich dem Schnellrichter vorgeführt. Einer der Polizisten erklärte dem Richter hektisch, was es mit mir auf sich hatte. Ich verstand nur »Mehmet«, »Deutschland« und »abgeschoben«.

Der Richter nickte und strich sich über seinen Schnurrbart.

»Hat der Bengel in der Türkei etwas verbrochen?«

»Nein«, antworteten die Polizisten gleichzeitig.

»Was soll der dann hier? Lasst ihn laufen«, sagte der Richter und wedelte mit einer Hand.

Ich konnte erst gar nicht glauben, was ich da hörte. Mein Türkisch war bestenfalls auf Grundschul-Niveau, vielleicht hatte ich mich ja verhört. Ich sah die Polizisten an, die daraufhin nur mit den Schultern zuckten.

»Geh«, sagte einer schließlich.

Ich machte einen Schritt in Richtung Tür und sah den Richter an. Ich erwartete immer noch, dass man mich aufhielt. Aber das geschah nicht.

Ich verließ das Büro so schnell ich konnte. Vielleicht änderte der Richter ja seine Meinung noch, und wenn das passierte, wollte ich nicht mehr in der Nähe sein. Auf den Stufen des Gerichtsgebäudes kam mir Janine entgegen.

»Was ist passiert?«, fragte sie.

»Nix is' passiert. Ich bin frei.«

Wir fielen uns in die Arme, und ich hörte das Klacken von tausend Kameras.

In diesem Moment war mir das aber egal.

Jemand hielt mir ein Mikrofon ins Gesicht und fragte, was mich jetzt zu erwarten hätte.

»Ich hab' nix gemacht, also kann ich gehen. So muss ein Richter sein«, lachte ich und zog Janine enger zu mir, damit wir uns im Gedränge der Journalisten nicht verloren.

Hinter mir rief plötzlich einer der Polizisten meinen Namen.

Ich fuhr herum und sah, dass er mich zu sich winkte.

»Scheiße ...«, sagte ich nur. »Das wäre ja auch zu schön gewesen.«

Janine und ich wurden zurück in das Büro des Richters geführt.

Er fragte, was ich denn nun in der Türkei machen wollte.

Ich hatte keine Ahnung und versuchte, ihm das zu erklären.

»Hast du Verwandte, wo du wohnen kannst?«

»Nein, meine Mutter hat allen gesagt, dass sie sich von mir fern halten sollen.«

»Wieso?«

»Damit der Herr Beckstein sieht, wie allein ich in der Türkei bin, und ich schnell wieder nach München darf.«

»Das ist Unsinn.«

»Ich weiß.«

»Hm ... Wir müssen das hier korrekt abwickeln. Du bist noch ein Kind, und die Deutschen schauen genau, was wir machen ... Das Beste wird sein, du gehst erst einmal in ein Kinderheim.«

Ein Kinderheim, schon wieder.

Ich hatte kurz die Hoffnung gehabt, dass der Richter tatsächlich seine deutschen Kollegen anrufen und mich wieder nach München schicken würde. Wieso auch nicht? Jedem hier war klar, dass ich in der Türkei absolut nichts verloren hatte. Ich war ein Kind, sprach kaum die Landessprache und hatte keine Verwandten, die sich zu mir bekennen würden. Sollte ich hier etwa auf der Straße leben? Sollte das meine Strafe dafür sein, dass ich den Jungen mit der Zaunlatte geschlagen hatte? Ein Leben in der Gosse?

Die beiden Polizisten begannen, mit ihren Frauen zu telefonieren.

Sie erzählten irgendetwas darüber, dass sie unbedingt den Fernseher anmachen sollten, da man sie sicher gleich sehen würde.

Wenigstens die beiden Trottel freuten sich über den Presse-Tumult …

Der Richter unterbrach die Telefonate der Männer und sagte ihnen, dass sie mich in ein Kinderheim bringen sollten.

Die Aussicht, wieder in einem Heim zu sitzen, freute mich zwar überhaupt nicht, aber solange ich dort ein Zimmer hatte, in dem ich in Ruhe nachdenken konnte, wie es nun weitergehen sollte, war es mir recht.

Die Polizisten steckten ihre Handys ein und begleiteten mich aus dem Büro. Kurz vor dem Ausgang fragten sie sich gegenseitig, ob sie gut aussahen. Saß die Frisur? War das Hemd nicht zu verknittert? Die Jungs freuten sich ganz offensichtlich darauf, gleich wieder im Rampenlicht zu stehen. Ich nahm den Kopf herunter, denn ich hatte überhaupt keine Lust auf den Kram.

Draußen auf den Stufen hörte ich wieder das Klacken von hundert Kameras. Ich senkte den Kopf noch ein Stück weiter, als Janine zu mir kam. Neben ihr standen ein junger Türke und ein etwas älterer Deutscher.

»Und, was ist jetzt?«, fragte Janine.

»Ich weiß noch nicht. Ein Heim, glaub ich.«

»Was? Unfug«, schaltete sich der junge Türke ein und begann eine Unterhaltung mit den beiden Polizisten.

Überall um mich herum herrschte ein riesiges Gewimmel, ich wusste überhaupt nicht, was ich noch sagen oder wen ich ansehen sollte.

»Martin!«, rief der Türke, der sich mit den Polizisten unterhielt, über meinen Kopf hinweg dem Deutschen zu.

Martin sah seinen Freund fragend an, und der zeigte mit dem Daumen aufwärts, als würde irgendein Plan funktionieren, den sie vorher abgesprochen hatten.

»Super«, sagte der Deutsche und trat einen Schritt näher zu Janine und mir.

»Okay, wir machen das jetzt so. Ihr beide kommt mit uns, wir haben ein Hotelzimmer für euch gebucht. Da könnt ihr erst einmal bleiben, bis wir wissen, wie es mit euch weitergeht. Einverstanden?«

Ich sah Janine an.

»Wer ist der Typ?«, fragte ich.

Noch bevor meine Freundin antworten konnte, hielt mir Martin die Hand entgegen.

»Natürlich, Entschuldigung. Ich bin Martin, der junge Mann da vorn ist Tarek. Ich bin Journalist bei der *BILD*, Tarek schreibt für die *Hürriyet*. Wenn du nichts dagegen hast, nehmen wir dich mit ins Hotel, da hast du ein bisschen Ruhe. Abgesehen davon musst du dann nicht ins Kinderheim.«

Ich hatte in dem Gedränge zwar keine Gelegenheit, mir wirklich Gedanken über das Angebot des Mannes zu machen, aber irgendwie fand ich es seltsam, dass er Janine und mir einfach ein Hotelzimmer bezahlen wollte.

Tarek, sein Kollege, kam zu uns.

»Okay«, sagte er und atmete durch. »Mit der Polizei ist alles geklärt, wir können ihn haben. Aber wir sollten vorher eine kurze PK machen, sonst kommen wir hier nicht weg.«

»Ich denk, ich soll ins Heim«, sagte ich.

Tarek schüttelte den Kopf.

»Glaub mir, da willst du nicht hin. Es sei denn, du möchtest gern in einem Raum mit Straßenkindern übernachten. Denk dran, du bist nicht mehr in München.«

»Hm ...«, machte ich nur.

Mich überforderte die ganze Situation mit jeder Sekunde mehr.

»Ah, da sind sie ja«, sagte Tarek unvermittelt und sprang wieder die Stufen hinauf.

Die beiden Polizisten kamen aus dem Gerichtsgebäude, einer von ihnen trug einen Stuhl, während der andere umständlich einen Tisch vor sich her schob. Tarek bedankte sich auf Türkisch und steckte den Uniformierten ein paar Geldscheine zu. Martin ging zu seinem Kollegen und half ihm, Tisch und Stuhl so aufzubauen, dass beides von allen Seiten gut zu sehen war. Dann rief er mich zu sich.

»Du musst jetzt ein paar Fragen für die Journalisten beantworten, sonst wirst du die heute nicht mehr los.«

»Äh …«, sagte ich, aber Martin schob mich schon Richtung Stuhl.

Ich setzte mich, und sofort stürmten die Reporter auf den Tisch zu, um möglichst all ihre Mikrofone drauflegen oder daran befestigen zu können.

Ich sah hilflos zu Janine hinüber, die allerdings gerade damit beschäftigt war, ihrerseits den Journalisten zu erklären, dass sie nichts sagen wollte.

Martin legte mir die Hand auf die Schulter, und dann rief er über die Menschenmenge hinweg, dass Mehmet nun bereit sei, ein paar Fragen zu beantworten.

Wie auf ein verabredetes Stichwort prasselten die Fragen auf mich ein.

»Was hast du jetzt vor, Mehmet?«

»Keine Ahnung«, antwortete ich.

Ich war ja erst ein paar Minuten im Land, ich hatte überhaupt keinen Plan.

»Türkisch, Türkisch!«, rief ein Journalist, der wohl wollte, dass ich auch in seiner Sprache antwortete.

»Wirst du jetzt in einem Heim leben?«

»Das weiß ich noch nicht.«

»Türkisch, Türkisch!«

»Wo sind deine Eltern?«

»Daheim, nehm' ich an.«

»Türkisch, Türkisch!«

Ich sprang vom Stuhl auf.

»Ich kann kein Türkisch, fertig«, sagte ich und entfernte mich von der improvisierten Bühne.

Mir reichte dieser Schwachsinn jetzt endgültig. Ich war müde und hatte keine Lust mehr, irgendwelche Fragen zu beantworten. Vor allem, weil ich die meisten Antworten selbst nicht kannte.

Sofort war ich wieder von Journalisten umzingelt. Janine, Martin und Tarek kämpften sich bis zu mir durch, und Martin erklärte noch einmal, dass Mehmet jetzt gern noch einige Fragen beantworten würde. Tarek übersetzte dies für seine türkischen Kollegen.

Dass Mehmet auf diese Scheiße gerade überhaupt keine Lust hatte, schien beide nicht weiter zu kümmern.

Zwei Stunden standen die Journalisten und ich noch vor dem Gericht auf der Straße. Ich wurde von RTL interviewt, der ARD, dem ZDF, einigen Zeitungen, und auch die türkischen Medien fragten mich aus. Tarek übersetzte, wenn ich mit meinem höchst überschaubaren Türkisch nicht weiterkam, was sehr oft der Fall war.

Irgendwann erklärte Martin endlich, dass es nun genug sei.

Er und Tarek führten Janine und mich zu ihrem Wagen, und wir stiegen ein.

»Ich hab' einen Bärenhunger«, lachte Martin, als er hinter dem Steuer Platz genommen hatte. »Ich kenn' ein gutes Fischrestaurant. Magst du Fisch?«

»Äh, ja, schon«, antwortete ich von der Rückbank aus. »Aber vielleicht könnt ihr mir erst mal erklären, wer ihr überhaupt seid.«

Janine lachte und drückte meine Hand. Ich lächelte zurück und war froh, dass sie bei mir war. Eigentlich war es mir völlig egal, wer diese beiden Typen waren. Durch sie hatte ich zumindest jetzt Janine in meiner Nähe.

»Klar, klar«, sagte Martin und startete den Wagen. »Wie gesagt, sind wir Journalisten. Und so lange sich hier niemand um euch kümmert, tun wir das eben. Einverstanden?«

Ich sah Janine an, die jedoch ebenso ratlos war wie ich. Ich kannte die beiden Männer nicht, aber immerhin wollten sie uns ein Hotel bezahlen, wieso auch immer. Ein besseres Angebot hatten wir in diesem Moment nicht.

Martin klopfte sich auf den Bauch, während der Kellner unsere Teller abräumte.

»Das hat gutgetan«, sagte er und lächelte.

Während des gesamten Essens hatten die Reporter freundlich und professionell mit meiner Freundin und mir geplaudert. Die beiden verhielten sich, als wäre es die normalste Sache der Welt, mit zwei Kindern aus Deutschland in einem türkischen Restaurant zu sitzen und darüber zu reden, was sie ohne ihre Eltern nun anstellen wollten.

Der Kellner brachte uns einen Aschenbecher und vier kleine Schnapsgläser mit Raki.

Tarek nahm eins der Gläschen und hob es an. Martin und ich nahmen unsere Gläser, stießen mit ihm an und tranken unseren Anisschnaps in einem Zug aus. Janine trank keine harten Sachen, wie ich wusste.

»Ich gewöhn' mich einfach nicht an das Zeug«, ächzte Martin und stellte sein Glas zurück.

Dann griff er in seine Jackentasche, holte einen Schlüssel heraus und warf ihn über den Tisch zu mir. Ich sah drauf und las die Zimmernummer.

»Das ist euer Zimmer. Direkt gegenüber im Hotel. Wir wohnen eine Etage unter euch.«

»Cool, danke«, sagte ich.

»Ich werd' langsam auch echt müde«, sagte Janine und gähnte.

Martin nickte.

»Ja, war ein langer Tag.«

Ich gab Janine den Schlüssel. Sie stand auf, gab mir noch einen Kuss und bat mich, nicht mehr zu lange zu bleiben.

Wir verabschiedeten uns von ihr und beobachteten durch die Fenster, wie sie die Straße überquerte und im Eingang des Luxushotels verschwand.

»Und du bist noch fit?«, fragte Martin, während Tarek noch drei weitere Raki bestellte.

»Ja, geht schon«, antwortete ich.

»Dann können wir ja schon mit einer kleinen Sache anfangen, oder?«

»Von mir aus.«

Tarek zog eine Schachtel Zigaretten aus seiner Sakkotasche.

»Du rauchst, oder?«, fragte er und hielt mir die Schachtel hin.

»Und wie.«

Ich fummelte eine Zigarette aus der Packung, und Tarek gab mir Feuer.

Die erste Zigarette seit Stunden. Herrlich. Ich lehnte mich in meinem Stuhl zurück und sah Tarek an.

»Okay, was willst wissen?«

Der Kellner brachte unsere Schnäpse. Wir tranken und bestellten sofort die nächste Runde.

Tarek schlug ein kleines Notizbuch auf und legte es vor sich.

»Erst einmal, was du so denkst. Jetzt gerade. Bist du traurig oder wütend?«

»Hm«, machte ich und zog noch einmal an meiner Zigarette.

»Keine Ahnung«, sagte ich dann.

Ich wusste es wirklich nicht. Ich verstand die ganze Sache nicht, und wenn es nach mir gegangen wäre, hätte ich längst wieder im Flieger nach München gesessen. Aber machte mich das sauer oder traurig? Keine Ahnung.

»Was hältst du von Günther Beckstein?«, fragte Tarek weiter. »Glaubst du, er hasst Ausländer?«

»Wer ist Günther Beckstein?«

»Der bayrische Innenminister. Er hat deine Abschiebung gefordert.«

»Ach, der Beckstein. Ja, jetzt …«, lachte ich.

Von ihm hatte ich im Gefängnis in den Zeitungen gelesen. Aber das war für mich nur einer von vielen gewesen, die mich für einen Hochkriminellen hielten. Seinen Vornamen hatte ich noch nie gehört.

»Und?«

»Und was?«

»Hasst du ihn?«

»Ihn hassen? Ich kenn' den doch gar nicht.«

»Er wollte deine Abschiebung unbedingt. Und als die Türken dich nicht aufnehmen wollten, hat er sogar gesagt, dass die Türkei eine Bananenrepublik wie Uganda oder der Irak wäre, wenn sie sich weigerte. Das hat alle hier ziemlich beleidigt.«

»Aha. Ich kenn' den trotzdem nicht.«

Ich trank inzwischen meinen vierten Raki, und langsam war ich wirklich benebelt. Ich war ja erst 14 und trank für gewöhnlich nur Bier.

»Was weißt du überhaupt über deine Abschiebung? Hat dir irgendwer was gesagt?«

»Ich weiß, dass ich heute Morgen in München in Jugendarrest saß. Und ich weiß, dass ich jetzt in Istanbul bin.« Ich drückte meine Zigarette aus. »Mehr weiß ich nicht.«

Tarek fuhr sich mit der Hand über sein Gesicht.

»Dir hat keiner was gesagt?«

»Nein, Mann. Ich sollte ein Jahr in den Knast. Dann packen die mich mit 'nem Haufen Reporter in ein beschissenes Flugzeug und fliegen mich nach Istanbul. Hättet ihr uns nicht eingesammelt, wären wir schon längst totgeschlagen oder überfallen worden oder was weiß ich. Ich weiß überhaupt nichts. Ich bin nicht sauer oder traurig, mich kotzt einfach nur an, dass anscheinend jeder mit mir machen kann, was er will. Wer bin ich denn, verdammt noch mal!«

Langsam stiegen mir die Tränen in die Augen. Mir war ziemlich egal, wer was gesagt oder gefordert hatte. Ich wollte einfach nur nach Hause.

Tarek schwieg und nickte langsam.

Dann legte er die Schachtel Zigaretten vor mich auf den Tisch, klappte sein Notizbuch zu und lächelte mich an.

»Okay, dann Erzähl ich dir vielleicht erst einmal, was ich weiß.«

Zwei Stunden später betrat ich mein Hotelzimmer. Janine schlief noch nicht, sie lag auf dem Bett und sah fern. Irgendein Fußballspiel flimmerte über den Bildschirm.

»Der einzige deutsche Sender, den ich finden konnte«, grinste sie und schaltete den Kasten ab.

Dann griff sie nach einem Heft und hielt es mir entgegen.

»Schau mal, in Deutschland drehen alle durch. Das hab' ich vorhin in der Lobby gefunden.«

Janine hielt mir die aufgeblätterte Doppelseite eines deutschen Jugendmagazins hin. Von dort blickten mich die großen, traurigen Augen eines Mädchens an, das offenbar schwanger war. Darüber stand in Fettdruck: »Nach der Abschiebung fordert Cindy W.: Mehmet, steh zu deinem Kind!«

Janine fiel auf diesen Scheiß zum Glück nicht mehr rein. Sie wusste, dass ich diese Cindy noch nie gesehen hatte.

Ich nickte und ging ins Badezimmer.

Das erste Mal an diesem Tag sah ich mich im Spiegel. Ich wirkte verschwitzt, müde und hatte dunkle Ränder unter den Augen. Ich hielt meinen Kopf ins Waschbecken und drehte das kalte Wasser auf. Minutenlang ließ ich mir das Wasser über den Schädel fließen, schließlich drehte ich den Hahn ab und besah mich erneut. Mit den Händen kämmte ich so gut es ging mein Haar nach hinten. Vielleicht würde ich mir einen Pferdeschwanz binden, für meine üppige Mähne war es hier irgendwie zu warm. Dafür musste ich mir morgen Haargel besorgen. Vielleicht konnten Martin oder Tarek mir das Geld dafür geben.

Im Spiegel sah ich Janine, die sich mir langsam näherte.

»Alles okay?«, fragte sie und legte ihre Arme um meine Hüften.

Ich schluckte und sah ihr durch den Spiegel in die Augen.

»Ich werd' hier nicht mehr wegkommen«, sagte ich. »Nie wieder.«

Es geht ja nur darum, das kleine Monster ins Fernsehen zu setzen.

Frank Junghänel am 27. November 1998 in der *Berliner Zeitung*

Ich kam zurück in mein Hotelzimmer und hockte mich auf das Bett.

Langsam wurde die ganze Sache anstrengend.

Seit Tagen gab ich Interviews, alle exklusiv Martin und Tarek. Was sie damit machten, wusste ich nicht. Vielleicht verkauften sie sie weiter, vielleicht veröffentlichten sie sie selbst in ihren Zeitungen in Deutschland und der Türkei. Was genau damit passierte, war mir aber auch ziemlich egal. Denn so lange Janine und ich hier in diesem teuren Hotel wohnen durften, sollte mir alles recht sein.

Vor ein paar Minuten hatte ich eine Live-Schaltung gemacht für eine Talkshow in Deutschland. Die Moderatorin hatte mich gefragt, wie ich denn zu meinen Opfern stehen würde. Ich wusste nicht, was ich dazu sagen sollte. Welche Opfer denn? Ich hatte ausgeteilt und eingesteckt. So war das eben in Neuperlach. Vielleicht wusste die Frau einfach nicht, was sie sagen sollte, genau wie ich.

Ich zog mich aus und ging duschen. Ich ließ mir das Gespräch von vorhin noch einmal durch den Kopf gehen. Während der Live-Schaltung hatte ich mit meinem mittleren Bruder sprechen können, der in Deutschland ins Fernsehstudio gebracht worden war. Die große Familienzusammenführung nach der Abschiebung sozusagen. Mich hatte es gefreut, meinen Bruder wiederzusehen, gleichzeitig fragte ich mich aber, was zu Hause los war, wenn sich meine Familie selbst für die dämlichen Talkshows aus dem Haus zerren ließ. Meine Eltern, die ich dank der beiden Reporter hin und wieder anrufen konnte, sagten nicht viel dazu. Sie jammerten nicht, das war nicht ihre Art. Abgesehen davon dachten sie vermutlich, dass ich eigene Sorgen hatte – womit sie ja nicht falschlagen. Ich nahm an, dass ich nicht ewig in diesem Hotel wohnen konnte. Irgendwann würden meine Familie und ich erzählt haben, was es zu erzählen gab, und dann, spätestens dann würden Martin und Tarek überlegen, ob es sich für sie lohnte, Janine und mir ein derart teures Zimmer zu bezahlen.

Ich zog mir Jeans und T-Shirt an und wollte mich gerade ein wenig hinlegen, als es an der Tür klopfte.

Janine hatte vielleicht den Zimmerschlüssel vergessen. Sie und Tarek waren in Istanbul unterwegs, um ein paar Kleinigkeiten einzukaufen.

Ich ging zur Tür und öffnete.

Eine Frau Anfang 20 stand vor mir und lächelte mich an. Sie trug ein kurzes Top und einen noch knapperen Rock. Ihr langes Haar fiel weich auf ihre nackten Schultern, und die hohen Schuhe betonten ihre sexy Figur noch zusätzlich. Ich starrte sie einfach nur mit offenem Mund an.

»Hallo«, sagte die Frau schließlich auf Türkisch. »Du bist bestimmt Muhlis, hm?«

»Äh … ja, Muhlis. Ja, ich bin Muhlis. Ari. Muhlis Ari.«

»Darf ich reinkommen?«

Ich sprang zur Seite.

»Klar, natürlich. Gerne.«

Trotz ihrer High Heels schwebte die Frau wie schwerelos durch den Raum. Sie sah sich um und nahm auf der Bettkante Platz.

»Magst du dich zu mir setzen? Ich möchte kurz mir dir reden.«

Ich schluckte.

Ich kannte die Frau nicht und wusste auch nicht, was sie von mir wollte. Aber wenn Janine zurückkam und mich gemeinsam mit dieser Sexbombe auf dem Bett sitzen sah, dann war sie ganz sicher nicht begeistert.

»Hast du kurz Zeit für mich?«, fragte die Frau wieder.

Ich setzte mich neben sie.

Sie lächelte und strich mir mit dem Finger über den Oberarm.

»Du machst Sport, hm? Das sieht man.«

»Na ja, zu Hause ja. Hier in der Türkei hab' ich noch nichts gemacht.«

»Aber du bist gut in Form.«

»Hm, danke.«

Ich wusste nicht, was ich dazu sagen sollte. Und wer die Frau überhaupt war, wusste ich ebenfalls noch nicht.

»Hast du schon überlegt, was du in der Türkei jetzt machen willst? Beruflich?«

»Beruflich? Ich bin 14.«

Die Frau lächelte und legte ihre Hand auf meinen Oberschenkel.

»Für so gut aussehende Männer wie dich gibt's immer gute Jobs. Richtig gute sogar. Du kannst viel Geld verdienen, wenn du das willst.«

Den letzten Satz hatte ich nicht ganz verstanden, aber dass es darin um mich und die Begriffe »viel Geld« und »gut aussehend« ging, war angekommen. Ich wurde neugierig.

»Was meinst du?«, fragte ich die Frau, die mich noch immer charmant anlächelte.

»Ich könnte dir einen tollen Job beim Fernsehen besorgen.«

»Im Fernsehen? Ich sprech' doch die Sprache kaum.«

»Das macht gar nichts. Ein bisschen kannst du ja. Und den Rest macht dein gutes Aussehen.«

Ich lächelte und senkte meinen Blick zu Boden. Wenn die Frau es darauf angelegt hatte, mich zu umgarnen, dann hatte sie vollen Erfolg.

Sie stand vom Bett auf und ging in Richtung Tür.

»Wenn du möchtest, holt dich morgen um elf Uhr ein Wagen ab. Dann zeigen wir dir das Studio und reden über alles. Und bitte komm doch, ich würde mich wirklich freuen.«

Die Frau zwinkerte mir noch einmal zu und verschwand.

Sie war bereits seit Minuten gegangen, aber noch immer hing ihr Parfum in der Luft, und noch immer saß ich auf der Bettkante.

Ein Job beim Fernsehen …, überlegte ich. Vielleicht hatten sich all meine Probleme gerade in Luft aufgelöst.

* * *

»Du hast eine sehr interessante Geschichte«, sagte der Doktor und schob sich seine Gabel in den Mund.

»Ja, schon«, sagte ich und trank noch einen Schluck Wasser.

Ich hatte keine Ahnung, was ich hier überhaupt sollte.

Kurz nachdem die Frau vom Fernsehen gegangen war, waren Tarek und Janine von ihrer Einkaufstour zurückgekehrt. Und Tarek hatte mir gleich erzählt, dass ich jemanden kennenlernen sollte. Jemanden, der einflussreich und wichtig war. Jemanden, der mir sicher helfen konnte, jetzt, da ich in Istanbul gestrandet war.

»Das hier ist eine verrückte Stadt, gerade für ein Kind. Du musst sehr auf dich aufpassen.«

Ich hatte keine Ahnung, wovon der Mann sprach.

»Der Doktor«, wie er genannt wurde, war bereits etwas älter und hatte weiße Haare und einen weißen Bart. Mich erinnerte sein Aussehen an einen türkischen Albert Einstein, auch wenn der Doktor sehr viel gepflegter wirkte. Er trug einen eleganten, grauen Anzug mit korrekt sitzender Krawatte und Weste. Und er war wohl Arzt, zumindest hatte Tarek das behauptet.

Der Doktor hatte mich zum Essen eingeladen und sich stundenlang aufmerksam meine Lebensgeschichte angehört. Anders als die Journalisten schien er sich aus persönlichen Gründen für mich zu interessieren. Keine Ahnung, was der Typ von mir wollte, aber hinter einer tollen Story war er nicht her.

Der Doktor nahm seine Serviette, tupfte sich sachte den Mund ab und legte seine Kreditkarte auf ein kleines, silberfarbenes Tablett. Aus seiner Brieftasche zog er eine kleine Visitenkarte und reichte sie mir.

»Wenn du Probleme haben solltest, egal welche, dann ruf mich sofort an. Noch bevor du dich bei der Polizei meldest.«

»Okay, cool. Danke.«

Ich schob mir das Kärtchen in die Jeanstasche. Der Doktor stand auf und gab mir die Hand.

»Ich meine es ernst«, sagte er zum Abschied. »Wenn etwas ist, melde dich.«

* * *

Am nächsten Tag gegen elf Uhr hatte ich den seltsamen Doktor längst wieder vergessen. Ich stand vor dem Hotel auf der Straße und wartete, ob mich wirklich jemand abholen würde.

Tarek und Martin waren ziemlich neugierig gewesen, was es denn mit meiner Verabredung auf sich hatte. Nachdem ich den beiden jedoch in den letzten Tagen mein gesamtes Leben erzählt hatte, ging es sie nichts an, was ich heute Vormittag zu tun hatte. Abgesehen davon war ich alt genug, mich selbst um meine Karriere zu kümmern, wenn ich denn wirklich eine starten sollte. Ich brauchte keine Manager von der *BILD* und der *Hürriyet*, denn so sehr ich es genoss, gemeinsam mit Janine in einem Hotel zu leben, ich fühlte mich von den beiden langsam so richtig ausgepresst. Es verging kaum eine Minute, in der sie mich nicht interviewten oder um irgendeine Art von Stellungnahme baten. Ich hatte das als den Preis für die Unterkunft und das Essen akzeptiert, aber diese neue Sache wollte ich allein angehen.

Ich hatte mir gerade eine Zigarette angezündet, als ein riesiger Mercedes vor dem Eingang hielt. Ich hatte dieses Modell noch nie gesehen; es war wuchtig, ungewöhnlich lang und sah ziemlich, ziemlich teuer aus. Durch die Scheibe an der Rückbank sah ich die Frau, die mich am Vortag eingeladen hatte. Sie öffnete die Tür und lächelte mich an.

»Hallo, Muhlis. Gut siehst du aus.«

Ich bedankte mich und stieg in den Wagen.

Wir fuhren eine Zeit lang, und während der gesamten Fahrt machte das Mädel dort weiter, wo es im Hotel aufgehört hatte. Das Hemd würde mir sehr gut stehen, meine Oberarme wären aber ganz schön trainiert, ich würde gut riechen, welches Parfum ich denn benutzte … Ich wusste gar nicht, was ich dazu sagen sollte. Ich war eigentlich die ganze Fahrt über damit beschäftigt, mich zu bedanken.

Irgendwann erreichten wir den Hintereingang eines großen Gebäudes und blieben vor einem Tor stehen. Der Fahrer nahm eine Art Fernbedienung in die Hand und drückte auf einen Knopf. Das Tor schob sich nun langsam seitwärts, und als es zur Hälfte hinter einer Mauer verschwunden war, gab er wieder Gas. Während wir in die Einfahrt fuhren, erkannte ich ein großes Metallschild an einer Mauer: KRAL TV.

Das sagte mir gar nichts.

Als mir die Frau am Vortag einen Job beim Fernsehen angeboten hatte, waren mir spontan Sender wie TRT oder Kanal D eingefallen. Die typischen Sender, die in Deutschland von eigentlich jedem Türken mit Satellitenschüssel geschaut wurden. Nachrichten, Sport, Serien und Spielfilme, alles auf Türkisch. Bei uns zu Hause lief auch nie etwas anderes, es sei denn, meinen Brüdern oder mir gelang es, in Abwesenheit unserer Eltern mal MTV oder VIVA anzustellen. KRAL TV kannte ich nicht. Aber ich wollte mich überraschen lassen.

Die Limousine hielt in einer Parkbucht, und die Frau und ich stiegen aus.

»Komm mit, ich zeig' dir alles«, säuselte sie und stöckelte auf ihren Absätzen voran.

Wir betraten das Gebäude des Senders und stiegen in einen Fahrstuhl, der uns in die Etage brachte, in dem sich das Sendestudio befand. Wir traten durch eine wuchtige Metalltür und befanden uns gleich im Studio. Ich traute meinen Augen nicht. Ein riesiger Raum, in dem überall Kameras standen. An der Decke hingen Scheinwerfer, die in allen möglichen Farben leuchteten, und jede und jeder, der hier herumlief, lächelte, trug super Klamotten und sah auch sonst gut aus. Ich stand einfach nur da und staunte. Die Frau grüßte einen Mann um die 30 in einem hellen Anzug, der lächelnd auf uns zu kam.

»Du musst Muhlis sein«, sagte er und gab mir die Hand. »Freut mich, dass du Zeit für uns hast.«

Er wusste wohl, wie es um meine Sprachkenntnisse stand. Er redete langsam und deutlich.

»Natürlich«, sagte ich und tat, was ich die ganze Zeit getan hatte: Ich lächelte nett, ohne wirklich zu wissen, was ich hier sollte.

Der Mann stellte sich mir als Müstak vor, der Chefredakteur des Senders. KRAL TV sei der beliebteste Musiksender der Türkei und als solcher immer auf der Suche nach jungen, gut aussehenden Talenten, die live im Fernsehen die neuesten Videoclips präsentierten.

Ein Musiksender! Meine Augen strahlten. Bot mir dieser Mann gerade einen Job als Moderator bei einem Musiksender an?

»Ich soll moderieren?«, fragte ich.

»Ja, absolut. Du bist ein toller Typ. Wir hätten dich gerne.«

»Aber ich spreche kaum Türkisch.«

»Das macht gar nichts, das meiste liest du von Karten ab. Außerdem bist du ja nicht alleine. Murat!«

Ein junger Kerl, der hinter einer Art Theke vor einer Kamera stand, winkte uns zu.

»Murat ist dein Co-Moderator.«

Müstak beugte sich grinsend zu mir herunter.

»Er macht die ganze Arbeit, du kriegst das Geld.«

Ich lachte jetzt ebenfalls, und der Mann klopfte mir auf die Schulter.

»Und? Was sagst du?«

»Ich ... ich weiß nicht. Ich muss da erst noch mit meinen Eltern sprechen.«

»Ja, verstehe«, sagte der Programmchef und schlug die Handflächen zusammen. »Du bist ja erst 15.«

»14.«

»Ja, 14. Mein Gott, 14. Als ich in deinem Alter war, bin ich noch zur Schule gegangen.«

»Da sollte ich jetzt eigentlich auch sein, aber die Schule ist leider in München geblieben.«

»Ja, was soll man da machen. Also, Interesse?«

Die Frau legte mir wie auf ein Stichwort eine Hand auf den Nacken und lächelte wieder süß.

Ich brauchte gar nicht lange zu überlegen. Moderator bei einem Musiksender. Natürlich hatte ich Bock, und wie. Vielleicht würde ich ja eine Sendung machen wie *Yo! MTV Raps*, in denen ich die Clips von 2Pac, Wu-Tang Clan oder N.W.A präsentieren konnte. Mit dem Kram kannte ich mich bestens aus, ich hörte diese Musik ja pausenlos.

»Okay, ich mach's«, sagte ich schließlich und lachte.

Die Frau und Müstak lachten ebenfalls und schienen sich wirklich über meine Entscheidung zu freuen.

»Ich frag' meinen Vater, wann er Zeit hat, nach Istanbul zu kommen. Dann kann er den Vertrag direkt unterschreiben.«

»Vertrag?«, fragte Müstak und sah mich eigenartig an. »Was für einen Vertrag?«

Ich zuckte mit den Schultern und verstand die Frage nicht so richtig.

»Na ja, wenn ich hier arbeite, dann krieg' ich doch einen Vertrag, oder?«

Der Mann lächelte wieder, wenn auch deutlich gequälter.

»Nein, nein. Wir arbeiten hier auf Vertrauensbasis. Handschlag reicht.«

»Nein, ich will einen Vertrag. Das ist bei uns völlig normal.«

Der Chefredakteur sprach mit der Frau, jetzt aber wieder in seiner normalen Geschwindigkeit, sodass ich kaum ein Wort von dem verstand, was die beiden zu besprechen hatten. Aber ich konnte mir denken, dass es um meine etwas arg deutsche Forderung nach einem Arbeitsvertrag ging. Aber was sollte ich machen, ich war nun mal Bayer, und ein Bayer wollte immer alles schriftlich.

Nach einer Minute schaute der Mann wieder zu mir und lächelte.

»Okay«, sagte er dann. »Hol deinen Vater, dann unterschreiben wir einen Vertrag.«

»Cool«, sagte ich.

Meiner Karriere als Fernsehstar stand nun nichts mehr im Weg.

* * *

Zwei Tage später stand ich vormittags im Flughafen von Istanbul und wartete darauf, dass mein Vater erschien.

Ich hatte mit ihm telefoniert und ihm erklärt, was ich vorhatte. Zunächst war er überhaupt nicht begeistert gewesen von meiner Idee, beim Fernsehen zu arbeiten. Für ihn hatten derartige Jobs zu wenig Substanz und galten im

Grunde gar nicht als richtige Berufe. Ich sollte seiner Meinung nach lieber meine Schule beenden und eine solide Ausbildung beginnen, sobald ich wieder zu Hause war, was ja in wenigen Wochen der Fall sein würde, wenn man meinem Anwalt glaubte.

Dass ich vorerst ganz sicher nicht wieder zurückdurfte, wenn nur die Hälfte von dem stimmte, was Tarek mir erzählt hatte, sagte ich meinem Vater nicht. Stattdessen erklärte ich ihm, dass ich auch dann Geld verdienen musste, wenn ich tatsächlich nur einige Wochen blieb, und dass ich bei KRAL TV ohnehin nur so lange arbeiten würde, wie ich in Istanbul war.

Das hatte er eingesehen. Und mich sogar dafür gelobt, dass ich selbst meinen Lebensunterhalt bestreiten wollte. Und da sich in Deutschland inzwischen alle auf mich beziehungsweise auf Mehmet eingeschossen hatten und niemand mehr die Absicht hatte, auch meine Familie abzuschieben, sprach nichts dagegen, mich in Istanbul zu besuchen und den Vertrag in meinem Namen zu unterschreiben.

Ich sah noch einmal auf die Anzeige und las, dass das Flugzeug bereits vor einer Viertelstunde gelandet war. Da mein Vater am selben Abend wieder zurückmusste, ging ich davon aus, dass er kein Gepäck dabei haben und deshalb nicht ewig am Gepäckband warten würde.

Die Glastüren schoben sich auf, mein Vater trat in die Halle und sah sich um.

Ich lief direkt auf ihn zu. Noch bevor er mich richtig wahrgenommen hatte, fiel ich ihm in die Arme. Wir drückten uns fest, und ich konnte sehen, dass auch er, genau wie ich, Tränen in den Augen hatte.

»Geht's dir gut?«, fragte mein Vater.

Ich nickte.

»Ja, alles gut. Alles gut bei mir.«

Mein Vater nahm mein Gesicht zwischen die Hände und schaute mich an, als könne er nicht glauben, dass er gerade tatsächlich seinem jüngsten Sohn gegenüberstand. Er lächelte und zog mich wieder an sich heran.

Ich konnte mich nicht daran erinnern, wann mein Vater je so froh darüber gewesen war, mich zu sehen. Ich war so irritiert und glücklich, dass ich beinahe vergessen hätte, weswegen mein Vater den weiten Weg auf sich genommen hatte.

»Also, was hat es mit diesem Vertrag auf sich?«, fragte er nach einer Weile.

»Vertrag? Ach so, der Sender. Wir können direkt hinfahren, wenn du willst.«

»Müssen wir sogar. Ich muss heute Abend zurück.«

Ich nickte nur. Natürlich war mir klar gewesen, dass mein Vater keinen langen Urlaub mit mir verbringen konnte, seine straffe Reiseplanung aber noch einmal von ihm selbst bestätigt zu bekommen, tat weh.

Wir drängten uns durch die Menschenmenge, erreichten schließlich den Eingang zur Metro und stiegen in eine der Bahnen, wo wir augenblicklich zu reden begannen. Obwohl ich regelmäßig mit meinen Eltern telefonierte, hatte ich tausend Fragen. Ich wollte wissen, wie es meiner Mutter und meinen Brüdern ging, was die Zeitungen schrieben, was der Anwalt sagte, wann ich wieder nach Deutschland durfte und so weiter und so weiter. Auch mein Vater fragte mich alles Mögliche. Wer die beiden Reporter waren, die mir und Janine alles bezahlten, woher sie das Geld hatten, was ich den ganzen Tag so trieb, ob ich auch genügend essen würde ... Die ganze Fahrt über redeten wir, als hätten wir seit zehn Jahren nichts mehr voneinander gehört, und beinahe hätten wir sogar die richtige Station verpasst.

Wir stiegen aus und gingen gemeinsam auf das Gebäude zu, in dem KRAL TV untergebracht war. Wir erklärten dem Pförtner, wer wir waren, und er ließ uns hinein.

In den Büroräumen sahen wir sofort Müstak, der sich gerade mit einer Sekretärin unterhielt. Wir begrüßten ihn und erklärten, dass wir wegen des Vertrags da wären.

Er schüttelte den Kopf.

»Nein, das macht alles der Chef. Kleinen Moment.«

Müstak ging quer durch den Büroraum auf eine große Doppeltür zu. Er klopfte an, öffnete sie einen Spalt breit, steckte seinen Kopf kurz hinein und sah dann wieder zu uns.

»Bitte, bitte«, sagte er zu meinem Vater und mir.

Wir betraten das Büro des Senderchefs. Der Raum war so riesig, dass selbst der wuchtige Schreibtisch darin viel zu klein wirkte. Hinter dem Tisch saß ein Mann um die 50, der sich uns kurz vorstellte und dann augenblicklich ein einzelnes Blatt Papier auf den Tisch legte. Mein Vater las es lange und unterschrieb schließlich. Der Mann hinter dem Schreibtisch zog den Vertrag wieder zu sich, unterschrieb ihn ebenfalls und gab meinem Vater das Dokument zurück.

»Sie möchten keine Kopie davon?«, fragte er.

Der Senderchef schüttelte den Kopf.

»Sie wollten einen Vertrag, wir hier brauchen so etwas nicht.«

»Wenn Sie meinen. Hauptsache, mein Sohn ist abgesichert.«

Mein Vater faltete den Vertrag und schob ihn in die Tasche seines Sakkos.

»Abgesichert ... In Deutschland muss man immer abgesichert sein ...«, sagte der Chef.

Sogar ich merkte, dass der Typ es hasste, mir einen Arbeitsvertrag geben zu müssen, trotzdem freute ich mich tierisch. Sollte der doch denken, was er wollte: Ich war jetzt Fernsehmoderator.

»Mehmet« beschäftigt nun türkische Richter

Christiane Bertelsmann am 16. Januar 1999 in der *Welt*

....

»Hallo und herzlich willkommen bei *Nummer 1,* der beliebtesten Pop-Sendung der Türkei! Wir präsentieren euch die heißesten Bands und erfolgreichsten Stars. Mit mir im Studio ist mein Co-Moderator Muhlis. Ihr kennt ihn vielleicht als Mehmet, den Jungen, der aus Deutschland abgeschoben wurde. Zusammen moderieren wir in Zukunft eure Lieblingssendung. Hallo, Muhlis.«

Ich blinzelte nervös in die Kamera und lächelte dann zu Murat, der mich fröhlich und erwartungsvoll ansah.

»Hallo, Murat. Ja, ganz richtig, wir haben hier die besten Künstler der Türkei und stellen die neuesten Videoclips vor.«

»Das ist richtig, Meh ... Muhlis. Und wir fangen gleich an mit ein paar alten Bekannten. Hier sind Ajlan ve Mine. Viel Spaß.«

Die rote Lampe über der Kamera schaltete sich ab, was bedeutete, dass nun das Musikvideo lief.

Ich blickte auf die Moderationskarten in meiner Hand, auf denen man mir die Künstler notiert hatte, die in der heutigen Sendung vorkamen. Ich kannte fast niemanden von diesen Typen. Von Tarkan hatte ich gehört, aber das war's dann auch schon. Sertab Erener, Sezen Aksu, Göksel, Grup Vitamin ... Ich wusste meistens nicht einmal, ob es ein Mann, eine Frau oder eine Band war, deren Clips ich präsentieren sollte.

Murat nutzte die Pause, um mir zu sagen, dass ich meine Sache toll machte. Ich glaubte ihm zwar kein Wort, ich hatte ja bis jetzt nur einen einzigen Satz vor mich hin gestottert, aber ich bedankte mich trotzdem.

Der Clip war vorbei, und das rote Licht schaltete sich wieder ein.

»Willkommen zurück«, lächelte ich in die Kamera. »Das war doch großartig. Oder, Murat?«

»Ja, Muhlis. Ein echter Hit. Es würde mich nicht wundern, wenn der Titel morgen schon wo stehen würde?«

»Auf Nummer 1«, riefen Murat und ich gemeinsam lachend in die Kamera.

Murat sagte den nächsten Clip an, ich widmete mich wieder meinen Karten.

Das war alles Scheiße. Zum Glück war der Job in einer halben Stunde erledigt.

Als der letzte Titel gelaufen war und wir uns von unserem Publikum verabschiedet hatten, fiel eine riesige Last von meinen Schultern.

Ich hatte während der Sendungen pausenlos das Gefühl, mich vor einem Millionenpublikum zum Deppen zu machen, aber außer mir schien das niemand so zu sehen.

»Hey, Muhlis«, lachte mir Müstak auf dem Flur entgegen, »Tolle Sendung, du wirst immer besser.«

»Danke, danke«, sagte ich und ging in meine Garderobe.

Auf dem Schminktisch lag eine Plastiktüte, auf die groß das Wort »Versace« aufgedruckt war.

Es gab also wieder etwas geschenkt.

Ich nahm das Hemd aus der Tüte und hielt es mir vor den Oberkörper.

Ja, dachte ich, das Ding könnte passen. Ich stopfte das Hemd zurück in die Tüte und setzte mich.

Nachdem man mich abgeschminkt hatte, verabschiedete ich mich und ging hinunter auf den Parkplatz, wo meine Limousine auf mich wartete. Der Fahrer öffnete die Tür, und ich stieg ein.

»Wohin?«, fragte er, als er sich hinters Steuer gesetzt hatte.

»Nach Hause«, antwortete ich und griff mir eines der Magazine, die auf dem Rücksitz bereitgelegt worden waren.

In einem der Artikel war zu lesen, dass KRAL TV derzeit in Deutschland an Popularität gewann und das einzig an meiner Sendung lag. Scheinbar zogen sich die Türken in Deutschland jetzt auch den schlimmen Türk-Pop rein, bloß weil sie dann gleichzeitig sehen konnten, was aus Mehmet geworden war.

Wenn das stimmte, dann sollte ich vielleicht eine Gehaltserhöhung ansprechen, überlegte ich.

Ich legte das Heft weg und setzte meine Sonnenbrille auf, dann verließen wir das Gelände und fuhren im Schritttempo durch eine Gruppe von Menschen, die vor dem Gebäude auf mich wartete. Als sie den Wagen sahen, ging sofort lautes Geschrei los.

Seit drei Wochen war ich nun mit *Nummer 1* auf Sendung, und gleich vom ersten Tag an war ich wie ein Star gefeiert worden.

»Muhlis!«, rief ein Mädchen und drückte sich mit ihrem Körper an die Scheibe des Wagens. Mein Fahrer hupte kurz, verzog aber sonst keine Miene. Auch er kannte das Spiel bereits.

Ich winkte freundlich aus dem Wagen heraus, machte aber nicht den Fehler, die Scheibe herunterzukurbeln. Vor ein paar Tagen hatte ich das gemacht, und prompt hatten unzählige Arme nach mir gegriffen oder mir Fotos entgegengehalten, damit ich sie signierte. Autogramme zu geben war an sich eine coole Sache, aber wenn der Wagen dann eine halbe Stunde nicht mehr vorwärtskam, wurde es dann irgendwann doch zu viel, wie ich fand.

Als wir die Straße endlich erreicht hatten, gab der Fahrer Gas und steuerte auf das Istanbuler Zentrum zu, wo Janine und ich seit einigen Tagen lebten. Der Sender hatte uns eine Wohnung angemietet, denn dass ihr neuer Star in einem Hotel oder sogar einem Kinderheim wohnte, kam überhaupt nicht infrage. Wir hatten sogar einen Haushälter, der mehrmals die Woche kam und die Wohnung in Ordnung hielt.

Alles lief super, und obwohl ich Deutschland und München immer noch vermisste, hätte es mich wirklich schlimmer getroffen haben können.

Tarek und Martin waren nicht begeistert davon gewesen, dass wir aus dem Hotel auszogen, aber sie hatten eingesehen, dass eine eigene Wohnung inklusive Haushälter wesentlich attraktiver war als ein Zimmer, das sie mir wegnehmen würden, sobald sie oder ihre Zeitungen kein Interesse mehr an mir hatten.

Wir fuhren in die Tiefgarage, und ich stieg aus.

»Wenn was ist, melde ich mich«, sagte ich dem Fahrer und ging in Richtung Fahrstuhl.

Er nickte und fuhr weg.

Eine eigene Limousine war super. Wann immer Janine oder ich irgendwo hinwollten, riefen wir den Kerl an, und keine fünf Minuten später stand der Wagen vor der Tür.

Ich fuhr in die oberste Etage, kramte meinen Schlüsselbund aus der Hosentasche und schloss die Wohnungstür auf. In der Wohnung war es ungewöhnlich still. Normalerweise lief entweder der Fernseher oder Musik, wenn Janine allein war. Ich ging ins Wohnzimmer und sah meine Freundin, die auf dem Sofa saß und mich ansah.

»Hi«, grüßte ich. »Alles in Ordnung bei dir?«

»Wo warst du gestern Abend?«, fragte Janine und sah mich ernst an.

»In so 'nem Club«, antwortete ich schulterzuckend. »Wieso?«

»Wieso?«, wiederholte Janine und stand von der Couch auf. »Ich hab' den ganzen Tag darauf gewartet, dass du nach Hause kommst. Ich hab' mir tierische Sorgen gemacht und sogar im Sender angerufen.«

»Ja, kann sein. Wir waren halt nach der Sendung noch was trinken.«

Das war tatsächlich der Fall gewesen. Ein paar der Moderatoren und Kameraleute hatten gefragt, ob ich sie in einen kleinen Club begleiten wollte. Ein bisschen Party machen, was trinken und einfach mal was anderes sehen als die Arbeit. Ich verstand das Problem nicht, das Janine damit hatte.

»Das ist diese Woche schon das dritte Mal, dass du abends alleine losziehst, ohne mir was zu sagen.«

»Was soll ich denn machen? Wenn die mich halt fragen, ob ich mitkomm ...«

»Du kannst mir wenigstens Bescheid sagen, verdammt noch mal. Ich sitz' hier jeden Tag alleine rum, während du mit irgendwelchen scheiß Models oder Schauspielern in Bars gehst.«

Janine wurde immer lauter, und das gefiel mir überhaupt nicht. Was konnte ich denn dafür, dass sie in Istanbul niemanden kannte und ich jetzt ein Star war? Ich hatte mir das schließlich nicht ausgesucht. Anstatt sich für mich zu freuen, machte sie nun Terror. Vielleicht war sie auch einfach nur eifersüchtig. Immerhin rissen sich jetzt die hübschesten Frauen der Türkei um mich. Na ja, zumindest rissen sie sich um ein Foto mit mir, denn für andere Sachen war ich ihnen mit meinen 14 Jahren wahrscheinlich noch zu jung.

»Wieso regst du dich darüber so auf?«, fragte ich. »Ich arbeite beim Fernsehen, da gehört das eben zum Job dazu.«

»Was gehört zum Job dazu? Mich den ganzen Tag in der leeren Wohnung sitzen zu lassen und erst mitten in der Nacht nach Hause zu kommen?«

Das hier war Blödsinn. Janine schrie mich inzwischen aus vollem Hals an, und da hatte ich überhaupt keinen Bock drauf, ich kam schließlich gerade von der Arbeit und wollte meine Ruhe.

Wortlos ging ich ins Schlafzimmer. Aus der Tüte zog ich mein neues Hemd und zog es mir über. Es stand mir ziemlich gut und war dazu noch von Versace.

Ich ging zurück ins Wohnzimmer und präsentierte mich Janine.

»Und, was sagst du? Sieht geil aus, oder?«

Meine Freundin sah mich mit offenem Mund an.

»Was?«, fragte ich.

»Hast du mir nicht zugehört?«, fragte sie.

»Ja, doch. Okay, ich sag dir demnächst Bescheid, wenn ich weggehe.«

Janine ließ sich auf das Sofa sinken. Sie legte die Hände vors Gesicht und sah mich zwischen ihren Fingern hindurch an.

»Was sagst denn jetzt zu dem Hemd?«, fragte ich noch einmal.

»Ich fahre nach Hause«, sagte Janine.

»Was? Wann? Und für wie lange?«

»Für immer. Ich kann das hier nicht mehr ...«

Ich stand vor meiner Freundin und kam mir plötzlich selten dämlich vor in meinem neuen Hemd.

»Wieso?«, fragte ich nach fast einer Minute.

»Weil du nur noch deinen Egotrip fährst. Du benimmst dich wie ein Arsch, und dir ist dabei total egal, was ich den ganzen Tag mache. Ich sitz' hier in der Türkei und hab' keine Ahnung, wo das alles hinführen soll. Und du ... du machst dir da auch keine Gedanken drüber.«

»Aber ich mach' mir Gedanken. Ich hab' doch sogar schon Arbeit.«

»Ja ... Nein ... Ich meine, du scheinst dich hier wohlzufühlen. Dieser ganze Scheiß mit dem Fernsehen und der Wohnung und der Limousine und den Autogrammen. Das ist was für dich, dir gefällt das. Aber ich will nach Hause. Ich bin 16, ich kann nicht ewig in Istanbul sitzen und Musik hören, bis du nach Hause kommst.«

Ich konnte nichts dazu sagen. Ob Janine recht hatte oder völlig danebenlag, wusste ich nicht. Ich machte nur das Beste aus meiner Zeit hier, was hätte ich sonst machen sollen?

»Ich hab' mit meinen Eltern telefoniert, heute Abend geht mein Flug zurück nach München«, sagte Janine und stand vom Sofa auf.

Sie ging an mir vorbei und strich mir noch einmal über die Schulter.

»Tut mir leid«, sagte sie leise, zog ihre Reisetasche aus dem Schrank und ging ins Schlafzimmer.

Ich nickte noch immer schweigend, als sie schon gar nicht mehr im Raum war.

* * *

»Vielen Dank fürs Zuschauen, bis zum nächsten Mal bei *Nummer 1*!«

Das Licht über der Kamera schaltete sich ab, und auf dem kleinen Monitor konnte ich sehen, dass bereits der Abspann lief.

Wieder eine Sendung hinter mich gebracht, dachte ich.

Mein Türkisch wurde mit jedem Tag besser, mittlerweile hielt ich mich nicht mehr verkrampft an meinen Moderationskarten fest, sondern konnte gelegentlich auch einen oder zwei Sätze fehlerfrei sagen. Wenn das so weiterging, würde ich vielleicht tatsächlich eine eigene Sendung bekommen.

Mein Co-Moderator Murat und ich klopften uns gegenseitig anerkennend auf die Schultern, dann verließ ich das Studio Richtung Garderobe. Auf dem Flur kam mir der Chefredakteur entgegen.

»Hey, Muhlis, schöne Sendung«, lachte Müstak.

»Danke«, sagte ich wie üblich und wollte weitergehen, aber Müstak hielt mich am Arm fest.

»Wenn du gleich zum Wagen gehst, erschrick dich nicht. Die Limousine ist weg. Wir haben die gegen einen Mercedes ausgetauscht.«

»Ein Mercedes? Was ist mit meiner Limo passiert?«, fragte ich überrascht.

»Der Chef fand, dass das Ding etwas zu protzig wäre für ein ... na ja ... Kind. Und er meinte, wir sollten es vielleicht etwas weniger auffällig machen in Zukunft. Deswegen der Mercedes. Aber du behältst natürlich den Fahrer.«

»Immerhin«, lächelte ich.

Klar, ein Benz war auch super, aber ich hatte mich an meinen langen Luxusschlitten gewöhnt.

»Wollte dir nur Bescheid sagen. Bis dann.«

Müstak klopfte mir zum Abschied auf den Rücken und zwinkerte mir zu.

Ich ging in meine Garderobe, wo wieder Geschenke für mich herumlagen. Ein Parfum von Lagerfeld, das aber nicht besonders gut roch, und ein Stapel Autogrammkarten von irgendeinem Sänger, den ich nicht kannte.

»Na ja, war auch schon mal besser«, lachte ich der Frau entgegen, die den Raum betrat, um mich abzuschminken.

Zu Hause legte ich die Tüte mit dem Krempel in eine Ecke und ging ins Wohnzimmer.

Ohne Janine war es ziemlich einsam. Und abgesehen von einem kurzen Telefonat vor zwei Wochen, als sie mir sagte, dass sie gut zu Hause angekommen war, hatten wir keinen Kontakt mehr gehabt.

Vielleicht war es auch besser so. Ich musste sehen, dass ich zurechtkam, daran führte kein Weg vorbei, aber Janine ... Sie gehörte einfach nicht hierher. Ich selbst hatte mir mein Leben ebenfalls anders vorgestellt, aber im Gegensatz zu mir hatte Janine in München ihren Platz und dort auch alle Möglichkeiten. Als sie mir eine Szene gemacht hatte, weil ich ihrer Meinung nach zu oft unterwegs war, hatte ich kurz gedacht, dass sie ziemlich lästig sein konnte.

Tatsächlich war wohl ich derjenige gewesen, der ihr lästig war. Ich, der nun in Istanbul leben musste, hatte sie daran gehindert, ihr Leben zu leben.

Trotzdem wollte ich wissen, wie es ihr ging.

Ich nahm das Telefon und wählte die deutsche Vorwahl. Dann legte ich auf.

Mir fiel nicht ein, was ich ihr hätte sagen sollen.

Ich rief Ahmed an, meinen Haushälter, und sagte ihm, dass er morgen vorbeikommen und aufräumen müsse. Auch der Kühlschrank war schon einmal voller gewesen.

Ahmed erklärte, dass er sich noch um andere Termine kümmern müsse und nicht vor 15 Uhr bei mir sein würde. Ich sagte ihm, dass das in Ordnung sei, und legte auf.

Dann schaltete ich den Fernseher an und suchte nach den Nachrichten. Deutsche Sender kamen für mich nicht mehr infrage. Ich musste an meinem Türkisch arbeiten.

* * *

Am nächsten Morgen weckte mich das Telefon.

Ich kroch aus dem Bett und schlurfte noch in Unterhose ins Wohnzimmer, wo der Hörer klingelnd auf dem Tisch lag. Wenn mich an meinen freien Tagen jemand anrief, dann konnte das nur jemand aus Deutschland sein.

»Hallo?«, fragte ich und gähnte.

»Muhlis, hallo«, begrüßte mich Müstak.

Was wollte der denn?, fragte ich mich sofort. Er rief nie bei mir zu Hause an.

»Hi, was gibt's?«, fragte ich entsprechend überrascht.

»Kannst du mal eben beim Sender vorbeischauen? Der Chef möchte mit dir sprechen. Der Wagen ist auch schon unterwegs.«

»Aha«, sagte ich nur und gähnte noch einmal.

Was sollte ich groß darauf antworten. Wenn der Wagen bereits auf dem Weg war, konnte ich ja wohl schlecht Nein sagen.

»Um was geht's denn?«, fragte ich trotzdem.

»Keine Ahnung. Wahrscheinlich nur eine Kleinigkeit. Aber er möchte dich kurz sehen.«

»Ja ... okay. Ich bin gleich da.«

»Schön, bis nachher.«

Müstak legte auf, und ich stand ratlos mit dem Hörer in der Hand im Wohnzimmer.

Ich schüttelte den Kopf und ging ins Badezimmer, um vorher zumindest zu duschen.

Ich schlug die Tür zu, der Mercedes fuhr vom Hof, dann betrat ich das Sendegebäude und fuhr mit dem Fahrstuhl aufwärts. Während der Fahrt hatte ich mir das Hirn zermartert, was der Chef des Senders wohl von mir wollte. Normalerweise lebte er wie ein Einsiedler in seinem Büro, und viele der Angestellten hatten ihn bisher nur selten zu Gesicht bekommen. Wenn er also ausdrücklich nach mir verlangte, dann musste es um etwas Bedeutendes gehen. Denn Kleinkram überließ er seinen Redakteuren oder Buchhaltern oder anderen Angestellten.

Ich ging durch die Flure und erreichte schließlich die große Tür, hinter der sich das Büro des Chefs befand. Ich klopfte an und wurde hereingebeten.

»Muhlis, setz dich«, sagte der Mann, ohne von seinem Sessel aufzustehen.

»Hallo«, grüßte ich kurz und nahm ihm gegenüber Platz.

Er faltete seine Hände auf dem Schreibtisch und sah mich mit gesenktem Kopf ernst an.

»Ich habe ein großes Problem«, sagte er dann.

Wir schwiegen beide einige Sekunden.

Okay, er hatte ein Problem, ein großes sogar, so weit konnte ich folgen. Aber warum er gerade mir das sagte oder was ich dagegen tun sollte, wusste ich nicht.

»Äh ... ja?«, sagte ich nur.

»Ja«, sagte der Chef. »Man hat mir meinen Laptop geklaut.«

»Oh, Scheiße«, sagte ich. »Tut mir leid.«

Das tat es wirklich, aber früher oder später hatte so etwas ja passieren müssen. Müstaks Handy war letzte Woche auf unerklärliche Weise verschwunden, vor einigen Tagen war ein ziemlich teures Parfum aus der Garderobe der Maskenbildnerin geklaut worden, und mir selbst hatte man auch schon ein Paar Schuhe gestohlen. Fernsehsender hin oder her, hier wurde geklaut, was das Zeug hielt.

»Kann ich vielleicht irgendwie helfen?«, fragte ich. »Haben Sie schon eine Idee, wer das Ding eingesteckt haben könnte?«

Der Mann sah mich wieder schweigend an, dann schüttelte er langsam den Kopf.

»Nein«, sagte er. »Keine Idee, ich weiß ganz genau, wer das war.«

»Aha, okay. Umso besser. Wer denn?«

Der Chef beugte sich ein Stück über seinen Tisch und zeigte mit dem Finger auf mich.

»Du warst das!«

»Was?«, lachte ich. »Das ist nicht Ihr Ernst?«

»Doch, ich weiß, dass du den Computer gestohlen hast.«

Ich lachte noch immer und sah mich im Raum um. Gleich würden sicher Kamera- und Tonleute hinter der Vertäfelung hervorspringen und »Versteckte Kamera!« rufen. Das hier war immerhin ein Sender für junge Leute, es hätte mich also nicht gewundert, wenn man mich zu verarschen versuchte.

Der Senderchef blieb ernst.

»Du kannst hier noch so lange rumalbern, das ändert nichts daran, dass du mich bestohlen hast.«

Ich hörte auf zu lachen und blickte dem Mann in die Augen.

»Meinen Sie das wirklich ernst?«, fragte ich.

»Ja, und ich habe auch schon der Polizei Bescheid gegeben.«

»Der Polizei? Aber ... Wieso soll ich einen Laptop klauen? Wenn ich will, kann ich mir sofort zehn von den Dingern kaufen.«

»Ich weiß nicht. Aber es gibt ein Überwachungsvideo, das zeigt, wie du mit meinem Laptop unter dem Arm das Gebäude verlässt.«

Mir reichte es. Wie konnte man so abgebrüht sein und mich eiskalt anlügen? Ich sprang von meinem Stuhl auf.

»Ja, dann zeig mir doch mal das Video«, sagte ich. »Zeig mir den Beweis, dass ich geklaut hab'.«

»Das Video hat die Polizei. Und jetzt wird's todernst für dich, ich hab' dich nämlich schon angezeigt.«

Ich hatte keine Lust mehr, mir diesen Scheiß anzuhören. Der Kerl log wie gedruckt. Es gab kein Video, und das wusste er auch. Dieses Video konnte nicht existieren, weil ich seinen dämlichen Laptop nicht angefasst hatte.

Ich drehte mich um und ging zur Tür.

»Du kriegst jetzt ordentlich Ärger, wirst schon sehen«, rief der Mann mir nach.

»Leck mich am Arsch und mach doch, was du willst«, sagte ich und schlug die Tür hinter mir zu.

Ohne mit jemandem zu reden, ging ich durch das Gebäude zum Fahrstuhl. Natürlich hatte ich den Laptop nicht, trotzdem war mir unwohl. Der Chef von KRAL TV war ein mächtiger und einflussreicher Mann, und er hatte Geld. Und wenn man Geld hatte, dann konnte man in der Türkei so ziemlich alles erreichen. Das hatte ich in den wenigen Wochen, die ich hier lebte, begriffen. Alle hier waren so unendlich geldgeil. Und wenn dieser Typ zu den Bullen gegangen war und behauptet hatte, dass der schlimme Mehmet aus Deutschland wieder rückfällig geworden war, dann würde niemand an seiner Aussage zweifeln.

Ich verstand nur nicht, was diese Aktion sollte. Er wusste genauso gut wie ich, dass ich ihn nicht bestohlen hatte, warum also beschuldigte er mich jetzt?

* * *

Am folgenden Tag klingelte es an der Tür.

Ahmed saugte gerade Staub, und noch bevor er öffnete, wusste ich, wer da auf dem Flur stehen würde.

Ich ging zur Tür, und zwei Polizisten lächelten mich freundlich an.

»Guten Tag«, grüßte einer der beiden jungen Männer. »Würdest du uns bitte zur Wache begleiten, es liegt etwas gegen dich vor.«

Ich war erstaunt, wie nett die beiden Männer waren. Ich hatte mir bereits in den schlimmsten Farben ausgemalt, was mit mir passieren würde, wenn dieser Geldsack von Senderchef mit einem Koffer voller Scheine bei der Polizei auftauchen und mich des Diebstahls beschuldigen würde. Es schien jedoch alles in Ordnung zu sein.

»Ja, natürlich«, antwortete ich. »Ich zieh' mir nur eine Jacke über.«

»Selbstverständlich«, lächelte der andere Polizist.

Ich ging zurück ins Wohnzimmer, wo der verdutzte Ahmed noch mit dem Staubsauger in der Hand auf mich wartete.

»Was will die Polizei?«, fragte er.

»Nichts, keine Sorge«, antwortete ich und kramte in einer Schublade.

Die beiden Bullen waren nett, keine Frage, trotzdem bereitete mir der Gedanke an einen möglichen Aufenthalt in einem türkischen Gefängnis ziemliche Sorgen. Und ich konnte niemanden bitten, mir zu helfen. Ich kannte hier in Istanbul einfach niemanden. Außer diesen komischen Doktor, den Tarek mir vorgestellt hatte und der mir nun plötzlich wieder einfiel.

»Da ist ja das Ding«, sagte ich, nahm die Visitenkarte des Doktors zwischen die Finger und hielt sie meinem Haushälter hin. »Hier, wenn ich weg bin, ruf den an und sag ihm, was los ist.«

Ahmed sah ratlos auf die Karte.

»Was ist denn los?«, fragte er.

»Ich werde in ungefähr einer Minute verhaftet, das ist los. Okay?«

»Okay, ja. Werde ich ihm sagen.«

»Das ist wichtig. Ruf ihn an.«

Ahmed nahm die Karte und nickte. Ich konnte nur hoffen, dass, wenn ich wirklich in Schwierigkeiten war, dieser Doktor sich an mich erinnerte und sein Angebot ernst gemeint hatte.

Ich nahm mir eine Jacke vom Sessel und ging zurück zur Wohnungstür, wo die beiden Polizisten geduldig auf mich warteten.

»Kann losgehen«, lächelte ich.

Die beiden Männer lächelten zurück.

Wir gingen hinunter auf die Straße, wo der Polizeiwagen direkt vor der Tür parkte. Einer der Polizisten hielt mir die Tür auf, und ich stieg hinten ein. Die Männer nahmen vorn im Wagen Platz, und der Polizist auf dem Beifahrersitz drehte sich zu mir um.

»Bist du nicht der Typ aus dem Fernsehen?«

»Ja, der bin ich«, antwortete ich.

Der Polizist stieß seinen Kollegen vor die Schulter.

»Ich wusste es! Das ist Muhlis von *Nummer 1*.«

Der Mann, der gerade fuhr, lächelte mich im Rückspiegel an. Der andere drehte sich in seinem Sitz wieder zu mir.

»Hör mal ... na ja ... ist mir ein bisschen peinlich, aber ich bin ein großer Fan. Wenn du deine nächste Sendung machst, kannst du mich dann vielleicht grüßen? Meine Frau würde ausflippen.«

»Klar, das mach' ich gerne«, sagte ich und klopfte dem Mann freundschaftlich auf den Arm.

»Oh Mann, das wäre echt nett von dir.«

Der Bulle konnte sein Glück gar nicht fassen, und ich begann, mich wieder zu entspannen. Die beiden Jungs waren in Ordnung, waren sogar Fans von mir. Sie würden mich zur Wache fahren, meine Aussage aufnehmen und mich wieder nach Hause schicken. Was auch sonst, ich hatte schließlich nichts gemacht. Und so, wie die beiden sich benahmen, waren sie auch nicht scharf darauf, mich möglichst schnell hinter Gitter zu bringen.

Wenn die ganze Sache hier glattging, dann konnte ich die beiden Jungs ja wirklich einmal grüßen. Das wäre auch ein schöner Dämpfer für den Senderchef.

Wir erreichten die Polizeiwache, die überraschend groß war. Ein breites Gebäude aus alten Steinen, mit vergitterten Fenstern. Das Ding erinnerte mich eher an eine heruntergekommene Burg als an die modernen Polizeiwachen, die ich aus München kannte. Und vor dieser Burg erwartete uns eine gewaltige Menge an Fotografen und Journalisten.

»Wo kommen die denn jetzt her?«, fragte ich.

Die Polizisten zuckten synchron mit den Schultern.

»Waren vorhin noch nicht da«, sagte schließlich der Mann hinter dem Steuer.

Na, super …, dachte ich. Nicht nur, dass der Idiot von KRAL TV mich wegen nichts anzeigte, er machte jetzt auch noch ein PR-Spektakel daraus. Die Schlagzeilen in Deutschland konnte ich mir bestens vorstellen.

Der Wagen hielt, und die Polizisten begleiteten mich durch die Blitzlichter ins Innere.

Als die Türen sich endlich hinter uns geschlossen hatten, atmete ich durch.

»Okay«, sagte ich. »Und jetzt?«

»Das siehst du dann schon«, ranzte mich der Fahrer an.

Sein Kollege schob mich grob vor sich her.

»Los, da lang.«

Völlig irritiert über den plötzlich veränderten Umgangston ging ich voran.

Die Polizisten brachten mich in einen Nebenraum, setzten mich auf einen Stuhl und schlossen die Tür.

»So, Freundchen. Wir bringen dich schon zum Reden, verlass dich drauf.«

»Bitte?«, fragte ich noch immer verwirrt.

Was war denn in die beiden Bullen gefahren? Gerade eben waren sie noch total freundlich gewesen, und jetzt behandelten sie mich urplötzlich wie einen Verbrecher.

»Was hast du mit dem Laptop gemacht?«

»Ich hab' das Ding nicht«, antwortete ich.

»Du lügst. Wir haben das Video gesehen. Also, was hast du damit gemacht? Verkauft?«

»Ich hab' keinen Laptop geklaut«, wiederholte ich und fühlte mich völlig überrumpelt.

»Wo hast du den Laptop verkauft? Ich frag' dich ein letztes Mal im Guten!«

»Ich hab' keinen ...«

»Wir haben das Video gesehen, wir haben dich da genau erkannt. Also, ein letztes Mal: Wo ist der Laptop?«

Ich sagte noch einmal, dass ich verdammt noch mal keine Ahnung hatte, wovon hier die Rede war, aber das interessierte die beiden Männer nicht mehr.

»Das bringt nichts«, raunte der eine Polizist dem anderen zu.

Der andere nickte. Die Männer kamen zu mir und hoben mich ohne ein Wort aus dem Stuhl.

Sie führten mich zwischen sich aus dem Raum und in einem finsteren Treppenhaus einige Stufen herunter, bis wir in einen weiß gekachelten Raum kamen, eine Art Badezimmer. Die Polizisten stießen mich ein Stück von sich weg.

»Jetzt zieh dich aus!«, bellte einer der beiden.

»Wieso?«, fragte ich.

»Du ziehst dich jetzt aus!«, brüllte der Mann noch einmal.

Ich begann, mich langsam auszuziehen. Der Polizist, der mich gebeten hatte, ihn während der nächsten Sendung zu grüßen, grinste und griff nach einem Schlauch neben sich an der Wand.

Scheiße ..., dachte ich, als ich den Schlauch sah, der mich an jene erinnerte, die man von der Feuerwehr kannte.

Der Mann drehte sich mit dem Schlauch in der Hand zu mir und richtete die Düse auf mich.

Ich legte meine letzten Kleidungsstücke weg.

»Bitte, das muss doch echt nicht ...«, begann ich, dann traf mich ein Wasserstrahl hart vor der Brust und warf mich auf den Boden.

Ich hörte meine eigenen Schreie nicht, so laut war das Wasser, das mich an die Fliesen drückte. Ich versuchte, dem eiskalten Strahl auszuweichen, aber wohin ich mich auch legte oder drehte, überall schlug das Wasser mit Gewalt auf mich ein.

Irgendwann wurde das Wasser endlich abgestellt. Ich hustete und zitterte, mein ganzer Körper tat weh, als hätte man mich minutenlang zusammengeschlagen.

»Los, steh auf!«, rief einer der Polizisten.

Ich zog mich mühsam an der Wand hoch, auf halber Höhe kam einer der Männer zu mir und riss mich an einem Arm aufwärts.

»Was soll das?«, fragte ich.

»Halts Maul! Jetzt geht's erst richtig los.«

Ich sah den zweiten Polizisten, der eine Tür öffnete. Ich erkannte, dass die Wände des dahinterliegenden Raums mit schwarzem Schaumstoff isoliert waren. Den gleichen Schaumstoff kannte ich aus Videoclips, in denen Sänger in isolierten Studios ihre CDs aufnahmen.

Ein schalldichter Raum!

In Panik schlug und trat ich um mich. Der Polizist kam zurück und half seinem Kollegen, mich festzuhalten. Schließlich verband mir einer die Augen mit einem schwarzen Tuch, während mich der andere festhielt. Die Männer schoben mich vorwärts in Richtung der geöffneten Tür.

Ich redete pausenlos auf die Polizisten ein. Ich sagte ihnen, dass ich nichts getan hatte, dass ich nichts gestohlen hatte und dass es absolut keinen Grund dafür gab, mir weh zu tun. Es interessierte und beeindruckte die beiden gar nicht.

Ich hörte, wie sich die Tür hinter uns schloss. Dann wurde ich gegen ein Holzgerüst gedrückt. Die Männer packten meine Arme und fesselten sie mit Manschetten an das Holz, auch meine Fußgelenke wurden auseinandergezogen und festgebunden. Nackt und mit verbundenen Augen stand ich nun an eine Art Holzkreuz gefesselt im Raum. Das Wasser aus meinem nassen Haar lief mir über das Gesicht. Ich fror und hatte inzwischen Todesangst.

»Bitte«, sagte ich, »ich habe den Laptop nicht geklaut. Ich schwöre es.«

»Das sehen wir ja gleich«, hörte ich die Stimme eines der Polizisten.

Ich hörte nun Geräusche, die klangen, als würde man einen Kippschalter umlegen. Dazu summte es.

Ich schrie und versuchte, mich von dem Holzgestell zu befreien, aber ohne Erfolg.

In meinem Kopf flackerten die wildesten Bilder auf. Ich sah, wie man mich vergewaltigte, wie man mich folterte und anschließend umbrachte. Mir die Kehle durchschnitt und mich einfach verbluten ließ. Nie wieder würde je jemand etwas von mir hören.

Ich weinte und schrie und rief immer wieder, dass ich nichts getan hatte und die Männer mich doch bitte gehen lassen sollten.

»Hast du den Laptop gestohlen?«, fragte einer der Polizisten.

»Ich habe den Laptop nicht geklaut, ich habe das Ding noch nie gesehen und erst recht nicht geklaut. Bitte, ich schwöre es.«

Laut und schnell sprudelte es aus mir heraus. Ich redete um mein Leben, da war ich mir sicher. Wenn diese beiden Bullen mir nicht glaubten, dann brachten sie mich um. Das war mir in diesem Moment völlig klar. Ich würde diesen Raum nicht lebend verlassen, wenn es mir nicht gelang, sie von meiner Unschuld zu überzeugen.

Ich hörte einen der Männer näher kommen.

»Ich frage dich jetzt zum letzten Mal ...«, sagte der Mann, und ich hörte, wie er direkt neben meinem Kopf zwei dünne Metallstäbe aneinander schlagen ließ.

Dieses Klappern ging mir durch Mark und Bein, und ich wusste sofort, was mich nun erwartete.

»Ich habe nichts geklaut!«, rief ich noch einmal.

Der Polizist hielt die Metallstäbe an meine Hoden. Keine zwei Sekunden später zuckte ein Stromschlag durch meinen ganzen Körper. Ich zuckte und krampfte, das Holzgerüst hinter mir klapperte laut. Erst eine Sekunde später hatte ich die Luft, um zu schreien. Ich brüllte, bis mir Hals und Lungen wehtaten, dann brüllte ich weiter. In meinem ganzen Leben hatte ich noch nie solche Schmerzen gehabt. Ich bekam keine Luft.

»Sag, dass du den Laptop geklaut hast!«, rief der Polizist vor mir.

Ich schüttelte den Kopf.

Wieder hielt er mir die Metallstäbe an die Hoden, und wieder schoss Strom durch meinen Körper. Ich brüllte und weinte, ohne einen klaren Gedanken fassen zu können. Meine Augen pressten sich ganz automatisch so fest zusammen, dass ich die Blitze, die durch mich hindurchfuhren, tatsächlich sehen konnte.

»Sag es!«, hörte ich den Mann vor mir.

»Ich sag es, ich sag es!«, schrie ich.

»Okay, sag es«, sagte der Mann ruhig.

»Moment«, keuchte ich und atmete durch.

Ich versuchte, Zeit zu gewinnen, um mich wieder etwas zu erholen. Das erlaubte der Polizist aber nicht.

Sofort spürte ich wieder das Metall an meinem Unterleib, und der Strom kam.

»Sag es! Sag, dass du den Laptop geklaut hast!«

Selbst wenn ich es gewollt hätte, ich war gar nicht mehr in der Lage, an irgendetwas zu denken oder es auszusprechen. Mein gesamter Körper bestand nur noch aus Schmerz, und ich hoffte, dass es nicht mehr lange dauerte, bis ich endlich tot war.

»Was ist hier los?!«, hörte ich plötzlich eine Stimme, die ich nicht kannte.

Ich wollte meinen Kopf heben, um genauer hinhören zu können, es gelang mir aber nicht.

»Seid ihr noch ganz bei Trost, den Jungen zu foltern!?«

Der Mann, der von den Polizisten jetzt als Hauptkommissar angesprochen wurde, klatschte in die Hände, und einer der Polizisten stöhnte auf.

Was sollte diese Show?, fragte ich mich. Wieso tat der Kommissar so, als würde er seine Leute ohrfeigen?

»Jetzt holt den Jungen da runter!«

Ich spürte, wie man an meinen Fesseln herumfummelte. Als die Manschetten gelöst wurden, fielen meine Arme schlaff herab, einer der Polizisten musste mich stützen. Ich stand nackt im Raum und zog mir die Augenbinde herunter. Mit dem Handrücken wischte ich mir die Tränen aus den Augen und sah, dass man mit schwarzer Farbe etwas über die Tür geschrieben hatte:

Hier gibt es keinen Gott, und der Prophet ist im Urlaub!

Wieder lief mir ein Schauer über den ganzen Körper.

Einer der Polizisten kam mit meiner Kleidung an. Er legte sie vorsichtig ab und kniete sich vor mich, um mir die Hose anzuziehen.

»Verpiss dich!«, sagte ich erschöpft und nahm dem Mann die Hose aus der Hand.

Ich zog mich langsam an, und der Kommissar befahl einem der Männer, mir einen Tee zu bringen und mich anschließend in sein Büro zu begleiten.

Als ich endlich angezogen war, führte mich einer der Polizisten aus dem Raum zurück die Stufen herauf, bis wir schließlich das Büro des Hauptkommissars erreichten. Er bat mich höflich, mich in einen Sessel zu setzen und zu warten.

Ich ließ mich in den Sitz fallen, und der Polizist brachte mir einen heißen Tee. Ich fühlte mich noch immer hundeelend und trank das kleine Glas so schnell es ging aus.

Als der Kommissar sein Büro betrat, befahl er dem Polizisten zu gehen. Dann nahm er mir gegenüber an seinem Schreibtisch Platz.

Obwohl er mich gerade aus dem Folterzimmer geholt hatte, schien er ziemlich wütend zu sein, denn er blickte mich grimmig an.

»Du …«, knurrte er und schüttelte langsam den Kopf. »Du kannst froh sein, dass du so einflussreiche Freunde hast. Andernfalls hätte ich ein Geständnis von dir gekriegt, und wenn ich dir die Gedärme hätte rausreißen müssen. Ich kriege immer ein Geständnis.«

Ich spürte, wie mir das Blut in den Kopf schoss. Ich wurde rasend vor Wut und warf das leere Teeglas auf den Schreibtisch.

»Na und?«, schrie ich den Kommissar an. »Reiß mir doch die Gedärme raus. Mach doch, du Arschloch. Ich hab' nix geklaut, also kann ich auch nix gestehen.«

Der Mann beobachtete das Teeglas, das langsam in seine Richtung rollte und schließlich stoppte.

»Wir haben Beweise«, sagte er dann und sah wieder zu mir auf.

»Leck mich, einen Scheiß hast du!«

»Doch, habe ich. Und ich weiß auch, dass du in Deutschland ganz schön kriminell warst. Ich glaube, du bist diebstahlsüchtig. Du kannst nicht ohne Klauen.«

»Diebstahlsüchtig? Bist du behindert?«

»Jedenfalls«, fuhr der Hauptkommissar fort, »hast du dieses Mal Glück gehabt.«

Der Mann stand auf und ging zur Tür.

»Die nächsten zwei Tage kannst du in meinem Büro bleiben. Dann gehst du zum Richter. Wenn du was brauchst, sag Bescheid.«

»Verpiss dich, Arschloch«, sagte ich, ohne ihn anzusehen.

Ich hörte, wie der Kommissar hinter mir die Tür schloss. Ich war nun allein in seinem Büro.

Beinahe eine Stunde saß ich einfach nur da und starrte an eine Wand. Ich wusste nicht genau, was ich denken oder tun sollte. Man hatte mich gerade gefoltert. Oder? Ich wusste es nicht. Ich fühlte nichts und war in diesem Moment auch ganz froh darüber. Ich fragte mich, was wohl mit mir passiert wäre, wenn ich nicht diesen Doktor gehabt hätte. Denn dass er derjenige war, der sich eingeschaltet hatte, stand für mich außer Frage. Ich hatte auf der ganzen Welt keine einflussreichen Freunde. Blieb also nur der Mann, der mir seine Visitenkarte gegeben hatte, wieso auch immer. In meinem Kopf startete automatisch ein Film, in dem ich die Karte weggeworfen oder verloren hatte und infolgedessen schlicht und einfach zu Tode gefoltert worden wäre. Lebendig gegrillt von zwei sadistischen Polizisten.

Ich schüttelte die Gedanken aus meinem Kopf, stand auf, ging um den Schreibtisch herum und nahm den Telefonhörer. Ich wählte die Nummer meiner Eltern.

Ich erzählte ihnen, was passiert war. Nicht im Detail, aber ich sagte ihnen, dass man mich zu Unrecht verhaftet hatte, sich die Sache aber gerade klärte und ich übermorgen wieder zu Hause sein würde. In meiner Istanbuler Wohnung, nicht in München.

Meine Mutter und mein Vater reichten sich abwechselnd das Telefon und erzählten von ihrem Tag und von den Fortschritten, die mein Anwalt machte.

Ich hörte nicht genau zu, sondern freute mich einfach, bekannte und vertraute Stimmen zu hören. Am liebsten hätte ich sie jetzt beide umarmt. Besonders meine Mutter fehlte mir in diesem Moment unendlich.

Nach einer Stunde verabschiedeten wir uns, und ich legte auf. Ich sackte im Sessel des Kommissars zusammen und legte mein Gesicht in die Hände.

Gegen Mittag des zweiten Tages saß ich gerade vor dem Computer des Kommissars und surfte ein wenig im Internet.

Auf verschiedenen Nachrichtenseiten war bereits zu lesen, dass ich in der Türkei Ärger hatte. Einige Journalisten wussten offensichtlich mehr als ich selbst:

»Mehmet wegen Diebstahls zweier Computer verurteilt.«

»Mehmet stiehlt Arbeitskollegen Elektrogeräte: Haft!«

»Musiksender feuert Mehmet wegen Diebstahls eines Handys!«

So und so ähnlich lauteten einige der Schlagzeilen in Deutschland. Die türkischen Medien waren auch nicht viel gnädiger. Verschiedene Zeitungen bezeichneten mich mittlerweile als »Verbrechensmaschine«, was auch immer das bedeuten sollte.

Dabei hatte ich überhaupt nichts getan. Ich fragte mich, wieso nicht irgendwer auf die Idee kam, mich selbst zu fragen, was passiert war.

Die Bürotür öffnete sich, und ich sah auf. Ich dachte, irgendein Polizist würde mir wie üblich mein Essen bringen, aber es war der Hauptkommissar selbst, der mir sagte, dass es nun Zeit war, mich dem Richter vorzuführen.

Ich schnappte mir meine Jacke und ging hinter dem Mann her auf einen kleinen Hof, wo wieder einmal ein Wagen auf mich wartete. Vorn im Auto saßen die beiden Bullen, die mich gefoltert hatten. Sie sagten kein Wort, und auch ich wäre lieber tot umgefallen, als diese beiden Schweine zu grüßen. Der Kommissar setzte mich in den Wagen und ging zurück in das Gebäude.

Wir fuhren zum Gericht, und dort angekommen, betraten wir einen kleinen Gerichtssaal. KRAL TV hatte einen seiner Anwälte beauftragt, der nun gemeinsam mit dem Richter auf uns wartete.

Der Anwalt erklärte, dass ich den Laptop meines Arbeitgebers gestohlen hätte und dass es dafür einen Videobeweis gäbe. Als er das sagte, hielt er demonstrativ eine VHS-Kassette hoch.

Der Richter zuckte nur mit den Schultern und freute sich, dass der Fall so klar war.

»Dann will ich das Video mal sehen«, sagte er.

Ein Fernseher und ein Videorecorder wurden hereingebracht, und der Anwalt legte die Kassette ein. Auf dem Bildschirm erschien ein schwarz-weißes Bild. Der Eingangsbereich von KRAL TV war zu erkennen. Nach einigen Sekunden sah man mich, wie ich aus der Tür kam.

»Da!«, rief der Anwalt.

»Was?«, fragte der Richter.

»Da war der Beweis. Er hat den Laptop unterm Arm.«

Der Richter runzelte die Stirn und spulte das Band ein wenig zurück.

Als ich wieder auf dem Bildschirm erschien, stoppte er.

Wenn man nun genau hinsah, konnte man erkennen, dass ich einen etwa postkartengroßen Gegenstadt in der Hand hielt. Ich wusste selbst nicht mehr genau, was es war. Ich bekam ja ständig irgendetwas geschenkt. Wahrscheinlich handelte es sich um ein Tütchen mit Autogrammkarten, ein Parfum oder sonstigen Promotionkram.

Der Richter warf dem Anwalt einen ungläubigen Blick zu.

»Wie soll denn da ein Laptop reinpassen?«, fragte er und wirkte schon etwas sauer.

»Na ja ... ja, aber da ... unter der Jacke. Unter der Jacke sieht man eine Beule.«

»Eine Beule?«, rief der Richter. »Das ist keine Beule, das ist ein Scheiß. Und das soll euer Beweis sein?«

Der Anwalt kämpfte mit sich, das war deutlich zu sehen. Irgendetwas wollte er noch sagen, aber der Richter ließ ihn nicht.

»Seid ihr wirklich nur hier, um meine Zeit zu verschwenden? Freispruch! Raus mit euch!«

Der Richter stand auf und verließ den Raum ohne ein weiteres Wort.

»Tja«, lächelte ich. »Ich bin dann auch weg.«

Ich verließ den Gerichtssaal und ging durch einen breiten Flur in Richtung Ausgang. Die beiden Polizisten kamen schnell hinter mir her und nahmen mich zur Seite.

»Hör mal«, begann einer von ihnen freundlich. »Die Sache im Keller, das war nichts Persönliches. Wir hatten unsere Befehle.«

»Nichts Persönliches?«, rief ich und schlug die Hand des Bullen von meinem Arm. »Wie viel persönlicher geht's denn noch? Ihr habt mir Strom durch die Eier gejagt!«

Der zweite Bulle holte Luft und wollte auch etwas sagen, aber ich drehte mich weg.

»Verpisst euch, ihr Penner!«

Das konnte ja wohl nicht wahr sein. Diese Drecksäcke hatten mich gefoltert und machten jetzt einen auf Angestellte. So abgebrüht, so schleimig ... Die beiden machten mich krank. Ich ließ sie stehen und verließ das Gerichtsgebäude. Draußen vor der Tür hatten sich wie immer Journalisten versammelt, dieses Mal aber hauptsächlich deutsche.

»Mehmet, warum bist du wieder rückfällig geworden?«

»Mehmet, warum hast du den Computer geklaut?«

»Mehmet, wie lange musst du jetzt ins Gefängnis?«

Mehmet, Mehmet, Mehmet ...

Ich blieb noch auf den Stufen stehen und grinste in die erstbeste Kamera.

»Von wegen Gefängnis, nix da. Freispruch! Ihr mit euren scheiß Vorurteilen immer.«

Ich drängte mich zwischen den Reportern hindurch auf die Straße. Hinter mir hörte ich tausend Fragen, aber ich hatte keine Lust, sie zu beantworten. Ich verschwand hinter der nächsten Ecke, und als ich sah, dass man mir nicht folgte, schob ich mir die Hände in die Hosentaschen und pfiff vor mich hin.

Erst mal nach Hause.

»Mehmet hat doch Glück gehabt, dass er in die Türkei geschickt wurde«, sagt der CSU-Bundestagsabgeordnete Hans-Peter Uhl, der als Chef des Münchner Kreisverwaltungsreferats damals die Ausweisung eingeleitet hatte. »Sonst wäre er hier in Haft gekommen«, spekuliert sein Nachfolger Wilfried Blume-Beyerle, »wie da die Rückfallquote ist, wissen wir doch.«

Der Spiegel am 28. Juli 2003

Ich saß auf dem Sofa, und wieder einmal hatte ich keine Ahnung, wie es mit mir weitergehen sollte. Feuern konnten mich die Verbrecher von KRAL TV nicht, ich hatte ja einen Vertrag, aber trotzdem wollte ich dort natürlich nicht länger arbeiten. Und selbst wenn ich es täte, es war eine Frage von Stunden, bis man mir trotzdem meine Wohnung und meinen Wagen wegnahm.

Das Interesse an Mehmet war wieder auf dem Höhepunkt. Mein Telefon und mein Handy standen kaum still. Türkische und deutsche Journalisten standen Schlange, um mich zu interviewen. Auch Ahmed, mein Haushälter, nutzte die Gelegenheit, um sich ein bisschen was dazuzuverdienen. Er gab dem *Spiegel* ein Interview, in dem er sich als mein Zimmerwirt ausgab und lang und breit erklärte, was für ein schwieriger und aggressiver Charakter ich war.

Ich ließ ihn machen, ich hatte mittlerweile ja eingesehen, dass ich auf Mehmet keinen Einfluss mehr hatte. Und es spielte auch keine Rolle mehr, was ich selbst den Journalisten erzählte, sie schrieben, was sie gerade für richtig hielten. Dass ich nicht im Gefängnis saß, lag ihrer Meinung nach an den noch fehlenden Beweisen oder aber an der laxen türkischen Justiz. Wie sie es auch immer formulierten, in jedem ihrer Artikel stand im Grunde nichts anderes, als dass ich in den Knast gehörte.

Mich kotzte der ganze Kram an. Ich nahm das Telefon und rief den Sender an, um zu kündigen. Dann wählte ich die Nummern einiger Journalisten. Ich bot ihnen exklusive Interviews an, wenn sie mich anständig dafür bezahlten. Sie versprachen mir, dafür zu sorgen, dass ich großzügige Gagen erhielt.

Den ersten Journalisten, den Reporter einer türkischen Zeitung, sollte ich noch am selben Tag im gegenüberliegenden Café treffen. Ich ging hinunter auf die Straße und zündete mir eine Zigarette an, um auf ihn zu warten.

Als er tatsächlich nach wenigen Minuten erschien, ging ich zu ihm auf die andere Straßenseite, und wir nahmen gemeinsam an einem Tisch Platz.

Der Reporter war zwar nicht mehr der Jüngste, aber trotzdem wirkte er nervös. Er fummelte lange am Verschluss seines Aktenkoffers herum und zog schließlich einen Kassettenrecorder heraus, mit dem er das Interview aufnehmen wollte.

Ich zündete mir eine weitere Zigarette an und wartete geduldig, bis der Mann seine Ausrüstung aufgebaut hatte.

»Okay, okay«, sagte er schließlich und lächelte.

Wir bestellten uns Wasser, und der Reporter stellte seine erste Frage.

Ich zog an meiner Zigarette und antwortete lange und ausführlich. Nach knapp zwei Stunden schaltete er sein Aufnahmegerät ab und kramte in seiner Sakkotasche, aus der er schließlich einen Briefumschlag zog. Er reichte ihn mir mit einem Dankeschön, bezahlte die Rechnung und verschwand.

Ich sah in das Kuvert und zählte die Geldscheine. 400 Türkische Lira, etwas über 320 Mark. Das war okay für eine exklusive Story. Mal sehen, was der Nächste zahlte.

Ich ging zurück in meine Wohnung, wo mich Ahmed erwartete.

»Du musst aus der Wohnung raus«, sagte er und schaute tatsächlich etwas traurig.

Ich nickte. Das hatte ich mir bereits gedacht.

»Wann denn?«, fragte ich nur und ging an ihm vorbei ins Wohnzimmer.

»Morgen Abend soll ich dir den Schlüssel abnehmen.«

Mir den Schlüssel abnehmen, so weit kam es noch.

Ich packte schnell meine Koffer. Ich wusste zwar nicht, wo ich von nun an wohnen sollte, aber lieber ging ich freiwillig, als dass ich mich rauswerfen ließ.

Nach einer halben Stunde verließ ich mit zwei großen Koffern die Wohnung.

»Musst du da noch mal rein?«, fragte ich Ahmed, der mich die ganze Zeit über schweigend beobachtet hatte.

»Nein.«

»Sicher?«

»Ja.«

»Cool«, sagte ich, steckte den Schlüssel ins Schloss, drehte ihn um und trat dann mit voller Wucht dagegen.

Der Kopf des Schlüssels brach ab, der Rest steckte fest im Schloss.

»Wenn die den Schlüssel wollen, sollen sie ihn holen kommen«, sagte ich und schnappte mir meine Koffer.

Es war bereits früher Abend. Ich saß mit einem Reporter in einer Istanbuler Bar und gab ein weiteres Interview. Sein Blick fiel immer wieder auf meine beiden Koffer, die direkt neben meinem Hocker standen und die ich nicht aus den Augen ließ.

»Ziehst du gerade um?«, fragte er mich mitten im Gespräch.

»Irgendwie schon«, antwortete ich.

»Und wohin?«

»Keine Ahnung.«

»Du hast keine Verwandten hier?«

»Nicht in der Stadt.«

»Hm ... wenn du willst, kann ich dich gleich in ein Heim fahren.«

Ich lachte.

»Von den Klebstoffschnüffler-Heimen hier hab' ich schon gehört. Keinen Bock drauf.«

Der Reporter winkte ab.

»Na, es gibt auch normale Heime, nicht für Straßenkinder. Da leben Kinder, deren Eltern tot sind oder die halt sonst nicht wissen, wohin.«

Ich überlegte.

Als ich heute Vormittag meine Wohnung verlassen hatte, war eine Überlegung gewesen, mich nach Çerkezköy abzusetzen. Meine Eltern hatten dort in der Gegend ein Haus, in dem wir früher unsere Urlaube verbracht hatten. Aber erstens lag die Stadt einhundert Kilometer entfernt, und zweitens wusste ich nicht, was ich dort anfangen sollte. Ich hätte dort zwar ein Dach über dem Kopf, mehr aber auch nicht. Strom, Essen und alles andere konnte ich nicht bezahlen.

Tatsächlich hatte ich also keine Ahnung, wo ich übernachten sollte. Istanbul war eigentlich keine besonders gefährliche Stadt, trotzdem musste ein 14-Jähriger ja nicht unbedingt mit zwei Koffern voller Markenklamotten auf der Straße schlafen.

»Keine Verbrecher und keine Straßenkinder?«, fragte ich den Journalisten.

»Nein, nichts dergleichen.«

»Okay«, sagte ich. »Von mir aus können wir gleich los.«

Der Reporter stellte mir noch einige Fragen zu meiner Untersuchungshaft im Büro des Hauptkommissars, die ich aber nur grob beantwortete. Dann brachen wir auf. Er fuhr mich durch die halbe Stadt und setzte mich vor der Tür eines Heims ab, das von außen wirklich in Ordnung aussah.

Ich bedankte mich, der Reporter hupte zum Abschied und fuhr.

Ich klingelte an der Tür, und nach einigen Sekunden wurde mir geöffnet.

Ein riesiges, anatolisches Mannsweib stand im Türrahmen und blickte zu mir herunter. Die Frau sah so gruselig aus, dass ich beinahe vergaß, was ich überhaupt wollte.

»Ja?«, sagte sie schließlich und entblößte eine riesige Zahnlücke.

»Ähm, ich bin Muhlis. Und ich wollte fragen, ob ich hier übernachten kann. Ich weiß sonst nicht, wohin.«

»Sind das deine?«, fragte die Frau und sah an mir vorbei auf die zwei Koffer.

Ich nickte.

Sie trat einen Schritt auf die Straße und packte die Griffe. Dann lächelte sie mir zu und trug die Koffer ins Innere. Ich folgte ihr.

Am nächsten Morgen weckte mich ein Stimmengewirr. Ich öffnete die Augen und sah, dass sich in meinem Zimmer, das ich eigentlich für mich allein bekommen hatte, ungefähr zehn Kinder tummelten. Sie tuschelten und sahen mich an.

»Was wollt ihr denn?«, fragte ich und setzte mich im Bett auf.

Die Kinder lächelten, manche setzten sich direkt zu mir auf die Bettkante.

»Du bist Muhlis, oder? Der aus dem Fernsehen?«

»Nein, bin ich nicht.«

»Doch, natürlich. Der von *Nummer 1*. Wir gucken das immer.«

Das hatte mir noch gefehlt, dachte ich. Ich saß in einem Kinderheim, und alle hier kannten mich.

»Wieso bist du hier im Heim?«, fragte einer der Jungen, der etwa in meinem Alter war.

Bevor ich antworten konnte, betrat die Frau von gestern mein Zimmer und scheuchte die Kinder heraus.

Sie stellte sich mir als Gönül vor. Sie leitete das Straßenkinderheim.

»Straßenkinder?«, fragte ich und sah mich in Gedanken schon wieder abreisen. Der Reporter hatte mir versprochen, dass es sich eben nicht um ein Heim voller Kinder handelte, die sich für ein Armani-Hemd gegenseitig umbringen würden.

Mein Blick fiel sofort auf meine Koffer, um zu sehen, ob man sie vielleicht schon geöffnet hatte.

Gönül lächelte mit ihrem riesigen Mund und schüttelte den Kopf.

»Deine Sachen sind alle noch da, keine Sorge. Wir haben hier einige Leute, die sich gut um uns kümmern. Normalerweise wird hier nicht gestohlen.«

»Normalerweise?«, fragte ich.

Gönül lachte und ging zurück zur Tür.

»Komm erst mal zum Frühstück, danach reden wir.«

Sie verließ mein Zimmer, und ich blieb noch einen Moment allein sitzen und legte die Stirn in meine Hände.

Als ich eine halbe Stunde später den Speisesaal betrat, richteten sich sofort alle Blicke auf mich. Ich trug Turnschuhe, Jeans und ein Seidenhemd. Beim Anziehen hatte ich mir nichts dabei gedacht, aber jetzt, wo ich die

Kinder in ihren billigen, ziemlich abgerissenen Klamotten sah, fühlte ich mich wie ein exotischer Vogel, der versehentlich zwischen ein paar Tauben gelandet war.

»Setz dich hier hin!«, rief eines der Kinder und klopfte auf die freie Stelle neben sich auf der Bank.

»Nein, hier. Muhlis! Hier!«, begannen jetzt auch die anderen Kinder.

»Es reicht«, sagte eine ältere Frau, die einen Wagen mit Töpfen vor sich her schob. Die Kinder wurden still, und ich setzte mich auf den erstbesten freien Platz. Die Frau kam mit ihrem Wagen zu mir, stellte einen Teller vor mich hin und belud ihn mit einigen Scheiben Brot und einer fettigen Suppe.

Eigentlich hätte ich gern zuerst eine geraucht, aber ich hatte nicht den Eindruck, dass das angebracht gewesen wäre, also machte ich mich an mein Frühstück.

Immer wieder unterbrachen die anderen Kinder ihre Gespräche und sahen zu mir herüber. Ich war an diesem Morgen offensichtlich das Top-Thema.

Nach dem Frühstück ging ich in Gönüls Büro, um ihr zu sagen, dass ich nicht bleiben konnte.

Als sie mich sah, lächelte sie breit und bot mir einen Stuhl an.

Ich setzte mich an ihren Schreibtisch, und sie schloss die Tür.

»Und, wie gefällt's dir hier?«, fragte sie.

»Na ja«, begann ich. »Ist wohl nicht so ganz das Richtige für mich.«

»Wieso nicht?«

»Ich weiß nicht. Die Kinder hier sind alle bettelarm. Und kennen mich aus dem Fernsehen. Keine Ahnung, ich fühl' mich irgendwie unwohl.«

Gönül faltete die Hände auf dem Tisch und grinste breit.

»Ganz so reich kannst du aber auch nicht sein. Immerhin bist du ja hier.«

Ich fühlte mich ertappt.

»Nein, aber ich ... Trotzdem, das sind ...«

»Was?«, fragte die Frau und grinste noch breiter.

»Ach, keine Ahnung. Kann ich rauchen?«

Gönül schob mir ihren Aschenbecher zu, und ich zündete mir eine Zigarette an.

»Hör mal, Muhlis. Wenn du Lust hast, dann bleib doch noch ein bisschen. Du kannst hier wohnen, hast ein Dach über dem Kopf und kannst vielleicht für die anderen ein bisschen den großen Bruder machen. Du hast ja gemerkt, dass die dich anhimmeln.«

»Den großen Bruder? Ich bin doch selbst erst 14.«

»Ja, aber du hast schon mehr erlebt, das macht dich etwas ... reifer.«

»Was hab' ich denn erlebt?«, fragte ich.

Schließlich kannte die Frau mich gar nicht.

»Deutschland, Mehmet, KRAL TV ... Das ist doch was.«

Ich saß Gönül staunend gegenüber. Woher wusste sie das alles?

Die Frau lachte.

»Keine Panik, ich habe nicht recherchiert. Aber dich kennt hier eben jeder.«

Ich zog an meiner Zigarette. Seit meinem ersten Tag in der Türkei hatte ich so ziemlich jeder Zeitung und jedem Fernsehsender Interviews gegeben. Dass die Zeitungen auch gelesen und die Sendungen auch angeschaut wurden, hatte ich irgendwie überhaupt nicht bedacht.

Ich überlegte, was ich denn für Alternativen hatte. Außer dem Geld, das ich in der Tasche trug, besaß ich nicht mehr viel. Ich hatte keinen Job und auch keine Aussicht auf einen. Und dass meinem Anwalt in München ein Zauberspruch einfiel, der dafür sorgen würde, dass ich morgen früh wieder zu Hause war, konnte ich ebenfalls ausschließen.

»Ja, okay. Bleib ich halt«, sagte ich und drückte meine Zigarette aus.

»Freut mich«, sagte Gönül. »Heute Nachmittag kommen ein paar Studenten, die mit einigen Kindern ein Projekt besprechen wollen. Kannst du auf die fünf Jungs achten, wenn sie unterwegs sind?«

»Äh ...«, war das Einzige, was mir einfiel.

»Oder hast du heute noch was vor?«

Hatte ich nicht, leider. Ich hatte überhaupt nichts mehr vor, solange ich nicht wieder in Deutschland war.

»Nein, ist okay«, sagte ich.

* * *

»Çan, komm jetzt rein«, rief ich und nahm mir den Ball.

»Nein, ich darf noch zehn Minuten«, maulte der Junge.

Ich klemmte mir den Ball unter den Arm und ging quer über den Fußballplatz zum Tor, wo Çan demonstrativ die Arme vor der Brust verschränkte.

»Wenn ich sage, dass Schluss ist, ist Schluss«, sagte ich. »Gleich gibt's Abendessen, und wenn du wieder nix kriegst, wer hört sich dann dein Gejammer an? Ich nicht.«

»Ich jammere nicht«, sagte Çan und zog sich mit den Zähnen die Torwarthandschuhe von den Händen.

»Okay«, sagte ich. »Wenn du den Ball länger oben halten kannst als ich, dann machen wir noch eine halbe Stunde. Wenn nicht, dann geht's zum Essen. Ohne Gejammer.«

»Ich gewinn' eh.«

»Das seh'n wir ja dann, Großmaul«, sagte ich und warf dem Kleinen den Ball zu.

Er fing ihn auf und ließ ihn auf seine Fußspitze fallen. Der Ball sprang hoch und fiel wieder zurück auf seine Zehenspitzen. Beim sechsten Mal sprang der Ball schräg weg, Çan machte einen Ausfallschritt, konnte ihn aber nicht mehr erreichen.

Ich holte mir den Ball.

»Jetzt ich«, sagte ich.

Ich ließ den Ball fallen und fing ihn mit der Fußspitze auf. Nach dem siebten Mal sprang auch mir der Ball weg.

»Das war knapp«, grinste Çan.

»Ja, ich hab' knapp gewonnen. Also?«

»Du bist gemein, Muhlis.«

Çan rannte über den kleinen Fußballplatz Richtung Heim und verschwand hinter einer der Türen.

»Ich bin immer gemein«, lächelte ich und holte mir den Ball, um ihn zurück in den kleinen Schuppen zu bringen, in dem wir die wenigen Sportgeräte aufbewahrten.

Ich lebte jetzt seit etwa zwei Wochen hier, und bereits nach zwei Tagen hatte ich die Rolle eines Betreuers übernommen. Ich hatte meine eigene Gruppe, die ich leitete. Ich achtete darauf, dass die Kinder nicht stahlen, sich nicht prügelten und auch sonst keinen Blödsinn veranstalteten. Obwohl ich im gleichen Alter wie die meisten von ihnen war, respektierten sie mich wie einen Erwachsenen, und das, obwohl dieses Heim, anders als der Reporter es versprochen hatte, sehr wohl eines für Straßenkinder war. Aber die Kinder hier wurden sehr gut behandelt und hervorragend umsorgt. Verschiedene Istanbuler Persönlichkeiten kümmerten sich finanziell um die Instandhaltung, und auch die Uni schickte Studenten, damit diese gemeinsam mit den Kindern etwas unternahmen. Von Zeit zu Zeit wurden sogar richtige kleine Straßenfeste organisiert.

Trotzdem blieben es Straßenkinder, was sich auch daran bemerkbar machte, dass man mir bereits in der ersten Woche meinen Schrank aufgebrochen und mir einige Sachen wie Parfums oder Markenkleidung gestohlen hatte. Das ärgerte mich, vor allem, weil ich immer alles mit den Kindern teilte. Aber ich schätzte, sie konnten da einfach nicht aus ihrer Haut.

Und ich hatte ja mehr als genug von dem ganzen Plunder, der mich irgendwie auch nicht weiterbrachte.

Ich verstaute den Ball in einem Regal, schloss die Tür des Schuppens ab und streckte mich.

Ich hörte die Geräusche, die diese Stadt machte und die so ganz anders klangen als jene in meiner Heimat. Die Leute riefen lauter, der Verkehr machte einen Höllenlärm, sogar die Autos hupten in einem anderen Ton als bei uns in München. Aber am schlimmsten war die Sonne. Sie stand tiefer und leuchtete gerade abends in einer völlig anderen Farbe als in Deutschland und erinnerte mich so täglich daran, wo ich war. In solchen Situationen kam ich mir noch fremder in Istanbul vor, als ich es ohnehin schon war. Ich steckte den Schlüsselbund ein und machte mich auf den Weg zurück zum Gebäude, als ich einen kleinen Transporter sah, der auf unserem Hof hielt. Die Seitentür schob sich auf und fünf Jungs kamen herausgesprungen. Sie lachten und wurden am Eingang von Gönül in Empfang genommen. Ich ging zu der Gruppe hinüber und fragte die Heimleiterin, wo denn die Kinder jetzt um diese Zeit noch herkämen.

»Von der Arbeit«, antwortete sie. »Die verdienen sich noch ein bisschen was nebenher.«

Gönül schickte die Jungs rein, wo sie sich waschen und zum Essen gehen sollten.

Die Frau und ich zündeten uns eine Zigarette an und schauten die Straße herunter, wo noch immer einiges los war.

»Wo gehen die denn arbeiten?«, fragte ich nach einiger Zeit.

Gönül sah mich lächelnd an.

»Wieso? Willst du auch?«

»Klar, Geld kann ich immer brauchen.«

»Das ist aber nichts Besonderes. Manchmal fragen Leute und Firmen hier an, ob die Jungs nicht arbeiten möchten. Putzen, renovieren, Unkraut jäten. So was eben. Ziemlich schmutzige Arbeit meistens.«

Ich rollte mit den Augen. Mir ging der Fernsehstar-Kram gehörig auf den Keks. Ich hockte hier ohne einen Pfennig in einem Heim für Straßenkinder, und trotzdem nahm man noch immer an, dass ich's irgendwie ganz dicke hätte und mir Arbeit gar nicht antun müsste.

»Arbeit ist Arbeit und Geld ist Geld«, sagte ich. »Ich will auf jeden Fall was machen.«

»Okay«, sagte die Leiterin und schnippte ihre Zigarette quer über den Bürgersteig, »wenn du willst, kannst du morgen ja mitfahren.«

Am nächsten Tag stieg ich gegen Mittag mit ein paar anderen Jungs in den Transporter, der auf dem Hof hielt. Der Fahrer, ein älterer Mann, grüßte uns kurz und gab dann Gas.

Ich fragte, wohin wir denn fahren würden, aber er antwortete so undeutlich, dass ich mich gleich wieder im Sitz zurücklehnte und mich einfach überraschen ließ.

Nachdem wir etwa zehn Minuten wild durch die Straßen gekurvt waren, erkannte ich, dass wir stadtauswärts fuhren, und zwar in Richtung Strand von Avcılar, einem Stadtteil Istanbuls. Ich freute mich, endlich mal wieder etwas anderes als Häuser und Gassen zu sehen, auch wenn ich natürlich zum Arbeiten dorthingebracht wurde. Aber es gab ja wohl Pausen, und die würde ich dann jetzt mit Meerblick verbringen.

Wir erreichten eine breite Strandpromenade. Der Wagen hielt, und der Mann am Steuer öffnete die Tür und ließ uns aussteigen.

Wir blickten auf eine für Touristen angelegte Amüsiermeile. Am Strand reihten sich Bars und Nachtclubs aneinander, was mich spontan ans Münchner Rotlichtviertel erinnerte. Zwar ohne Huren, dafür aber mit Strand. Trotzdem lungerten überall die gleichen seltsamen Gestalten herum, die auch in Deutschland durch solche Straßen schlichen.

Ich wunderte mich, wo man uns hingeschickt hatte, dachte aber gleichzeitig, dass es nur halb so schlimm sein könnte, wenn Gönül uns ruhigen Gewissens allein hier arbeiten ließ. Bisher waren ja alle Kinder abends heil wieder ins Heim zurückgekommen, soweit ich wusste.

Der Mann führte uns in eine kleine Bar, die von außen grell beleuchtet und mit verschiedensten Preistafeln verziert war.

Der Eindruck, den der Laden von außen machte, bestätigte sich im Inneren. An den Tischen, an der Bar und auf den im Raum verteilten Sofas standen und saßen Männer, von denen ich, wenn ich mich hätte entscheiden müssen, sofort gesagt hätte, dass es Verbrecher waren. Ohne Ausnahme trugen sie alle ein elegantes Hemd und eine Stoffhose, dazu einen gestutzten, dunklen Vollbart. Auf mich wirkten sie beinahe uniformiert. Als ich bei einigen der Männer Pistolen und Revolver erkannte, die entweder in Brustholstern oder locker im Hosenbund steckten, war ich mir ganz sicher, dass in diesem Schuppen nicht alles mit rechten Dingen zuging.

Der alte Mann, der uns hergefahren hatte, stellte uns kurz als die neuen Arbeitskräfte vor, was den meisten Männern ziemlich egal war. Einer kam jedoch lächelnd auf uns zu und grüßte uns.

Er führte uns wieder aus der Bar heraus und einige Meter die Promenade herunter, bis wir ein leer stehendes Gebäude erreichten.

Er erklärte uns, dass es sich um ein Hotel handelte, dass bald eröffnet würde und dass wir doch bitte ein wenig aufräumen sollten. Den Bauschutt in einen Container werfen, der auf der Rückseite stand, durchfegen und eventuell auf der oberen Etage schon mit dem Streichen beginnen. Wäre toll, wenn wir das hinbekämen. Wir sollten uns aber keinen Stress machen. Was wir heute nicht schafften, könnten wir einfach morgen erledigen.

Ich wunderte mich darüber, wie höflich und freundlich der lange, dünne Kerl mit der Pistole im Hosenbund mit uns sprach.

Als er uns alles erklärt hatte, sah er in den Himmel und wischte sich mit dem Handrücken über die Stirn.

»Das wird ein heißer Tag«, sagte er und zwinkerte mir zu. »Ich hol' euch erst mal was zu trinken.«

Er klopfte mir zum Abschied auf die Schulter und verschwand.

Die anderen Jungs und ich organisierten inzwischen, wer was machen wollte. Das Streichen der Wände in der oberen Etage erledigten zwei kleinere Kinder, die nicht kräftig genug waren, um sich bei dieser Hitze mit dem Bauschutt abzuplagen – was ich deshalb mit zwei anderen übernahm.

Glücklicherweise stand der Container direkt am Gebäude, sodass wir alles, was die Bauarbeiter hatten liegen lassen, einfach aus dem Fenster werfen konnten.

Ich öffnete das Fenster und schnappte mir eine große Rolle Glaswolle, um sie in den Container fallen zu lassen. Bereits nach dieser einen Aktion schwitzte ich aus allen Poren. Ich zog mein T-Shirt aus und hängte es ordentlich über den Stiel einer unbenutzten Schaufel.

Der Mann kam aus der Bar mit einem Kasten Coca-Cola zurück, den er einfach in den Raum stellte.

»Hier, bitte«, lächelte er. »Die werden leider nicht lange kalt bleiben, aber besser als nichts.«

Die Kinder versammelten sich sofort um den Kasten, als hätten sie auf der Baustelle zufällig einen Schatz entdeckt. Coca-Cola. Echte Coca-Cola! Manche von ihnen griffen sich direkt zwei Flaschen, blickten den Mann fragend an, und als der nichts dazu sagte, gingen sie damit zurück an ihre Arbeitsplätze. Der Mann sah mich kurz an, und ich zuckte mit den Schultern.

»Ein paar von denen kennen außer Tee und Wasser nix«, sagte ich.

Der Mann sah mich eigenartig an.

»Aber du schon?«, fragte er.

»Ja, natürlich.«

Der Mann nickte und machte sich wieder auf den Weg zum Ausgang. Vor der Schaufel, über der mein T-Shirt hing, blieb er kurz stehen. Er nahm das Etikett zwischen die Finger und drehte sich zu mir um.

»Hugo Boss?«, fragte er.

»Ich hab' so was mal eine Zeit lang geschenkt bekommen. Gekauft hab' ich mir das auch nicht.«

»Geschenkt …«, murmelte der Mann.

Dann ging er.

* * *

Ich arbeitete bereits den dritten Tag auf der Baustelle, und so sehr die Jungs und ich uns auch bemühten, dieser verdammte Container wollte einfach nicht voll werden. Wann immer wir eine Ecke von Dreck und Schutt befreit hatten, schien sich eine andere direkt wieder aufzufüllen. Ganz offensichtlich waren hier noch andere Arbeiter am Werk, die nach unseren Arbeitseinsätzen den ganzen Laden wieder in Unordnung brachten. Wenn die nicht bald hier fertig würden, räumten wir noch bis an unser Lebensende auf.

Der Mann, der uns mit Getränken versorgte, stellte auch heute einen Kasten Cola in den Raum. Dann ging er aber nicht, wie er es sonst tat, sondern lehnte sich an eine Wand und zündete sich eine Zigarette an.

»Du kommst nicht von hier, oder?«, fragte er mich.

Ich grinste.

»Hört man das immer noch so sehr?«, fragte ich.

Der Mann lachte.

»Ja, das auch. Dein Türkisch ist so … na ja … mittelprächtig.«

»Ich arbeite noch daran.«

»Wo kommst du her?«

»München.«

»Aus Deutschland? Was machst du dann hier?«

Der Mann winkte mich zu sich und hielt mir seine Zigarettenschachtel hin. Ich nahm gern eine und lehnte mich neben ihn an die Wand, nachdem er mir Feuer gegeben hatte.

»Mich haben die abgeschoben.«

»Wie, abgeschoben? Und deine Eltern?«

»Sind noch in Deutschland.«

»Hm … Was hast du denn gemacht, dass man dich allein aus dem Land wirft.«

»Keine Ahnung. Ich hab' geklaut, ein paar Leute verprügelt. So was eben.«

»Jemanden umgebracht?«

»Ach was, im Leben nicht. Einer lag mal im Krankenhaus, das war's aber auch schon.«

»Muss aber reichlich oft gewesen sein, wenn die dich wegschicken.«

»Ja, ich hatte so um die 60 Vorstrafen.«

Der Mann lachte nun laut und klopfte mir auf die Schulter.

»Du bist ja wie wir, das gefällt mir. Scheinst ein guter Junge zu sein.«

Ich hatte zwar keine Ahnung, wieso ich ein guter Junge war, wenn ich Leute verdrosch, aber ich bedankte mich trotzdem für das Kompliment.

»Außerdem«, fuhr der Mann fort, »verdienen es die Deutschen auch nicht besser. Die behandeln uns Türken wie Scheiße da drüben. Ich krieg' das immer von Freunden mit, die da jetzt leben.«

»Aha«, sagte ich nur.

Der Mann nickte.

»Ja, lassen dich malochen bis zum Umfallen und Steuern bezahlen, aber wenn du mal was sagst, bist du der Kümmeltürke, dem man direkt das Haus unterm Arsch anzündet. Deutschland ...«

Beim letzten Wort spuckte er demonstrativ auf den Boden.

Ganz so dramatisch sah ich's zwar nicht, aber ich nickte trotzdem, denn immerhin hatten die Deutschen mich einfach hier abgeladen, mir fiel also gerade keine großartige Verteidigungsrede ein. Der Mann warf seine Zigarette aus dem Fenster und reichte mir dann die komplette Schachtel.

»Kannst du behalten, für später.«

Ich bedankte mich und sah, wie er ohne ein weiteres Wort verschwand.

Am nächsten Tag waren wir gerade aus dem Transporter geklettert, als auch schon eine kleine Gruppe Männer auf uns zukam. Einer von ihnen, den ich nicht kannte, winkte mich zu sich. Er schien in der Hierarchie etwas höher zu stehen, denn die anderen hielten respektvoll Abstand zu ihm.

»Bist du Muhlis Mehmet?«, fragte er mich, als ich vor der Gruppe stand.

»Ja, kann man so sagen«, antwortete ich.

Der Mann drehte sich zu seinen Leuten um, die eifrig zu nicken begannen. Auch der Typ, der uns immer mit Cola belieferte, nickte schnell.

»Okay, okay«, sagte der Mann und sah wieder mich an. »Was machst du abends so?«

»Ich, abends?«, fragte ich und überlegte. »Tja, ich schau Fernsehen oder mach' was mit den anderen Kindern. Aber hauptsächlich fernsehen.«

»Wie langweilig. Hast du nicht Lust, uns hier abends ein bisschen zu helfen?«

»Auf der Baustelle?«

»Nein, die Baustelle überlass mal den anderen. Ich meine die Bar. Wir könnten jemanden brauchen, der zum Beispiel die Autos der Gäste parkt. Kannst du fahren?«

»Ich hab' keinen Führerschein.«

»Das hab' ich nicht gefragt«, lächelte der Mann und blickte mit seinen fast schwarzen Augen zu mir herunter.

»Ja, ich kann fahren. Zum Einparken sollte es reichen.«

»Okay, okay. Also komm doch heute Abend einfach mal rein, dann reden wir.«

Ohne meine Antwort abzuwarten, drehte sich der Mann auf dem Absatz um und verschwand mit seinen Leuten in der Bar.

Autos einparken, überlegte ich. Das klang nicht besonders lukrativ, aber immer noch besser, als auf einer Baustelle zu schuften. Und das türkische Fernsehprogramm war so aufregend dann auch wieder nicht ...

Nach der Arbeit auf der Baustelle wurden wir zurück ins Kinderheim gefahren.

Die anderen Jungs machten sich gleich auf den Weg in den Waschraum, um sich für das bevorstehende Abendessen fertigzumachen, auch ich wollte gerade duschen gehen, als mich Gönül bat, ihr doch ins Büro zu folgen. Ich schloss die Tür hinter uns und sah sie fragend an.

»Was war heute auf der Baustelle los?«, fragte sie.

»Wieso?«

»Die Männer, für die ihr arbeitet, haben sich bei mir nach dir erkundigt. Sie wollten wissen, wer du bist, wo du herkommst und so weiter.«

»Keine Ahnung«, sagte ich.

Ich wusste es wirklich nicht.

»Die haben mir für abends einen Job angeboten, vielleicht haben die deswegen gefragt.«

»Was für einen Job?«

»Ich soll Autos einparken.«

»Hm ...«, machte die Frau und legte ihre Stirn in Falten.

»Was?«, fragte ich, denn irgendwie schien sie mehr zu wissen als ich.

»Ach nichts«, sagte Gönül schließlich und lächelte. »Aber pass ein bisschen auf, die Jungs da unten sind nicht ohne.«

»Ist mir aufgefallen«, grinste ich. »Aber ich komm schon klar. Ich park' nur die Karren.«

»Dann ist ja gut.«

Nach dem Abendessen meldete ich mich bei der Heimleiterin ab und setzte mich in ein Taxi, das mich nach Avcılar fahren sollte. Zum Glück hatte ich in den letzten Tagen auf der Baustelle ganz gut verdient, sonst hätte ich gar nicht gewusst, wie ich überhaupt in die Bar hätte kommen sollen, wenn nicht mit dem Bus. Und so gut kannte ich mich in Istanbul auch noch nicht aus, dass ich ganz sicher wusste, wie ich ohne Auto von A nach B kam.

Als ich dem Fahrer sagte, wo ich hinwollte, sah er mich kurz durch den Rückspiegel an und frage, ob ich für diese Gegend nicht noch etwas jung sei.

Ich fragte ihn, ob er neuerdings das Sorgerecht für mich hätte und wiederholte die Adresse. Der Mann am Steuer schüttelte nur den Kopf und fuhr los.

Vor der Bar stieg ich aus dem Wagen und gab dem Mann noch ein gutes Trinkgeld, immerhin hatte er mich auf direktem Weg zum Ziel gebracht, was für türkische Taxifahrer relativ ungewöhnlich ist, wenn die Reise zu einem beliebten Touristenziel geht.

Es war jetzt früher Abend, und die Sonne stand bereits ziemlich tief, sodass mich ganz kurz das Gefühl überkam, dass ich mit meinen 14 Jahren in einer solchen Gegend vielleicht wirklich nicht sonderlich gut aufgehoben war. Aber das Gefühl verflog schnell, als ich die Bar betrat.

»Muhlis Mehmet!«, rief einer der Männer fröhlich, als ich mich der Theke näherte. »Schön, dass du da bist.«

Auch die anderen Männer winkten mir freundlich zu und lachten. Ich grüßte zurück und bestellte mir erst einmal eine Cola. In der Bar war es stickig vom Zigarettenrauch, überall saßen Leute und tranken, und laute Musik, türkischer Pop, den ich noch aus meinen Sendungen kannte, kam aus den Lautsprechern. Ich fühlte mich sofort wohl.

Der Mann, der mich am Vormittag angeworben hatte, setzte sich zu mir an den Tresen und klopfte mir auf den Rücken wie einem alten Freund.

»Freut mich, dass du da bist«, lachte er und bestellte uns zwei Raki.

Er stieß mit mir an und lächelte.

»Aber für dich nur einen, du musst ja noch arbeiten.«

»Klar«, sagte ich und kippte den Schnaps herunter.

Wir standen von den Hockern auf und verließen die Bar. Vor der Tür zeigte er mir, wo ich die Autos der Gäste parken konnte, wenn sie es wünschten. Die Wagen konnten auch über Nacht stehen bleiben, wenn die Besitzer nicht mehr in der Lage waren, sie unfallfrei wieder nach Hause zu steuern, wie der Mann sagte.

Die Plätze befanden sich hinter dem Gebäude auf einem Hof, der völlig unbewacht und ohne Beleuchtung war.

»Werden die Karren da nicht geklaut?«, fragte ich. »Da kann ja jeder rein und raus wie er will.«

Der Mann zwinkerte mir zu.

»Uns beklaut keiner, vertrau mir.«

»Okay«, sagte ich und ging mit ihm zurück in die Bar.

Ich setzte mich an einen Tisch und unterhielt mich mit den anderen Männern. Jedes Mal, wenn sie sich vorbeugten, um nach ihren Getränken zu greifen oder ihre Zigaretten im Aschenbecher auszudrücken, blitzten ihre Waffen unter den Sakkos oder hinten in ihrem Hosenbund hervor. Mich störte das überhaupt nicht, denn die Männer mochten mich ganz offensichtlich und lächelten mir immer wieder zu oder klopften mir im Vorbeigehen auf die Schulter.

Bis weit nach Mitternacht saß ich so mit diesen freundlichen Gangstern zusammen, nur gelegentlich ging ich zu einem Ein- oder Ausparkmanöver hinaus, wenn ein Gast ankam oder abfuhr. Zum ersten Mal, seit ich vor einigen Monaten in dieses Land gekommen war, fühlte ich mich vollständig akzeptiert. Tarek und Martin hatten mich nur ausgenutzt, damit sie aus erster Hand an meine Story kamen, die Polizei hatte mich hin und her geschoben und sogar gefoltert, KRAL TV hatte nur Geld mit meinem Namen machen wollen und mir einen Diebstahl untergeschoben, um mich dann loszuwerden ... Aber die Männer hier waren anders. Sie lachten und legten großen Wert darauf, dass ich mich ebenfalls amüsierte. Ich hatte in Deutschland nicht viel mehr geleistet, als ein paar Leuten auf die Fresse zu hauen, und trotzdem betrachteten sie mich als einen der ihren. Einen Kumpel, einen Freund.

Ich lag längst wieder in meinem Bett, als ich noch immer überlegte, ob die Zeitungen nicht recht hatten. Wenn ich keine Verbrechensmaschine war, kein Klau-Kid, nicht der Schrecken von München und kein Monster, warum fühlte ich mich dann zum ersten Mal in diesem Land wohl, wenn ich meine Zeit mit Verbrechern verbrachte …?

* * *

Ich arbeitete längst nicht mehr auf der Baustelle, sondern nur noch als Parkhilfe in der Bar, als an einem frühen Abend ein riesiger Mercedes vor der Tür hielt. Im Reflex wollte ich mich auf den Weg machen, um vom Fahrer den Schlüssel entgegenzunehmen und sein Auto zu parken, aber einer der Männer hielt mich am Arm fest und schüttelte langsam den Kopf.

Der Fahrer des Wagens stieg aus, lief um die Motorhaube herum und öffnete eine der hinteren Türen. Ein Mann Ende 30 stieg aus, den ich nicht kannte, der aber bei allen anderen Anwesenden große Nervosität auslöste. Er trug Hemd, Stoffhose und einen gestutzten Vollbart und sah eigentlich auch nicht anders aus als die anderen Männer in der Bar, aber da er in diesem Moment der Einzige war, der halbwegs entspannt wirkte, nahm ich an, dass er hier der Chef war.

Der Mercedes wurde weggefahren, und der Mann ging auf die Bar zu. Alle anderen, die vor wenigen Sekunden noch gut gelaunt gewesen waren, senkten ihre Blicke oder falteten die Hände vor dem Bauch. Niemand wagte es, dem Mann in die Augen zu sehen oder ihn anzusprechen.

Als er mich neben der Tür stehen sah, stoppte er und sah den Mann neben mir an.

»Wer ist denn unser neuer Bruder?«, fragte er lächelnd.

Der Mann hob nun seinen Kopf und blickte den Fragenden an.

»Das ist Muhlis Mehmet, Abi. Er wurde aus Deutschland abgeschoben, weil er sehr kriminell war. Er hat Menschen überfallen und Einbrüche begangen. Und außerdem …«

»Ich kenne Mehmet«, unterbrach ihn der Mann.

»Ja, Abi«, antwortete der Mann neben mir und senkte gleich wieder seinen Blick.

Wenn ich mir noch nicht ganz sicher hatte sein können, ob dieser Mann wirklich der absolute Chef war, jetzt gab es keine Zweifel mehr. Der Typ neben mir hatte ihn Abi, also großer Bruder genannt. Und soweit ich wusste, bezeichneten Mitglieder der türkischen Mafia ihre Chefs so.

Mir wurde unwohl. Daraus, dass die Leute, für die ich arbeitete, Kriminelle waren, machten sie überhaupt kein Geheimnis. Aber dass es sich um die Mafia handelte, war mir nicht klar gewesen.

Der Chef sah zu mir, nickte mir zur Begrüßung zu – und bat mich, ihm in die Bar zu folgen.

Ich schluckte und folgte dem Mann, der sich gleich auf ein Sofa fallen ließ und mir ein Zeichen gab, damit ich ihm gegenüber Platz nahm.

»Weißt du, wer ich bin?«, fragte er mit dunkler und ruhiger Stimme.

Einen Moment lang war ich unsicher und wusste nicht, was ich dazu sagen sollte. Ich entschied mich für die Wahrheit.

»Nein, tut mir leid«, antwortete ich.

Der Mann lachte und schob sich eine Zigarette in den Mund. Einer der Männer kramte hektisch ein Feuerzeug aus seiner Hosentasche und gab seinem Chef Feuer.

»Mein Name ist Çirit Ali.« Der Mann machte eine dramatische Pause, so als müsste ich nun ganz genau wissen, wer er war … Aber der Name sagte mir leider gar nichts. »Die Zeitungen nennen mich ›den gefährlichsten Mann Istanbuls‹, aber na ja, die übertreiben meist.« Ali lächelte, als wäre ihm dieser Titel unangenehm, aber man sah deutlich, dass er es genoss, in den Zeitungen so genannt zu werden.

»Ja«, sagte ich, »die schreiben immer, was sie wollen.«

Ali nickte und zog tief den Rauch ein.

»Es freut mich jedenfalls, den berühmten Mehmet als neuen Bruder begrüßen zu können. Ist gut, wenn man nicht die einzige Berühmtheit ist.«

»Freut mich auch. Danke.«

Mir machte der Kerl mittlerweile Angst, auch wenn er ausgesprochen freundlich zu mir war. Ich spürte, dass Ali ein Verbrecher war, wie ich vorher noch keinen kennengelernt hatte. Er sah mir während des ganzen Gesprächs tief in die Augen, und ich musste mich stark zusammenreißen, um ebenfalls in sein düsteres Gesicht blicken zu können.

Egal, was er sagte, ich bedankte mich immer höflich und versuchte, mindestens so unterwürfig zu wirken wie die Männer um mich herum.

»Dann mach mal weiter«, sagte Ali und gab mir die Hand.

Ich lächelte und machte, dass ich aus der Bar kam. Draußen vor der Tür zündete ich mir erst einmal eine Zigarette an. Wieso gehörte ich denn jetzt zu seiner Organisation? Ich parkte doch nur die Autos und bekam dafür Geld und Zigaretten ...

Die Stimmung der Männer draußen hatte sich wieder gelöst. Sie unterhielten sich und alberten herum. Als ein Auto vor der Bar hielt, gab mir einer der Männer spaßeshalber einen angedeuteten Tritt in den Hintern.

»Los, Muhlis Mehmet, arbeiten«, lachte er, und die anderen Männer lachten mit.

»Woher weißt du, was Arbeit ist?«, fragte ich ihn auf dem Weg zum Wagen.

Seine Freunde lachten nun noch lauter, und der Mann tat, als würde er nach seiner Waffe greifen.

Am folgenden Wochenende kam ich gerade vom Hinterhof zurück, wo ich einen kleinen Fiat um Haaresbreite in eine kleine Lücke hatte parken können, ohne den Lack zu zerkratzen. Ich war mittlerweile das genaue Gegenteil des durchschnittlichen türkischen Autofahrers: Fahren konnte ich kaum, einparken aber wie ein Held.

Ich verbrachte die meiste Zeit des Abends draußen und wartete nicht wie gewöhnlich in der Bar an der Theke oder an einem der Tische, bis man meine Dienste brauchte. Heute Abend war Çirit Ali wieder da, was mich an sich nicht weiter gestört hätte, denn ich hatte ihn während der vergangenen Woche schon öfter gesehen, und er verhielt sich mir gegenüber immer sehr nett.

Heute Abend jedoch war die Stimmung ein bisschen anders. Ali war schlecht gelaunt und außerdem betrunken. Deswegen wollte ich dem Mann, vor dem es mich sowieso schon gruselte, nicht ins Blickfeld geraten. Ganz ließ es sich dann allerdings doch nicht vermeiden.

Ich war gerade auf dem Weg zur Toilette, die nur von den Angestellten benutzt werden durfte, und kam dabei auch an dem vom übrigen Lokal abgetrennten Bereich vorbei, in dem Çirit Ali auf einem breiten Sofa saß und sich im Beisein zweier anderer Männer betrank.

Als ich in etwa drei Metern Entfernung an der Sitzgruppe vorbeihuschte, hörte ich Ali meinen Namen sagen.

»Muhlis Mehmet …«

Obwohl er meinen Namen einfach nur laut ausgesprochen hatte, statt mich tatsächlich zu rufen, blieb ich stehen und sah zu ihm herüber. Ali nickte als Zeichen, dass ich mich zu ihm setzen sollte. Ich nahm ihm gegenüber auf einem Sessel Platz, sodass zwischen uns noch ein niedriger Tisch stand, der mir in dem Moment als eine Art Barriere ganz lieb war.

»Muhlis Mehmet«, wiederholte Ali und sah mich schief grinsend an.

»Ja?«, fragte ich und versuchte, so höflich wie möglich zu klingen.

»Du bist 15 geworden, richtig?«

Ich nickte.

»Ja, letzte Woche.«

»Pass auf … Ich will, dass du zu uns gehörst. Richtig zu uns gehörst.«

Ich lachte verlegen und zuckte mit den Schultern.

»Aber ich gehör doch schon zu euch. Ich bin jeden Tag hier und bin euer Bruder und so …«

»Nein, ich will, dass du auch mit uns unterwegs bist. Mit uns arbeitest. Nicht diesen Kram hier.«

Ali wedelte mit der Hand etwas Zigarettenrauch aus seinem Gesicht und sah mich mit seinen schwarzen Augen an. Ich fragte mich, was er jetzt von mir erwartete.

Ich wollte diesen Kerl auf keinen Fall verärgern, genauso wenig aber wollte ich mich in seine »Arbeit« hineinziehen lassen. Direkt ins Gesicht sagen konnte ich ihm das nicht, das war mir klar. Für jeden kleinen Gangster in Istanbul wäre so ein Angebot eine riesige Ehre gewesen, und das wusste Ali auch. Ich hatte keine Ahnung, was er mit mir anstellen würde, wenn ich ihn jetzt öffentlich bloßstellte.

Ali winkte einen Mann namens Hasan zu uns. Dieser kam und legte ein Geldbündel, eine Pistole und ein Päckchen mit weißem Pulver – ich schätzte, dass es Kokain war – vor mich auf den Tisch.

»Das gehört jetzt dir«, sagte Ali und machte eine einladende Geste.

»Was soll ich damit?«, rutschte mir heraus.

Ali wiederholte nur, dass diese Dinge jetzt mir gehörten, und fügte hinzu, dass ich davon ab jetzt so viel haben könnte, wie ich wollte, solange ich sein Bruder sei.

Ich versuchte, mich aus der Situation zu retten, indem ich mich oft und schnell bedankte und das Geld nahm. Die Drogen und die Waffe ließ ich liegen und erklärte, dass ich beides nicht bräuchte.

Ich betete, dass man mich nicht für einen Polizisten hielt. Ich war zwar gerade erst 15 Jahre alt, aber gleichzeitig kannte ich inzwischen die Paranoia dieser Leute. Jeder, der sich nicht wie erwartet verhielt, konnte ein eingeschleuster Bulle sein.

Ali schien eher fasziniert zu sein. Lächelnd sah er zu, wie ich das Geld nahm.

»Okay, aber du weißt ja, wo die Sachen sind, wenn du sie brauchst.«

Ich nickte sehr viel und sehr schnell und redete auf ihn ein, wie geehrt und geschmeichelt ich mich fühlte, jetzt einer seiner Brüder zu sein.

Ob es an Alis Alkoholpegel lag, wusste ich nicht, aber es gelang mir, das Thema zu wechseln. Ich wollte in keinem Fall, dass die Frage »Warum lehnt Mehmet meine Geschenke ab?« weiter im Raum stand.

Als ich kurz darauf die Bar verließ und mich schnell auf den Heimweg machte, war ich noch immer nass geschwitzt.

In den nächsten Tagen spielte sich nichts Außergewöhnliches ab, was mich sehr beruhigte. Ich hielt Alis »Einladung« für eine Art Ausrutscher, ich parkte weiterhin die Wagen und half in der Bar aus, ohne dass das Thema wieder zur Sprache kam. Tage später jedoch, ich hatte den Vorfall fast vergessen, betrat Ali die Bar und war extrem wütend. Dass es sich nicht nur um eine normale schlechte Laune handelte, konnte ich bis draußen hören, außerdem waren alle um mich herum plötzlich extrem angespannt. Keiner von uns wagte, dem »Großen Bruder« in die Bar zu folgen. Çirit Ali lief im Laden auf und ab und brüllte herum. Nach wenigen Minuten stürmte er aus der Bar und stand auf der Straße. Er spuckte regelrecht Gift und Galle.

»Den Hurensohn, den werd' ich ficken! Was glaubt er, mit wem er es zu tun hat! Das kann man mit mir nicht machen! Den mach' ich kaputt, der wird noch sehen, wer ich bin!«

Die Männer um mich herum erstarrten. Ich wusste nicht, was das alles zu bedeuten hatte, und ich hielt es auch für das Beste, einfach still zu sein.

»Bringt das Auto her!«, war schließlich der Satz, der die Männer aus ihrer Lähmung befreite.

Wenige Sekunden später hielt ein Mercedes S-Klasse vor dem Gebäude, und einer der Männer öffnete für Ali die Tür. Der Chef sah sich kurz um, sah mich und rief: »Hey, Muhlis Mehmet, komm her!«

Er stieg in den Wagen, ohne abzuwarten, ob ich seiner Aufforderung nachkommen würde. Ich hatte nicht einmal die Chance, ihm zu sagen, dass ich gerade keine Zeit hätte oder aus sonst irgendeinem Grund nicht mitfahren könnte. Ein paar der Männer sahen mich jedoch abwartend an, also rannte ich zum Auto und nahm neben Ali auf der Rückbank Platz.

Ich sah, dass vor uns ein anderer Wagen hielt: ein alter, klappriger Renault Toros, in den sich gleich vier Leute zwängten. Wie Fahrer und Beifahrer unseres Wagens wirkten auch die vier Männer äußerst nervös. Wir fuhren los, und ich bemerkte, dass der Wagen hinter Alis Mercedes ebenfalls zu uns gehörte. Auch dieses Auto, ein billiges türkisches Fabrikat, war voll besetzt und nahm unseren Wagen nun in die Mitte, während wir durch die Istanbuler Innenstadt fuhren. Unser kleiner Konvoi war den Menschen in Istanbul offensichtlich nicht ganz unbekannt, denn wir fuhren ohne Rücksicht auf Vorfahrt, rote Ampeln oder ähnliches durch die Straßen, ohne dass sich irgendwer darüber beklagte oder uns gar die Polizei stoppte. Männer in Anzügen, die in alten Autos saßen, wurden von den Türken scheinbar gleich als »Mafias« erkannt. Und wenn es tatsächlich jemand einmal wagte, nicht gleich aus dem Weg zu fahren, sobald von uns die Lichthupe betätigt wurde, dann warf einer aus unserem Wagen dem anderen Fahrer einen Blick zu, den er so schnell nicht vergessen haben dürfte. Richtig Furcht einflößend.

So fuhren wir völlig unbehelligt und störungsfrei durch den Istanbuler Verkehr wie Staatsgäste. Ali war anzumerken, dass er, wo auch immer es hinging, so schnell wie nur möglich ankommen wollte. Er starrte ungeduldig und noch immer rasend vor Wut aus dem Fenster, und deswegen verkniff ich mir meine Fragen, obwohl ich natürlich wissen wollte, wohin wir fuhren und wieso. Ich wusste, dass etwas Böses passieren würde, und noch war mir nicht klar, welche Rolle ich dabei spielen sollte.

Wir erreichten nach einer guten halben Stunde eines der besseren Viertel Istanbuls und hielten vor einem großen Gebäude, welches von außen komplett verspiegelt war, sodass man nicht hineinsehen konnte. Dass es sich um kein Wohnhaus handelte, war aber offensichtlich.

Die Wagen parkten, und wir betraten das Haus. Im Inneren kamen wir in eine große Halle, in der sich zig Kartons und Kisten befanden. Wir standen im Lager eines dieser Im- und Exportunternehmen, die es in der Türkei eigentlich überall gab, und das einzige vorhandene Möbelstück war ein Schreibtisch, der in der Mitte der Halle stand. Dahinter hockte ein Mann, der, als er uns sah, kurz zusammenzuckte und dann von seinem Bürostuhl aufsprang.

»Abi, Abi ... «, sagte er händeringend und ging um den Tisch herum auf Çirit Ali zu. »Ich hab' damit nix zu tun, das schwöre ich. Ich hab' das nicht gemacht. Du beschützt uns doch und sorgst für uns, warum sollte ich so was machen …«

»Nein!«, schrie Ali und unterbrach den Mann, der auf mich den Eindruck machte, als rede er um sein Leben. »Man macht nur einmal einen Fehler, und das war dein Fehler.«

Ohne ein weiteres Wort verpasste ihm Ali eine so schallende Ohrfeige, dass der Mann einige Schritte zurücktaumelte und das Echo von den Wänden widerhallte.

Alis Begleiter hielten ihre Hände an den Waffen, einer hatte sie bereits gezogen. Man wartete scheinbar nur auf eine falsche Reaktion des Mannes, der sich nun seine schmerzende Wange hielt. Ali machte weiter, er verpasste dem Mann einen Schlag nach dem anderen, und dieser versuchte gar nicht erst, sich dagegen zu wehren, auch nicht, als seine Lippen bereits aufgeplatzt waren.

Mir fiel mein alter Schuldirektor ein, der kurz nach meiner Abschiebung einer türkischen Zeitung ein Interview gegeben hatte: »Ja, der Muhlis. Der war vom ersten Tag an ein Sadist.«

Ich hatte nie genau verstanden, was eigentlich ein Sadist war, aber jetzt, wo ich mit offenem Mund Çirit Ali, Istanbuls oberstem Mafia-Boss, dabei zusah, wie er einem Mann mit bloßen Händen das Gesicht zerschlug, bekam ich eine vage Vorstellung davon.

Ali ließ irgendwann von dem Mann ab und warf ihn zurück auf seinen Stuhl.

»Das werden wir klären, das werden wir klären«, schnaufte Ali immer wieder.

Dann zog er sein Sakko aus und hielt es am ausgestreckten Arm hinter sich. Keiner der Männer um mich herum rührte sich. Und ich wusste nicht, was ich tun sollte. Ali wedelte ungeduldig mit dem Sakko, ohne seinen Blick von dem Mann im Bürostuhl zu lassen. Ich musste mir wirklich ein Herz fassen, um einen Schritt nach vorn zu machen und Alis Sakko zu nehmen. Der Mann mit dem blutigen Gesicht sah nun auch mich verängstigt an. So, als wäre ich einer von Çirit Alis Männern …

Sein Gesicht blutete stark, aber was mir am meisten auffiel, war diese Todesangst, die in seinem Blick lag. Ich hatte schon oft genug Leute verprügelt und wusste, wie jemand aussah, der keinen Bock hatte, was auf die Fresse zu kriegen. Dazu gehörte dieser Kerl nicht, der hatte wirklich Angst um sein Leben.

Wir anderen standen nur dumm da und betrachteten die Szene. Immer wieder versuchte der Mann, sich zu erklären, aber Ali interessierte das nicht. Soweit ich verstehen konnte, ging es um einen höheren Geldbetrag, den er Ali schuldete. Die Details waren mir ziemlich egal, ob es nun Schutzgeld war oder der Gewinn eines Deals, den die beiden getätigt hatten, ich wollte nur schnellstmöglich wieder aus dem Haus verschwinden, und vor allem wollte ich nicht dabei sein, wenn Ali den Mann umbrachte, und daran, dass er das tatsächlich tun würde, hatte ich in diesem Moment nicht den geringsten Zweifel.

Ali beruhigte sich aber langsam wieder. Er atmete durch und sah auf den Mann im Sessel hinab.

»In einer Stunde will ich mein Geld.«

Der Mann flehte Ali an, ihn doch zu verschonen und nicht umzubringen. Er hatte in seiner Angst wohl überhört, dass er gerade noch eine Chance bekommen hatte.

»Du hast eine Stunde Zeit, mir mein Geld zu beschaffen. Wenn ich die Kohle in einer Stunde nicht habe, ich schwör's dir, ich bring' dich heute noch um.«

Jetzt hatte der Typ verstanden. Er griff zum Telefon und begann wie wild, Freunde und Bekannte anzurufen. Wir standen daneben und sahen ihm zu.

Mein Puls raste, als ginge es um mein eigenes Leben. Würde ich gleich tatsächlich Zeuge einer Mafia-Hinrichtung werden? Und wenn ja, wieso? Ich wollte das absolut nicht.

Mit einem Mal verlor ich jedes Interesse an den Männern. Ich hatte es charmant gefunden, dass sie mich respektiert hatten und dass sie mir das Gefühl gegeben hatten, dazuzugehören. Ich hatte es gemocht, mich in ihrem Umfeld zu bewegen, denn ich hatte ja zumindest bis zu meiner Abschiebung immer auch selbst großen Wert darauf gelegt, ein Gangster zu sein.

Aber diese Leute waren keine Möchtegern-Gangster, die sich gelegentlich prügelten und Fahrräder stahlen, sondern Verbrecher. Verbrecher, die Leute umbrachten. Einfach so. Nur um zu demonstrieren, dass sie es ernst meinten. Und ich war bisher nur so etwas wie ihr Maskottchen gewesen. Man fand mich interessant und vielleicht auch sympathisch, aber ich spielte nicht in ihrer Liga. Wenn ich das wollte, musste ich tun, was sie taten. Und Menschen umzubringen kam für mich absolut nicht infrage.

Der Mann hinter dem Schreibtisch telefonierte weiter um sein Leben. Beim Ersten, den er erreichte, hatte er kein Glück gehabt, beim Nächsten auch nicht. Beim dritten Anruf hatte er seinen Bruder in der Leitung, der ihm versprach, das Geld zu beschaffen und vorbeizubringen. Man sah dem Mann seine Erleichterung an, aber Çirit Ali gab sich damit nicht zufrieden. Er sagte dem armen Kerl, dass er nun mehr Geld besorgen solle, schließlich habe er extra herkommen und ihn schlagen müssen. Dem Kerl standen die Tränen in den Augen, aber ohne Widerworte redete er am Telefon auf seinen Bruder ein, ihm noch mehr Geld zu bringen, immerhin stände es Ali zu und er bräuchte es sofort.

Mit zitternden Knien stand ich einfach nur da und wartete, dass der ganze Spuk endlich ein Ende nahm.

Nach genau einer Stunde betrat ein sichtlich abgehetzter Mann die Halle und überreichte Ali eine Tasche. Ali blickte hinein, und als hätte man einen Schalter umgelegt, wurde er fröhlich. Er lachte und tätschelte dem Mann, der noch vor dem Schreibtisch saß, die Wange.

»Ja, so musst du dich benehmen, dann ist alles gut.«

Wir ließen den Mann und seinen Bruder stehen, verließen das Gebäude und stiegen wieder in die Autos. Auf dem Rückweg war die Stimmung sehr ausgelassen. Çirit Ali machte Witze und lachte, er unterhielt sich mit den Männern vor ihm und plauderte auch mit mir, ich antwortete aber nur sehr knapp, denn mir saß der Schrecken noch immer tief in den Knochen. Ali zog einen Beutel Kokain aus seiner Jackentasche, steckte ein kleines Röhrchen direkt in das Pulver und schnupfte zwei gewaltige Portionen. Dann hielt er mir den Beutel hin, aber ich sagte ihm, dass ich aus unterschiedlichsten Gründen nüchtern bleiben müsste, was er zum Glück akzeptierte.

Ali unterhielt sich wieder mit seinen Männern, ich sah aus dem Fenster. Häuser, Autos, Moscheen, Männer, Frauen … Alles, was ich im Vorbeifahren sah, kam mir so unwirklich vor. Ich war ein Kind, das mit drei Mördern in einem Auto durch eine ihm völlig unbekannte Stadt fuhr. Und ich fühlte überhaupt nichts dabei.

Nach längerer Fahrt setzten mich die Männer vor dem Heim ab und fuhren zurück in ihre Gegend.

Ich ging in mein Zimmer, hockte mich aufs Bett und überlegte. Ich wusste, dass ich nicht einen weiteren Tag mit diesen Leuten verbringen durfte, denn wenn ich am Folgetag wieder in der Bar auftauchte, würde man dies ganz sicher so interpretieren, dass ich tatsächlich voll und ganz bei Çirit Ali einsteigen wollte. Und sein »Bruder« wollte ich nicht sein. Ich wollte nicht eines Tages tatsächlich Leute umbringen müssen, bloß weil diese Irren dachten, Mehmet wäre einer von ihnen. Ich war kein Monster, und ich würde auch niemals eins werden.

Das Pseudonym »Mehmet« wurde ihm damals verpasst, um ihm nicht die Zukunft zu verbauen – eine Gefahr, die angesichts von Dutzenden kriminellen Handlungen im Kindesalter durchaus bestand.

Thorsten Jungholt und Tim Röhn am 17. September 2012 in der *Welt*

....

»Mich hat das echt getroffen. Wirklich. Deswegen kann ich hier nicht bleiben. Das Vertrauen ist einfach weg, verstehst du? Ich muss sehen, dass ich woanders hingehe, vielleicht raus aus Istanbul, mindestens aber weg aus dem Stadtteil. Die Kinder sind einfach undankbar, so leid's mir tut.«

Gönül saß schweigend an ihrem Schreibtisch und sah mich misstrauisch an.

»Wenn du jetzt für Ali arbeitest und deswegen in eine eigene Wohnung ziehst, dann kannst du mir das ruhig sagen.«

»Nein, nein«, sagte ich schnell. »Das hat mit dem Job da nichts zu tun. Den häng' ich an den Nagel. Ich würde gerne hier wohnen bleiben, aber dass jemand meinen Schrank geknackt hat, geht einfach zu weit. Ich kann nicht wo leben, wo ich beklaut werde.«

Ich versuchte, der Heimleiterin gegenüber möglichst glaubwürdig zu klingen. Für mich stand felsenfest, dass ich nie wieder etwas mit Çirit Ali und seiner Mörderbande zu tun haben wollte, und wenn ich nicht mehr bei ihnen auftauchte, würden sie sich sicher im Kinderheim erkundigen, wo ich denn abblieb.

Die Heimleiterin schien mir zu glauben.

»Tja«, sagte sie, »das ist natürlich sehr schade. Aber wenn du wegwillst, dann respektiere ich das natürlich.«

Innerlich atmete ich auf. Sie hatte mir meine große Enttäuschung wohl abgenommen, und wenn sich Ali oder seine Leute hier meldeten, dann würde sie ihnen einfach sagen, dass ich weg war, weil ich mich unwohl gefühlt hatte. Im Heim, nicht zwischen den Verbrechern.

Ich bedankte mich noch einmal für ihre Hilfe und gab ihr dann die Hand.

In meinem Zimmer packte ich meine beiden kleinen Koffer und verschwand still und leise aus dem Heim. Ich hatte zu den Kindern eine eher kumpelhafte Beziehung, mein Auszug würde ihnen sicher nicht das Herz brechen, trotzdem hatte ich keinen Bock auf einen ewig langen Abschied.

Ich verließ das Kinderheim und ging einfach einige Minuten lang drauflos. Irgendwann schob ich auf dem Bürgersteig meine Koffer zusammen, setzte mich darauf und zündete mir eine Zigarette an.

»Und was jetzt?«, fragte ich mich laut und sah die Straße hinunter.

Ich stand wieder genau an dem Punkt, an dem ich mich befunden hatte, als ich vor einem Dreivierteljahr aus dem Flugzeug gestiegen war. Ich kannte niemanden und wusste nicht, wohin. Allerdings war ich nun allein. Janine war wieder zu Hause, und ich hatte auch keine Reporter um mich herum, die mich überall hinfuhren und mir alles bezahlten. Zum ersten Mal, seit ich in diesem Land war, musste ich selbst sehen, wie ich zurechtkam.

Was ich aber hatte, war Geld. Kein Vermögen, aber doch genug, um damit einige Wochen klarzukommen, denn Ali und seine Leute waren immer sehr großzügig gewesen. Vermutlich war das Geld in Istanbul nicht ganz so viel wert wie anderswo. Vielleicht sollte ich mich doch im Haus meiner Eltern einnisten, überlegte ich. Das Dorf bei Çerkezköy war zwar tiefste Provinz, aber vom Großstadtleben hatte ich ja sowieso genug. Außerdem hatte ich dort Verwandte, auch wenn ich eigentlich keinen von ihnen persönlich kannte.

Ich warf die Zigarette weg, schnappte mir meine Koffer und machte mich auf den Weg zu einer Metro-Station. Vom Istanbuler Zentrum aus fuhren Busse nach Çerkezköy, das wusste ich. Und einen von ihnen würde ich nehmen. Mir reichte es vorläufig. KRAL TV, Straßenkinder, Knastfolter und Schwerverbrecher … Istanbul konnte mich kreuzweise.

Ich wollte ein neues Leben anfangen, und zwar sofort.

Ich stieg aus dem klapprigen Bus und ließ mir meine Koffer geben. Eine Stunde lang hatte ich von Istanbul aus nach Çerkezköy gebraucht, dort war ich in einen ziemlich vollen Kleinbus umgestiegen, der mich dann ins Dorf gebracht hatte.

Es war schon beinahe zwei Jahre her, dass ich das letzte Mal hier gewesen war, aber ich erkannte alles wieder. Das Haus meiner Eltern lag fünf Minuten entfernt, und dort angekommen, holte ich den Ersatzschlüssel aus dem Versteck im Garten und schloss die Tür auf.

Ich betätigte den Lichtschalter und stellte erleichtert fest, dass der Strom nicht abgestellt war. Ich zog meine staubigen Schuhe aus, betrat die Wohnung und ließ mich aufs Sofa fallen. Ich musste lächeln. Der Geruch hier kam dem unserer Wohnung in Neuperlach sehr nah, und das erste Mal seit Langem fühlte ich mich heimisch. Ich griff nach dem Telefon und rief erst einmal zu Hause an, um meiner Familie zu sagen, dass es mir gut ging und ich von nun an in unserem Haus im Dorf lebte. Meine Eltern reagierten absolut erleichtert. Es hatte ihnen nie gefallen, dass ich mich allein in einer Millionenstadt herumtrieb, umgeben von Leuten, die sich für mich nur interessierten, wenn es etwas zu verdienen gab.

Stundenlang wechselten die beiden sich mit dem Hörer ab, bis sie schließlich sicher waren, dass bei mir alles in Ordnung war. Gerade meiner Mutter merkte ich an, dass es ihr gar nicht gut ging. Inzwischen machte sich der ganze Stress mit und um Mehmet auch gesundheitlich bei ihr bemerkbar, und auch deswegen erzählte ich ihr nur das Nötigste. Ich war okay und lebte jetzt an einem Ort, den sie gut kannte, mehr musste sie in diesem Moment nicht wissen. Trotzdem versprach sie, meinen Vater zu bitten, mir Geld zu schicken, und einigen Verwandten Bescheid zu sagen, dass sie ein wenig auf mich Achtgaben.

Als wir uns verabschiedet hatten, rief ich als Nächstes meinen Anwalt an. Haas war gut gelaunt und sagte mir, dass es gut für mich aussah. Alles deutete darauf hin, dass sich der Verwaltungsgerichtshof mit meinem Fall beschäftigen und meine Abschiebung »kassieren« würde, wie er sich ausdrückte. Das freute mich, aber ich wusste auch, dass, selbst wenn dieses Gericht für mich entscheiden würde, dies nicht in den nächsten Tagen der Fall sein würde. Oder Wochen. Oder vielleicht sogar Jahren, denn was ganz sicher war: München wehrte sich mit Klauen und Zähnen gegen meine Rückkehr.

Und mit der Zeit war auch mein Interesse an der Sache etwas verschwunden. Natürlich wäre ich lieber heute als morgen zurück nach Deutschland geflogen, aber mir dämmerte, dass es nicht schlau war, den ganzen Tag nur darauf zu warten, dass es endlich so weit war. Ich lebte jetzt seit einigen Monaten in der Türkei, und es wurde vielleicht Zeit, dass ich mich dauerhaft hier einrichtete.

* * *

»Kann man nix machen, danke«, verabschiedete ich mich und verließ den kleinen Kiosk.

Ich lief bereits seit mehreren Stunden durch Çerkezköy und klapperte die Geschäfte ab auf der Suche nach jemandem, der vielleicht eine Aushilfe gebrauchen konnte. In diesem Moment war ich froh, nicht in Deutschland zu sein, sondern in der Türkei. Zu Hause hätte niemand einem 15-Jährigen einen Job gegeben, außer vielleicht zum Austragen von Zeitungen. Und die paar Mark, die dabei zusammenkamen, hätten mir gar nichts genützt, ich brauchte ein normales Einkommen.

In einer Seitenstraße befand sich ein kleiner Laden, der Schilder herstellte. Ich ging rein und sagte mein Sprüchlein auf:

»Guten Tag, mein Name ist Muhlis Ari, und ich bin auf der Suche nach Arbeit. Stellen Sie vielleicht gerade jemanden ein?«

Der Mann hinter der Theke sah mich kurz an und schüttelte dann langsam den Kopf.

»Eigentlich nicht«, sagte er und machte sich weiter daran, eine Art Metallplatte zu polieren.

»Kann man nix machen, vielen Dank«, sagte ich wie immer und wollte mich schon umdrehen, als der Mann sich räusperte.

Ich sah ihn fragend an.

»Kannst du mit Maschinen umgehen?«, fragte er.

»Natürlich«, antwortete ich.

Der Mann lächelte schief.

»An welchen Maschinen hast du denn bisher gearbeitet?«

Jetzt hatte er mich erwischt. Ich hatte von Maschinen absolut keine Ahnung, erst recht hatte ich noch nie an einer gearbeitet.

»Tja ...«, fing ich an, »ich hab' schon an großen Maschinen gestanden. So Teile, die ...«

Ich versuchte, mit den Händen irgendeine Bewegung zu imitieren, die meiner Meinung nach jemand machte, der an einer Maschine schuftete.

»Komm mal mit«, erlöste mich der Mann und winkte mich zur Theke.

Ich folgte ihm in die hinteren Räume. Dort waren drei ältere Männer, die an Tischen saßen oder standen und an Schildern oder Folien herumbastelten. Der Mann führte mich in eine weitere Werkstatt, wo sich eine Maschine befand, die beinahe die gesamte hintere Wand einnahm.

»So was schon mal gesehen?«, fragt er.

Ich hatte so ein Ungetüm noch nie vor mir gehabt, im Leben noch nicht.

»Klar«, antwortete ich. »Die braucht man zum Schildermachen.«

»Richtig. Schau mal.«

Der Mann nahm sich eine Metallplatte von einem Stapel und zog die Folie von der Oberfläche. Dann schob er die Platte in die Maschine, drückte einen Knopf, und mit einem dumpfen Knacken kam eine Art Hammer herunter gefahren. Der Mann nahm die Platte heraus, die nun Einstanzungen besaß. Er nahm die Metallplatte und führte minutenlang noch einige andere Handgriffe daran aus, bis er mir schließlich ein glänzendes, aber farbloses Schild präsentierte.

»Durchfahrt verboten«, sagte der Mann und lächelte.

»Bitte?«

»Das ist ein Durchfahrt-verboten-Schild, wenn es fertig ist. Traust du dir zu, so was den ganzen Tag lang zu machen?«

»Klar«, sagte ich. »Würde ich gerne.«

»Okay, dann versuchen wir das mal eine Woche.«

»Toll, danke.«

Ich freute mich wirklich. Ich wollte ein neues Leben beginnen, und das Erste, was ich dazu benötigte, hatte ich nun: einen Job.

»Wenn du morgen zwischen neun und zehn hier bist, erkläre ich dir alles weitere.«

»Ich bin da«, lächelte ich.

* * *

Ich arbeitete seit zwei Wochen bei Yusuf. Ich stand den ganzen Tag an der Maschine und stanzte Schilder aus. Wenn ich damit fertig war, räumte ich auf oder half den anderen Männern bei ihren Arbeiten. Sie redeten kaum mit mir, ich ebenso wenig mit ihnen. Das lag nicht daran, dass wir uns nicht leiden konnten, aber ich war für sie ein Sonderling. Ich war sehr jung, sprach schlechtes Türkisch und kam nicht aus der Gegend. Grundsätzlich war mir die Distanz ganz recht. Ich arbeitete, ging nach Hause, sah fern, schlief und ging dann wieder zur Arbeit. Ich lebte das Leben eines ganz normalen türkischen Arbeiters. Nur, dass ich eben erst 15 war.

Gelegentlich ging ich vor der Arbeit in ein benachbartes Internet-Café, wo ich mich auf den deutschen Nachrichtenseiten darüber informierte, wie es um meinen Fall stand. Meine Eltern und mein Anwalt erzählten mir zwar auch am Telefon, was es Neues gab, aber selbst sie wussten ja wahrscheinlich nicht alles. Außerdem interessierte mich, was die Leute so dachten. Fanden sie es gut, dass ich abgeschoben worden war, oder forderten sie, dass ich zurückkam? Ich befasste mich zum ersten Mal ernsthaft mit allem, was mit meiner Abschiebung zu tun hatte. Vorher hatte es mich entweder nicht interessiert, oder ich hatte nicht die Möglichkeit gehabt, mich auf dem Laufenden zu halten. Und zum ersten Mal war ich nun schockiert. Dass in den Nachrichten alle möglichen Politiker forderten, mich ja nie wieder nach Deutschland zu lassen, wusste ich bereits. Und dass es auch solche gab, die meine Abschiebung als illegal ansahen, wusste ich ebenfalls. Was ich nicht kannte, war die Meinung der normalen Leute. Ich las mir jeden einzelnen Kommentar durch, den die Leser unter den Berichten über mich hinterlassen hatten:

»Bevor der wieder nach Deutschland darf, soll der erst mal die Steuergelder zurückzahlen, die er uns bis jetzt gekostet hat!«

»Mehmet soll bleiben, wo der Pfeffer wächst. Solche Leute brauchen wir hier nicht.«

»Der Typ hat über 100 Straftaten begangen. Dunkelziffer unbekannt. Die sollten sich mal im türkischen Knast um den kümmern. Ist nicht so ein Honiglecken wie bei uns.«

»Mehmet, bleib, wo du bist, und lass uns einfach in Ruhe!!!«

»Wenn Mehmet zurückdarf, ist das ein Schlag ins Gesicht seiner Opfer.«

»Was will der denn hier? Sozialhilfe bis ans Lebensende? So einer geht doch nicht arbeiten …«

So und ähnlich lauteten die meisten Kommentare.

Ich verstand nicht, was diese Leute alle gegen mich hatten. Ich war ein 15 Jahre alter Junge und nicht der Staatsfeind Nummer 1. Wie konnte es denn sein, dass mich ein ganzes Land hasste? Mit jedem Tag, an dem ich solche Kommentare las, wurde mir mulmiger. Deutschland hasste mich. Nicht nur ein paar Politiker. Mir zerriss es beinahe das Herz, das zu erkennen. Die E-Mails, die ich von meinen Freunden erhielt, trösteten mich zwar, aber immer hatte ich die Frage im Hinterkopf, was denn passierte, wenn ich wirklich wieder nach Hause durfte. Vielleicht würde man dann wieder am Flughafen demonstrieren, dieses Mal aber gegen meine Rückkehr.

Mir wurde immer klarer, dass ich an einem Endpunkt angekommen war. Ich würde in der Türkei bleiben und Schildermacher werden.

Ich verließ meinen Platz vor dem Rechner und ging die paar Häuser weiter zu Yusufs Werkstatt. Er empfing mich noch vor der Tür mit einem Bündel in der Hand und bat mich, es in eine Bar zu bringen, die sich zu Fuß etwa eine halbe Stunde entfernt befand. Die Schilder waren nicht rechtzeitig fertig geworden, um sie mit der Post zu schicken, und der Besitzer brauchte sie dringend bis zum Abend.

Ich klemmte mir die in ein Filzlaken gewickelten Schilder unter den Arm und machte mich auf den Weg ins Stadtzentrum. Als ich die Bar erreicht hatte, fragte ich mich zum Besitzer durch und wurde in sein Büro geführt. Er freute sich, rechtzeitig seine neuen Parkplatzschilder zu bekommen. Er zahlte die Dinger in bar, und wir fingen an, uns ein bisschen zu unterhalten.

»Bist du neu da im Laden?«, fragte der Mann. »Da arbeiten doch nur alte Männer, dachte ich.«

Ich erzählte ihm, dass ich seit gut 14 Tagen bei dem Schildermacher beschäftigt war. Ziemlich genau, seit ich in der Stadt war.

»Willst du nicht lieber ein bisschen was Aufregenderes machen?«, fragte der Mann und legte mir die Hand auf die Schulter. »Ich suche einen Barmann.«

Ich überlegte. Natürlich war das verlockend. Ich war 15 Jahre alt, und in einer Bar zu arbeiten war doch wesentlich spannender als der Job an einer Stanzmaschine.

Ich erklärte, dass ich keine Ahnung vom Cocktailmixen oder Ähnlichem hätte, aber das störte den Barbesitzer nicht.

»Kein Ding. Du musst nur Bestellungen aufnehmen, kassieren und sehen, dass die Bar in Ordnung bleibt. Alles ganz locker.«

Ich entschied mich, das Angebot spontan anzunehmen. Mir tat's zwar leid für den Schildermacher, aber ich fand die Idee, in einer Bar zu arbeiten, abends zwischen anderen jungen Leuten, einfach viel zu verlockend.

Am folgenden Samstag schon stand ich hinter dem Tresen. Ich schenkte Getränke aus, gab Bestellungen an den Cocktailtypen weiter und sorgte gemeinsam mit den Kellnerinnen einfach dafür, dass der Laden lief.

Von der ersten Minute an hatte ich tierisch Spaß an der Sache. Die Besucher der Bar waren kaum älter als ich, ich unterhielt mich pausenlos mit den Gästen. Es kam sogar vor, dass Mädels, die schon um die 20 waren, ganz offen mit mir flirteten. Ich fühlte, dass ich hierhergehörte. Jemand in meinem Alter brauchte Nachtleben, Musik und Spaß. Keine alten, schweigsamen Männer, die nur an Metall herumwerkelten.

Ich fühlte mich lebendig wie schon lange nicht mehr.

Aber schon nach ein paar Tagen kippte die Stimmung.

Ein junger Typ mit Mikrofon und Aufnahmegerät kam am frühen Abend in die Bar. Er schaute sich suchend um, dann entdeckte er mich hinter dem Tresen.

»Hallo, Muhlis«, grüßte er und winkte mir zu, als würde ich ihn kennen.

»Was ist?«, fragte ich und räumte ein paar Gläser unter den Tresen.

»Hast du Zeit für ein kleines Interview? Moment …«

Ohne meine Antwort abzuwarten, schaltete er seinen Recorder ein und hielt sich das Mikro vor den Mund.

»Muhlis Ari, 15 Jahre alt, arbeitet heute in einer Cocktailbar in der türkischen Provinz. Vor einigen Wochen noch moderierte er die erfolgreichste Musiksendung des Landes: *Nummer 1*. Muhlis, erzähl unseren Lesern doch, was passiert ist.«

Er hielt mir das Mikrofon ins Gesicht, aber ich hatte keine Ahnung, was ich sagen sollte.

»Was soll passiert sein?«, fragte ich.

»Na ja, es heißt, du hättest den Job verloren, weil du ein paar Computer gestohlen hättest. Ist das jetzt hier deine Resozialisierung?«

»Äh … was?«, fragte ich. »Ich hab' überhaupt nichts geklaut. Schon gar nicht ein paar Computer.«

»Da hört man aber was anderes …«

»Von wem denn? Vom Richter bestimmt nicht.«

Ich fühlte mich langsam ein bisschen verarscht von dem Kerl. Und auch ziemlich genervt.

»Wer hat was geklaut?«, fragte eine der Kellnerinnen und sah uns beide neugierig an.

»Keiner hat was geklaut«, antwortete ich. Dann sah ich wieder zu dem Reporter. »Hör mal, ich arbeite hier. Du kannst hier nicht einfach reinplatzen.«

»Aber du bist eine öffentliche Person, du interessierst die Leute.«

»Was bin ich? Ich hab' die letzten Wochen niemanden interessiert. Hau jetzt einfach ab.«

Der Besitzer der Bar betrat seinen Laden und kam zu uns herüber, als er das Mikrofon sah.

»Was ist hier los?«, fragte er.

»Ich interviewe Muhlis«, antwortete der Mann.

»Wieso das?«

»Wie? Kennen Sie nicht den Moderator von *Nummer 1*?«

Der Barbesitzer sah mir ins Gesicht.

»Mann, natürlich. Du kamst mir gleich so bekannt vor«, lachte er dann.

»Ich muss jetzt arbeiten«, sagte ich und drehte mich von dem Reporter weg, aber mein Chef hielt mich am Arm fest.

»Nein, mach nur«, sagte er. »Ist ja auch gute Werbung für uns.«

Das Leben als Schildermacher war einsam gewesen. Jetzt hatte ich wieder einen kleinen Schritt ins normale Leben gewagt, und sofort fühlte ich mich dafür bestraft. Wieso konnte man mich nicht einfach in Ruhe lassen?

Drei Tage später machte ich mich auf den Weg zur Arbeit, und an der Bar angekommen, bot sich das mittlerweile gewohnte Bild.

Vor der Tür standen einige Reporter und interviewten meinen Chef. Der gab ausführlich und gern Auskunft darüber, wie er mich kennengelernt hatte und wie ich mich so in seiner Bar machte.

»Hi, Mehmet«, rief er fröhlich, als er mich sah.

Auch die Journalisten sahen nun zu mir herüber.

Ich hätte mich am liebsten sofort wieder umgedreht und wäre nach Hause gegangen. Wieso nannte mich der Barbesitzer denn jetzt Mehmet? Und was war, verdammt noch mal, so spannend daran, dass ich jetzt abends in einer Bar arbeitete?

Ich drängte mich an den Männern vorbei und ging so schnell, dass man mir nicht folgen konnte, in den Pausenraum im hinteren Bereich der Bar. Eine der Kellnerinnen stand dort am Fenster und rauchte eine Zigarette.

»Hey, Muhlis«, grüßte sie mich, als ich die Tür hinter mir schloss. »Da hat vorhin jemand von einer deutschen Zeitung für dich angerufen. Was wollen die von dir?«

»Keine Ahnung«, antwortete ich und legte meine Jacke über eine Stuhllehne.

»Ist das immer noch, weil du Leute in Deutschland verprügelt hast?«

»Was?«, fragte ich und drehte mich schnell zu der Frau herum. »Woher weißt du denn das?«

Die Frau zuckte nur mit den Schultern.

»Haben mir gestern zwei Reporter erzählt. Stimmt das, dass du im Gefängnis warst?«

Ich nahm meine Jacke, verließ den Raum wieder und lief direkt meinem Chef in die Arme.

»Mehmet!«, lachte er. »Kannst du morgen etwas früher kommen? Ein Fernsehteam will dich hier bei der Arbeit filmen. Wär' besser, wenn dann noch nicht so viele Kunden hier wären. Die wollen das vielleicht nicht.«

Ich sah den Mann mit offenem Mund an.

»Ich«, sagte ich so ruhig, wie ich konnte. »Ich will das nicht. Ich will hier einfach nur in Ruhe meinen Job machen.«

»Aber du bist doch ein Fernsehstar. Was stört dich daran?«

Am liebsten hätte ich den Typen zu Boden geschlagen und ihm ins Gesicht gebrüllt, was genau mich daran störte: Ich war kein Fernsehstar, ich wurde nur ständig belästigt, weil ich abgeschoben worden war. Man gab mir nichts dafür, dass man mich ständig ins Fernsehen und in die Zeitungen brachte, und gleichzeitig ließ man mich nicht in Ruhe mein Geld verdienen, damit ich in diesem beschissenen Land überleben konnte! Und wenn ich mal für jemanden nicht Mehmet aus Deutschland war, dann brauchte ich nicht lange zu warten, bis einer dieser dämlichen Reporter auftauchte, um sie alle daran zu erinnern!

Mich kotzte das an, ich wollte das alles nie. Fernsehstar? Das war nichts Tolles, das war ein beschissener Fluch!

Aber ich sagte dem Mann nichts. Nur, dass ich jetzt nach Hause gehen und nicht wiederkommen würde.

Ist der Ganove Mehmet ein Opfer? Und verdient er unsere Gnade?

Peter Hahne am 30. September 2012 in der *BILD*

• •

Ich lebte mittlerweile seit etwa drei Jahren in der Türkei.

Nachdem ich in der Bar gekündigt hatte, musste ich überlegen, wie ich zukünftig mein Geld verdienen könnte. Ich sprach fließend Deutsch und inzwischen auch ganz gut Türkisch, und so kam ich schließlich in der Tourismus-Branche unter. Ich hatte in den letzten Monaten als Animateur, als Verkäufer in einer Boutique, als Lederverkäufer und als Rezeptionist in kleineren Absteigen gearbeitet. Keinen dieser Jobs behielt ich lange, da mich die Journalisten inzwischen wieder auf Schritt und Tritt verfolgten. Egal, wohin ich ging, entweder warteten die Reporter schon auf mich oder es dauerte nur wenige Wochen, bis sie mich auch in der letzten Strandbar aufspürten und einen Zirkus veranstalteten, der mich bei meinen Kollegen zum Sonderling abstempelte, der eigentlich viel zu berühmt war, um in einem solchen Laden zu arbeiten. Am Ende verlor ich den Job oder kündigte von selbst.

Ich hatte mich ganz in das Haus meiner Eltern zurückgezogen. Ich ging kaum vor die Tür und lebte hauptsächlich von dem Geld, das meine Eltern mir schickten. Hin und wieder versuchte ich, eine Arbeit zu finden, die ich von zu Hause ausüben konnte. Viel kam da leider nicht infrage.

An jenem speziellen Tag hatte man mir einige Unterlagen aus Deutschland zugeschickt, mit deren Hilfe ich als Call-Center-Agent arbeiten sollte. Meine Aufgabe bestand darin, wildfremde Leute am Telefon davon zu überzeugen, Scheine irgendeiner Lotterie zu kaufen. Ich hasste den Job schon vor meinem ersten Anruf, ich hatte ja die Leute immer verachtet, die anderen grundlos am Telefon auf den Nerv gingen. Und jetzt sollte ich selbst so einer werden. Beziehungsweise Hans Müller sollte so einer werden, denn laut Auftraggeber war das ein besserer Name als Muhlis Ari. Türken vertraute man scheinbar nicht. Bei türkischen Namen vermuteten die Leute angeblich immer gleich, dass man sie betrügen wollte.

Ich nahm den Hörer und wählte die erste Nummer auf meiner Liste. Nach zweimaligem Klingeln meldete sich eine junge Frau aus Hamburg.

»Guten Tag, mein Name ist Müller. Ich rufe an, um Sie zu fragen, ob Sie Interesse an …«

»Wer ist da?«, fragte die Stimme am anderen Ende.

»Hans Müller ist mein Name. Ich rufe an von der Firma …«

Die Frau legte auf.

Ich ließ das Kinn auf meine Brust sinken und legte den Hörer ebenfalls aus der Hand.

Das war doch alles Scheiße. Ich hatte jetzt schon keinen Bock mehr auf den Mist.

Ich schob die Unterlagen, die ich eben erst bekommen hatte, zurück in den Briefumschlag und warf den ganzen Kram in eine Schublade.

Ich überlegte, ob ich nicht meine Eltern mal wieder anrufen sollte. Oder meinen Anwalt. Ich wusste jedoch nicht, was ich hätte sagen sollen. Es gab nichts zu erzählen. Ich hockte auf dem Sofa in einem Dorf am Ende der Welt und hatte keine Idee, wie es mit mir weitergehen sollte. Die gleiche Situation also, in der ich auch vor Jahren schon gesteckt hatte.

Das Telefon lag noch auf meinem Schoß, als es klingelte.

Ich dachte zuerst, die Frau aus Hamburg würde vielleicht zurückrufen, dementsprechend hatte ich keine Lust ranzugehen. Als es aber weiter hartnäckig läutete, nahm ich den Hörer ab.

»Ja?«, fragte ich eher gelangweilt.

»Servus, Muhlis«, grüßte mich mein Anwalt.

Er war eigentlich immer guter Laune, aber aus irgendeinem Grund klang er an diesem Tag besonders fröhlich.

»Was gibt's?«, fragte ich und setzte mich auf.

»Du kannst zurück«, antwortete Haas.

Ich dachte zuerst, ich hätte mich verhört. Durfte ich tatsächlich wieder zurück nach Hause, nach Deutschland? Mein ganzer Körper begann vor

Freude zu kribbeln. Ich sprang vom Sofa auf und lief nervös im Raum auf und ab, den Telefonhörer dicht an mein Ohr gedrückt. Ich durfte wieder heim! Endlich!

»Bist du noch dran?«, riss mich Haas aus meinen Gedanken.

»Ja, ja«, antwortete ich schnell. »Wieso?«

»Ich hab' gerade gefragt, ob du morgen früh im deutschen Konsulat sein kannst. In Istanbul.«

»Äh ... ja, klar. Kann ich.«

Am liebsten hätte ich mich sofort auf den Weg gemacht.

»Gut«, sagte mein Anwalt. »Morgen ab neun Uhr kannst du dir dort dein Visum abholen. Kurz nach Mittag geht ein Flug nach München, das Ticket ist am Schalter für dich reserviert.«

»Echt jetzt?«, fragte ich vorsichtshalber noch einmal. »Kann ich wirklich wieder nach Hause?«

»Ja, zumindest vorläufig. Es wird eine Verhandlung geben, aber erst einmal kannst du zurück.«

Mir gingen tausend Gedanken durch den Kopf, ich hatte unzählige Fragen an meinen Anwalt, aber alles, was ich in dem Moment herausbrachte war: »Okay«. Ich fühlte mich wie jemand, dem man gerade telefonisch mitteilte, dass er eine Million im Lotto gewonnen hatte und der nun irgendetwas dazu sagen sollte.

»Okay«, wiederholte ich nur.

Wir redeten noch eine Weile, aber wirklich folgen konnte ich unserem Gespräch nicht. Ich war zu aufgeregt und zu nervös.

Als wir schließlich aufgelegt hatten, rief ich sofort meine Eltern an.

Ich stand am Schalter und lächelte der Dame dahinter zu.

Sie grüßte freundlich und nahm meinen Pass, um zu kontrollieren, ob es tatsächlich eine Reservierung auf meinen Namen gab. Schließlich händigte sie mir meine Bordkarte aus und fragte mich, ob ich einen Koffer aufgeben wolle. Ich hob meine Reisetasche an.

»Das ist alles«, sagte ich.

»Nur Handgepäck. In Ordnung. Einen schönen Flug wünsche ich.«

Ich bedankte mich und ging ziellos quer durch den Terminal. Mein Flug ging erst in vier Stunden, aber da ich mein Visum beim Konsulat direkt und ohne Umstände bekommen hatte und überhaupt viel zu früh unterwegs war, hatte ich nun eben ein wenig mehr Zeit. Mich kümmerte das nicht. Mich freute, dass ich ohne den üblichen Mehmet-Reporterclan im Nacken wie ein normaler Reisender durch die Halle gehen konnte. Meine türkischen Geldscheine tauschte ich gegen D-Mark ein, die Münzen verschwanden in den verschiedenen Getränke- und Snackautomaten. Ich wollte den ganzen Kram loswerden, denn auch wenn ich nur auf dem Weg zu einer Verhandlung war, war ich mir sicher, nicht wieder in die Türkei zurückkehren zu müssen.

Als das Boarding für meinen Flug endlich begann, war ich der Erste in der Schlange. Ich konnte kaum abwarten, in die Maschine zu steigen.

Nach etwa vier Stunden erreichten wir München. Schon vor dem Landeanflug starrte ich wie ein Irrer pausenlos aus dem Fenster. Ich erkannte die Stadt von oben überhaupt nicht, aber ich spürte, wie mein Heimweh einer extremen Vorfreude wich. Endlich war ich wieder zu Hause. Ich erkannte die schmalen Straßen, auf denen kleine, moderne Autos fuhren. Ich sah Wohngebiete und kleine Siedlungen, die der Stadt vorgelagert waren. Und hinter jedem Haus befand sich eine kleine, rechteckige Grünfläche. Pingelig genau abgesteckt. Nicht zu groß, nicht zu klein. Und jede Wiese hatte die gleiche Größe. Alles genormt und genauestens abgesteckt. Die Wiesengröße gab sicherlich das Deutsche Wiesenamt vor. Und im Deutschen Wiesengesetz gab es sicherlich viele Wiesenparagrafen, die Länge, Dichte und Anzahl der Grashalme regelten. Und wenn man dagegen verstieß, gab es ein Wiesenordnungsgeld, das man binnen 14 Tagen bei der kommunalen Wiesenkasse zu bezahlen hatte. Der Gedanke an all diesen Schwachsinn machte mich unglaublich glücklich. Ich war ein verdammter Deutscher, ich liebte Ordnung und Sauberkeit. Ich wollte, dass alles geregelt wurde. Hier gab es immer einen Zuständigen, der den Leuten sagte, was sie zu tun hatten. Und die Leute hielten sich daran. Arbeiten, Gesetze beachten, Steuern zahlen ... Vor einigen

Jahren noch hätte ich jeden ausgelacht, der das für ein vernünftiges Leben hielt. In diesem Moment aber konnte ich genau das kaum noch erwarten.

Die Türkei dagegen war das nackte Chaos gewesen, wo jeder einfach tat, was er wollte. Klapprige Autos wimmelten durch staubige Straßen. Und wenn die Karren wegen der Hitze liegen blieben, dann ließ man sie einfach stehen und ging zu Fuß weiter. Man konnte das Ding ja später noch abholen. Oder ein Cousin erledigte das. Oder ein Freund. Oder gar keiner. In der Türkei war allen alles scheißegal.

Und das war anders, hier, in meiner Heimat.

Kurz bevor das Flugzeug endgültig zum Stehen kam, bat mich eine der Stewardessen, doch bitte aus der hinteren Tür auszusteigen, da man dort auf mich warten würde. Ich nickte und wunderte mich, dass sie offenbar wusste, wer ich war, den gesamten Flug lang aber nichts gesagt hatte. Mittlerweile war ich es gewohnt, dass jeder, der mich erkannte, sofort »Mehmet, Mehmet« rief und auf mich zustürmte.

Der Pilot machte die Durchsage, dass der Flieger nun stand, und wünschte den Passagieren einen angenehmen Aufenthalt in München.

Ob angenehm oder nicht, ich war froh, überhaupt in München zu sein, dachte ich.

Ich verließ die Maschine als Erster durch die hintere Tür. Oben auf der Gangway sah ich, dass unten der Wagen meines Anwalts stand. Er selbst stieg gerade aus und winkte mir zu. Dass man Haas erlaubt hatte, mich direkt am Flugzeug abzuholen, wunderte mich nicht. Was mich irritierte, war, dass ich nicht direkt in einen Haufen Journalisten lief.

Lächelnd warf ich mir meine Reisetasche über die Schulter und stieg die Stufen hinab.

»Hey, Muhlis«, lachte Haas, »du siehst gut aus.«

»Danke«, sagte ich, während mich mein Anwalt zur Begrüßung umarmte.

Er ließ mich los und sah mich an, dann rieb er mit seiner Handfläche über meinen Kopf.

»Wo sind die Haare hin?«, lachte er.

»Abgeschnitten. Da drüben ist's zu warm für lange Haare.«

»Steht dir.«

Wir stiegen in den Wagen und fuhren sofort los.

»Ich bring' dich erst einmal in mein Büro«, sagte Haas dann. »Wir klären dann später, was anschließend kommt.«

»Wieso, was kommt denn noch alles?«, fragte ich.

Ich wollte keine Schonfrist. Auch wenn ich natürlich sofort nach Hause wollte, konnte er mir doch bestimmt jetzt schon sagen, was mich erwartete.

»Erst einmal eine Anhörung. Dafür hast du eine Aufenthaltsgenehmigung befristet auf eine Woche. Das Gericht will sich ein Bild von dir machen.«

»Was denn für ein Bild?«, fragte ich. »Die hatten doch jetzt drei Jahre Zeit, sich ein verdammtes Bild zu machen. Was soll denn der Scheiß? Darf ich nach Hause, oder ist das hier nur einwöchiger Urlaub?«

Haas sah mich kurz an.

»Ehrliche Antwort?«

»Ehrliche Antwort.«

»Ich weiß es nicht. Aber: Du hast dir die letzten Jahre nichts zuschulden kommen lassen, und abgesehen davon stuft man deine Abschiebung inzwischen als illegal ein. Die Wahrscheinlichkeit, dass du bleiben darfst, ist also sehr, sehr hoch.«

»Sehr, sehr hoch ...«, wiederholte ich und zündete mir eine Zigarette an.

»In meinem Auto darf man übrigens immer noch nicht rauchen«, grinste Haas dann.

»Da muss ich mir erst mal ein Bild von machen«, sagte ich und blies den Rauch aus dem Fenster.

Als wir das Büro meines Anwalts erreichten, erwartete mich dort meine ganze Familie. Kaum, dass sie Haas' Wagen sahen, stürmten alle auf die Straße. Ich freute mich riesig und sprang schon aus dem Auto, noch bevor Haas es geschafft hatte, irgendwo zu parken.

Ich fiel meiner Mutter in die Arme, die sofort zu weinen begonnen hatte. Mein Vater klopfte mir auf die Schulter und drückte mich an sich. Auch ihm standen die Tränen in den Augen, wobei er versuchte, sich nicht viel davon anmerken zu lassen. Meine Brüder lachten und umarmten mich ebenfalls. Der verlorene Sohn war endlich wieder daheim.

Haas stieg aus dem Wagen und beobachtete uns einige Minuten lang. Dann schloss er die Tür seiner Kanzlei auf und rief mir zu, dass ich bitte hereinkommen sollte, da wir viel zu besprechen hätten.

Ich riss mich von meiner Familie los, versprach aber, sobald wie möglich nach Hause zu kommen. Ich würde nur kurz etwas mit meinem Anwalt besprechen.

Ich ging ins Büro, wo Haas bereits auf mich wartete.

»Können wir das nicht später klären?«, fragte ich. »Ich möchte nach Hause.«

»Du darfst nicht nach Hause.«

»Wieso nicht?«, fragte ich erst nach Sekunden.

»Setz dich, ich erklär's dir.«

Ich blieb lieber stehen.

»Okay«, sagte Haas und faltete die Hände vor sich auf dem Schreibtisch. »Du darfst dich, wie gesagt, vorläufig nur eine Woche in Deutschland aufhalten. Und diese eine Woche werden wir nutzen, um das Gericht davon zu überzeugen, dass es absolut keinen Grund dafür gibt, dich nicht wieder dauerhaft einreisen zu lassen.«

»Ich darf nur diese eine Woche bleiben? Egal, wie es für mich ausgeht? Was ist denn das für ein Scheiß?«

»Die Anhörung …«

»Das hätten Sie mir doch auch gleich sagen können, verdammt. Ich freu' mich wie ein Depp, und jetzt hör ich, dass ich in ein paar Tagen wieder zurück in dieses Scheißland muss.«

»Beruhig' dich bitte und setz' dich«, sagte Haas und atmete durch.

»Ich will mich nicht setzen. Ich will wieder nach Hause.«

»Ich kann mich mit dir nicht unterhalten, wenn du vor mir auf und ab läufst.«

»Ist mir egal. Wieso haben Sie mir das nicht direkt …«

Haas schlug mit der flachen Hand auf die Tischplatte.

»Jetzt setz' dich hin, verdammt. Ich will dir helfen!«

Sofort wurde ich still, zog einen Stuhl heran und setzte mich. Ich kannte ihn nur als ruhigen und eher ausgeglichenen Mann, dass er sich so aufregen konnte, überraschte mich.

»Hörst du mir jetzt zu?«, fragte mein Anwalt.

Ich nickte.

»Danke. Wie gesagt, eine Woche. Und während dieser Woche darfst du dich an genau drei Orten aufhalten: meinem Büro, dem Gericht und der Diakonie, die dir einen Schlafplatz zur Verfügung stellt. Solltest du dich an keinem dieser Orte befinden, geht man davon aus, dass du getürmt bist, und wird nach dir fahnden. Also halte dich bitte daran.«

»Aber wie soll das denn funktionieren?«, fragte ich. »Wie soll ich denn ins Gericht kommen, wenn ich hier nicht rausdarf.«

»Du darfst natürlich raus, aber nur in einem bestimmten Radius und nur in meiner Begleitung.«

In mir fiel alles zusammen. Ich hatte gedacht, dass ich endgültig wieder nach Hause dürfte. Und jetzt stellte sich heraus, dass ich nur zu Besuch war. Eine Woche, in der ich nicht einmal zu meiner Familie gelassen wurde. Das würde gerade reichen, um mich daran zu erinnern, wie schön es in München war und wie fremd in der Türkei.

»Kann ich dann gleich mal zu Hause anrufen?«, fragte ich. »Meine Eltern glauben, ich käme gleich zum Essen.«

Haas nickte langsam und schob das Telefon in meine Richtung.

Meine Woche war schnell vorüber.

Tagsüber sprach ich mit Haas in seiner Kanzlei oder beantwortete im Gericht Tausende Fragen. Nur, um dann doch wieder zur Diakonie geschickt zu werden, wo man mir für die Nächte ein kleines Zimmer zur Verfügung gestellt hatte.

Mir riss es das Herz heraus, dass meine Familie nicht weit von mir entfernt war, ich aber nicht zu ihnen durfte. Meine Eltern hatten mich ihrerseits besucht, jeweils zwei Mal, getrennt voneinander. Anders ließ es ihre Arbeit im Schichtdienst ausgerechnet in dieser Woche nicht zu.

Ich saß jeden Abend auf meinem Bett, während mir das bisschen Zeit, das ich hatte, zwischen den Fingern zerrann. Dann kam schließlich der Tag, an dem ich zurück zum Flughafen gebracht wurde. Meine Familie wartete vor der Diakonie auf mich, als ich mit meiner Tasche in der Hand aus dem Gebäude kam. Von der Freude, die noch vor einigen Tagen geherrscht hatte, war nichts mehr zu spüren. Mein Vater, der sich extra frei genommen hatte, legte mir die Hand auf die Schulter und nickte mir zu, ganz so, als wüsste er, dass am Ende doch noch alles gut werden würde. Aber das wusste er natürlich nicht, und das war auch ihm selbst klar. Meine Mutter wirkte gesundheitlich angeschlagen. Ihre Wangen waren eingefallen, ihre Haut beinahe grau. Sie wirkte unendlich müde, und ich wusste, dass dies zum größten Teil meine Schuld war. Ich war derjenige, um den sie sich ständig sorgen musste.

Ich nahm ihre Hand und küsste sie auf die Stirn.

»Ich bin bald wieder da, Mama. Versprochen.«

»Ich weiß, ich weiß«, lächelte sie.

Ich wollte noch irgendetwas zu ihr sagen. Irgendetwas Tröstendes, Aufmunterndes. Aber mir fiel nichts ein.

»Muhlis, wir müssen …«, sagte Haas, der neben seinem Wagen stand und auf mich wartete.

»Bis bald«, sagte ich und stieg ins Auto.

Haas fuhr mich zum Flughafen, wo er wieder bis an die Maschine heranfahren durfte. Wir verabschiedeten uns, und ich stieg in den Flieger.

Ich ging zwischen den Reihen entlang, stopfte die Tasche in das Gepäckfach und ließ mich in den Sitz fallen.

Mein Anwalt war sich sicher, dass wir uns schon bald wiedersehen würden. Er hatte es mir auf der Fahrt zum Flughafen wieder und wieder versichert. Aber ich glaubte nicht daran. Wieder einmal hatte mich München ausgespuckt. Und jetzt flog ich zurück in das Chaos und die Langeweile, vielleicht für immer. Zurück in die Türkei, zurück ins Dorf, zurück auf die Couch, wo ich als Hans Müller bis an mein Lebensende weiter Lottoscheine verkaufen würde.

»Euer Tod wird aus meiner Hand kommen, ich bringe euch um, ich werde euch abstechen«, drohte Mehmet seinen Eltern. Dann schlug er seinen 67 Jahre alten Vater und seine 57 Jahre alte Mutter nieder und trat auf seine hilflosen Eltern ein.

Der *Spiegel* am 3. März 2005

Winter 2001.

Wie schon im Frühling dieses Jahres, während meines einwöchigen Aufenthaltes, fuhren Haas und ich in die Tiefgarage des Gerichts. Die Polizei erwartete uns und versuchte, uns so gut es ging von den Reportern abzuschirmen – dem Richter ging die Belagerung seines Arbeitsplatzes auf die Nerven, weswegen er inzwischen jeden Journalisten sofort rauswerfen ließ, der auch nur etwas zu laut hustete.

Mein Führungszeugnis aus der Türkei war eingeholt worden, in welchem sich aber keine Einträge befanden, was die Anwälte des Freistaates ziemlich überrascht hatte. Sie hatten wohl angenommen, dass ich mich, völlig unkontrolliert von den bayrischen Behörden, zu einer Art Serienmörder entwickeln würde.

Als Nächstes hatte man ein psychologisches Gutachten von mir beantragt, denn bloß weil ich selbst behauptete, in Ruhe und Frieden leben zu wollen, musste das ja nicht tatsächlich der Wahrheit entsprechen, wie man sagte.

Das Gutachten ergab, dass ich erstens von überdurchschnittlicher Intelligenz war und zweitens nichts dagegensprach, mich wieder auf die deutsche Bevölkerung loszulassen. Der Psychologe befand, dass ich ein völlig normaler 18-Jähriger war, der sich absolut in die Gesellschaft integrieren konnte und wollte.

Und heute sollte nun endgültig darüber entschieden werden, ob ich bleiben durfte oder nicht.

Mein Anwalt und ich nahmen im Gerichtssaal Platz. Die Presse folgte uns, und die Besucherreihen waren bis auf den letzten Platz gefüllt. Man schoss unzählige Fotos von mir, und schließlich bat der Gerichtsdiener die Journalisten, den Saal zu verlassen, da die Verhandlung beginnen sollte.

Ich saß auf einem wackeligen Stuhl, Haas wie üblich in seiner schwarzen Robe neben mir.

»Ich hab' ein gutes Gefühl«, flüsterte er mir zu. »Heute entscheidet es sich.«

Ich nickte nur.

Sagen wollte ich nichts, denn noch immer befanden sich unzählige Mikrofone in meiner Nähe, außerdem starrte mich jeder einzelne der Besucher an. Ich wollte nichts sagen, das man irgendwie gegen mich verwenden konnte, ich wusste ja inzwischen, dass die Reporter nicht immer ganz sachlich über mich berichteten. Und wenn sich heute wirklich alles entschied, wollte ich das nicht gefährden, indem ich mich zu einem »cool« oder sogar »geil« hinreißen ließ. Ich sah die Schlagzeile schon vor mir: »Mehmet pöbelt seinen Anwalt in Gossensprache an!«

Nein, ich beließ es lieber bei einem Nicken.

Der Richter und die Schöffen betraten den Saal, und wir standen auf.

Der Richter fasste die letzten Monate noch einmal zusammen und fragte, ob es noch weitere Anträge gäbe.

Die Vertreter Bayerns wollten noch irgendetwas klären, aber ich erinnere mich nicht mehr, was es noch zu klären gab. Auch der Richter schüttelte bereits den Kopf, als einer der Männer noch redete. Er wandte sich zuerst an meinen Anwalt, dann an mich.

Ich erklärte, dass ich nichts lieber täte, als in Deutschland meine Schule zu beenden und eine Ausbildung zu machen. Die Zeiten, in denen ich geklaut und mich geprügelt hatte, waren endgültig vorbei. Bereits in der Türkei hatte ich ja schon versucht, zu arbeiten und ein normales Leben zu führen, was aber aus den unterschiedlichsten Gründen nicht funktioniert hatte.

Richter und Schöffen zogen sich nicht, wie ich erwartet hatten, zur Beratung zurück, sondern standen von ihren Plätzen auf.

Der Richter gab eine Erklärung ab und vergaß auch nicht, mich zwischendurch zu ermahnen, dass ich mich in Zukunft ordentlich verhalten sollte. Er erläuterte Passagen aus Gesetzestexten und verwies auf verschiedenste Paragrafen.

Dann kam der Satz, auf den ich seit Monaten, eigentlich seit Jahren gewartet hatte:

»Deswegen war die Abschiebung des Muhlis Ari rechtswidrig und wird für ungültig erklärt, Herrn Ari ist sofort eine Aufenthaltsgenehmigung zu erteilen.«

Am liebsten wäre ich von meinem Stuhl aufgesprungen vor Freude, aber ich verhielt mich still. Das alles fühlte sich für mich so zerbrechlich an, als könnte eine einzige falsche Geste von mir den Richter noch einmal umstimmen.

Haas legte mir lächelnd seine Hand auf den Arm, ich lächelte breit zurück und wollte etwas sagen, aber mein Anwalt sah wieder demonstrativ nach vorn.

Der Richter sagte, dass meine einjährige Haftstrafe zur Bewährung ausgesetzt würde und ich keinen Anspruch auf Schadensersatz hätte. Dann wünschte er mir alles Gute für die Zukunft und schloss die Sitzung.

Richter und Schöffen verließen den Saal, auch die Besucher standen auf und drängten langsam in Richtung Ausgang. Die ersten Journalisten kamen in den Saal und hielten mir schon ihre Mikrofone und Kameras ins Gesicht, als ich noch immer wie gelähmt an meinem Sitz klebte.

»Das war's«, lachte Haas und klopfte mir auf die Schulter.

»Wirklich?«

»Ja, du kannst nach Hause. Herzlichen Glückwunsch.«

* * *

Mein Aufenthalt in Deutschland war an die Bedingung geknüpft, dass ich mich von nun an um meine Zukunft kümmern würde. Diese Bedingung störte mich nicht im Geringsten, ich hatte sowieso vorgehabt, meinen Schulabschluss nachzuholen und mir eine Ausbildungsstelle zu suchen. Dieser verdammte Mehmet war Geschichte, es wurde Zeit, dass Muhlis sein Leben begann.

Ich war auf dem Weg zu einem Büro der Diakonie. Mit denen hatte ich schon vor meiner Abschiebung gute Erfahrungen gemacht, und deswegen wollte ich mich dort erkundigen, wie es nun mit mir weitergehen könnte. Ich hatte inzwischen eine eigene kleine Wohnung in München und bekam Sozialhilfe, aber beides sollte für mich kein Dauerzustand sein, denn auch wenn ich erst einige Tage in meinem Apartment lebte, war es mir jetzt schon zu blöd und zu langweilig, mir dort die Zeit mit Fernsehen zu vertreiben. Ich hatte in der Türkei schon genug Zeit verschwendet, ich wollte unter keinen Umständen auch die nächsten Jahre damit verplempern, einsam und allein irgendwo zu hocken und darauf zu warten, dass irgendwann alles besser wurde.

Bei der Diakonie schlug man mir vor, in einer eigenen Lerngruppe den Stoff der Schule nachzuholen. Für eine normale Hauptschule war ich mit meinen 18 Jahren zu alt, abgesehen davon hätte die betreffende Schule sicher so ihre Probleme damit gehabt, wenn plötzlich die Gänge von Journalisten belagert wurden, die herausfinden wollten, ob Mehmet nicht vielleicht wieder Schwierigkeiten machte.

Ich fand die Idee gut und saß schon am folgenden Montag in einer kleinen Schulklasse. Der Lehrer unterrichtete etwa zehn Leute, die alle einen ähnlichen Hintergrund hatten wie ich: Entweder hatten sie es auf einer normalen Schule nicht geschafft, oder sie hatten wie ich schon einen Jugendarrest hinter sich und waren zu alt für eine normale Schule.

Natürlich bekamen auch die Zeitungen Wind davon, dass ich nun wieder für die Schule lernte, und man regte sich furchtbar darüber auf, dass ich einen Privatlehrer hätte, der mich zu Hause unterrichtete. Der arme Steuerzahler und so … Aber mich interessierte der Schwachsinn nicht mehr. Sollten die doch schreiben, was sie wollten. Ich wusste, wie es wirklich war, und zumindest meine Klassenkameraden ließen sich nicht viel anmerken. Sie wussten zwar, wer ich war, behandelten mich aber nicht wie einen Star oder Außenseiter. Ich war Muhlis, der Typ, der gemeinsam mit ihnen den Schulabschluss nachholte. Mehr nicht.

Ich fühlte mich gut, ich begann, mich zu entspannen, und das Einzige, was mir noch Probleme bereitete, war meine Freizeit.

Die Schule endete am Nachmittag, danach fuhr ich mit der Tram in meine Wohnung und erledigte meine Hausaufgaben. Anschließend fiel ich regelmäßig in ein Loch ... Ich hatte weder Freunde noch irgendein Hobby. Ich saß bis nachts vor dem Fernseher und wartete darauf, dass am nächsten Tag die Schule wieder beginnen würde. Einige Wochen lang war das okay, dann fing ich an, mich wieder zu fühlen wie in der Türkei: einsam und frustriert.

Immer öfter besuchte ich meine Eltern in Neuperlach, und es kam regelmäßig vor, dass ich in meinem alten Kinderzimmer übernachtete. Und irgendwann war ich überhaupt nicht mehr in meinem Apartment in der Stadt. Mein ältester Bruder schlug mir vor, dass ich bei ihm und seiner Freundin einziehen sollte. Das hätte den Vorteil, dass ich nicht länger vereinsamen würde, abgesehen davon hätte er mich dann gut unter Kontrolle, wie er sagte. Denn dass ich nicht doch wieder in irgendeiner Form kriminell würde, konnte ja niemand garantieren. Mir ging es gegen den Strich, wie er mich sah und dass er mir offenbar überhaupt nicht traute, aber in diesem Moment fand ich seinen Vorschlag trotzdem okay – immerhin musste ich nicht mehr allein in meiner Wohnung hocken. Ich kündigte mein Apartment und zog zu meinem Bruder und seiner Freundin. Die beiden lebten in einer Zweizimmerwohnung und freuten sich anfangs sehr, dass ich bei ihnen war. Das hielt aber nicht sehr lange an, denn genau wie mein Bruder glaubte auch seine Freundin, dass ich irgendwie nicht aus meiner Haut könnte und immer auf irgendeine Art kriminell sein würde. Und so spielten sich ständig die gleichen Szenen ab.

Ich kam von der Schule, mein Bruder war meist noch bei der Arbeit, während seine Freundin den Tag zu Hause verbrachte.

»Wo kommst du jetzt her?«, fragte sie, sobald ich die Wohnung betrat.

»Von der Schule, woher sonst?«

»Ziemlich spät. Ganz sicher, dass du nicht noch was anderes gemacht hast ...?«

Während sie mit mir sprach, stemmte sie meist ihre Hände in die Hüften, so wie man das von aufgebrachten Müttern kennt. Mich kotzte diese Art einfach nur an.

»Was hast du für ein Problem?«, fragte ich.

»Wir haben jetzt die Verantwortung für dich. Und da ist es ja wohl mein gutes Recht zu erfahren, wo du dich herumgetrieben hast.«

Ihr schien irgendwie nicht klar zu sein, dass ich 18 Jahre alt war. Kein Kind mehr, und erst recht nicht ihr Kind.

Die Stimmung verschlechterte sich mit jedem Tag. Auch mein Bruder und ich stritten uns immer häufiger. Seine Laune war ohnehin im Keller, da die Beziehung zwischen ihm und seiner Freundin nicht besonders lief, was vielleicht daran gelegen haben könnte, dass sie ihn ständig mit anderen Männern betrog. Da ich viel Zeit in der Wohnung verbrachte, bekam ich regelmäßig Telefongespräche mit, in denen sie mit anderen Männern flirtete oder sich mit ihnen verabredete. Und abends, wenn mein Bruder von der Arbeit kam, spielten die beiden »heile Familie« – und fingen an, mich wie ein Kind zu behandeln, das sie erziehen mussten. Für meinen Bruder und seine Freundin war ich wie der eigene Nachwuchs, mit dessen Hilfe sie sich von ihren Beziehungsproblemen ablenken konnten.

Irgendwann nach Monaten eskalierte ein Streit zwischen mir und meinem Bruder so sehr, dass wir uns gegenseitig anschrien. Er warf mir vor, undankbar zu sein und mich egoistisch zu verhalten. Ich brüllte ihn an, dass ich nicht sein Sohn wäre und er mich mein eigenes Leben leben lassen sollte. Ich packte meine Sachen und knallte die Tür hinter mir zu. Ich hatte es satt. Ich setzte mich in die nächste U-Bahn und machte mich auf den Weg zu meinen Eltern. Ich hatte zwar eigentlich keine Lust, bis in alle Ewigkeit in meinem Kinderzimmer zu leben, aber noch viel weniger Lust hatte ich, wieder allein in meinem stillen Apartment zu sitzen.

Von unterwegs rief ich zu Hause an und fragte meine Mutter, ob es möglich wäre, zumindest für eine Weile wieder bei ihnen einzuziehen.

Sie war nicht unbedingt begeistert.

Die Freude darüber, dass ich wieder in Deutschland war, hatte sich inzwischen etwas gelegt. Meine Eltern waren immer noch froh, dass ich nicht mehr in der Türkei lebte, aber ich war nicht mehr der kleine Junge von damals, sondern ein 18 Jahre alter Mann, der sein eigenes Leben führen sollte. Natürlich nahmen sie mich trotzdem auf.

Ich saß in meinem alten Kinderzimmer, packte meine Sachen aus und hockte mich aufs Bett. Ich hatte aus irgendeinem Grund noch immer das Gefühl, nicht richtig zurückgekehrt zu sein. In der Türkei hatte ich es nicht ausgehalten, aber hier in Deutschland schien mir auch alles irgendwie fremd. Das Leben war weitergegangen in meiner Abwesenheit, und jetzt fühlte ich mich nicht unerwünscht, aber überflüssig. Das Einzige, was wirklich funktionierte, war die Schule. Ich schrieb gute Noten und war auch sonst ganz gut. Vor meiner Abschiebung war ich fast nie in der Schule gewesen. Ich hatte ständig geschwänzt oder war mitten im Unterricht aufgestanden und gegangen. Jetzt führte ich ein geregeltes Leben, und trotzdem regelte sich dadurch nichts.

* * *

»Was machst du da?«, rief meine Mutter, kaum dass ich durch die Wohnungstür kam.

»Was meinst du?«, fragte ich.

»Ich hab' dich gerade auf dem Hof gesehen. Mit Marco.«

»Ja, und?«

»Du sollst deine Zeit nicht mit diesen Leuten verbringen. Sonst wirst du wieder kriminell!«

»Ich werde kriminell, wenn ich mit Marco rede?«

»Du gehorchst! Kein Marco mehr! Und die anderen Jungs triffst du auch nicht mehr! Ende der Debatte!«

Meine Mutter ließ mich im Hausflur stehen, und ich brachte meine Schultasche in mein Zimmer.

Was sie dagegen hatte, dass ich mich hin und wieder mit meinen alten Freunden traf, verstand ich nicht. Ich hatte doch keine anderen. Abgesehen davon hatte ich mit ihnen inzwischen klären können, wie die Sache vor Gericht vor vier Jahren gelaufen war. Tatsächlich war es so gewesen, wie mein Anwalt gesagt hatte: Ihre Anwälte hatten ihnen gesagt, dass ich sowieso verurteilt werden würde und sie mir die Sache mit dem Jungen komplett in die Schuhe schieben sollten, um möglichst straffrei davonzukommen.

Die Verhandlung war lange her, und wir waren Kinder gewesen. Ich sah keinen Grund mehr, auf meine Freunde sauer zu sein. Also hatte ich angefangen, wieder mit ihnen rumzuhängen.

Meine Mutter sah das Ganze anders. Ihre Aussagen vor Gericht machten ihr nichts aus, vielmehr dachte sie, dass ich sofort wieder anfangen würde zu klauen, wenn ich mich länger als eine Minute mit meinen alten Jungs unterhielt.

Ich fand das albern. Besonders, wenn man bedachte, dass ich kein 14 Jahre alter Junge mehr war.

Ich setzte mich an meinen Schreibtisch und machte mit dem weiter, was ich schon seit einigen Wochen tat: Ich schrieb Bewerbungen.

Die Abschlussprüfung stand unmittelbar bevor, und noch immer hatte ich keinen Ausbildungsplatz. Inzwischen hatte ich um die 20 Bewerbungen geschrieben: Bürokaufmann, Einzelhandelskaufmann, Verkäufer, Kfz-Mechaniker, Schreiner … Ich hatte so ziemlich jeden Beruf durch, von dem ich auch nur annahm, das er mir gefallen könnte. Aber entweder bekam ich Absagen oder erhielt überhaupt keine Antwort. Ich hatte mir schon gedacht, dass Muhlis Ari aus München-Neuperlach Probleme mit der Ausbildungsplatzsuche haben würde, immerhin wusste das ganze Land, wie Mehmet aussah und wirklich hieß. Aber dass es so schwierig sein würde, überraschte mich dann doch.

Es klingelte an der Tür. Ich ging in die Diele und öffnete. Herr Berendt, der große, dürre Sozialarbeiter, der sich um mich kümmerte, begrüßte mich lächelnd.

»Hallo, Muhlis«, sagte er.

Ich grüßte zurück und bat ihn herein. Mein Vater war auf der Arbeit, und so nahmen Herr Berendt und ich bei meiner Mutter im Wohnzimmer Platz.

»Und, wie geht's dir heute?«, fragte Berendt, während meine Mutter uns Tee holte.

»Nicht so toll«, antwortete ich. »Ich schreib' mir die Finger wund, krieg' aber keinen Ausbildungsplatz.«

»M-hm«, machte der Mann und nickte. »Und wie läuft's mit deinen alten Freunden? Ärger?«

»Nein, alles okay.«

»M-hm ... Oh, danke, Frau Ari.«

Berendt nahm seinen Tee und nippte kurz daran. Ich rutschte auf dem Sofa hin und her. Das war nun das vierte oder fünfte Treffen mit dem Sozialarbeiter, und ich wusste jetzt schon, dass auch heute wieder nichts Vernünftiges dabei herauskommen würde.

»Okay, Muhlis ... Kommst du denn den Tag über gut zurecht?«

»Äh, ja. Das Problem ist nur, dass die Schule bald vorbei ist und ich noch keinen Ausbildungsplatz habe.«

»Ja, verstehe ... Das legt sich bestimmt bald. Wichtiger ist, dass du weiter auf der Spur bleibst, okay?«

Ich fragte mich, von welcher Spur dieser Typ eigentlich redete. Oder was er überhaupt noch hier wollte. Meine wirklichen Probleme interessierten den sowieso nicht. Ihm war nur wichtig, dass ich nicht loszog und wieder kriminell wurde. Was tatsächlich bei mir nicht stimmte, schien ihn nicht zu kümmern. Oder wollte ihn nicht kümmern, weil er es nicht ändern konnte. Keine Ahnung.

»Okay, ich bleib auf der Spur«, sagte ich nur und lehnte mich zurück.

Berendt stand vom Sofa auf.

»So, ich muss dann mal weiter. Vielen Dank für den Tee. Und ich danke auch dir, Muhlis. Läuft ja prächtig alles.«

»M-hm«, machte ich und stand ebenfalls auf.

Ich begleitete Berendt zur Tür, um mich zu verabschieden.

»Bis zum nächsten Mal«, sagte der Mann und stieg die Stufen hinab.

Von wegen, dachte ich und schloss die Tür. Ich war volljährig und durfte diese Betreuungsmaßnahme jederzeit abbrechen. Hier musste nicht jede Woche jemand auf der Couch hocken, der nichts für mich tun konnte.

* * *

Ich hatte es geschafft. Die Schule war vorbei, und jetzt hatte ich – nichts.

Ich hielt mein Abschlusszeugnis in den Händen, das ich wenige Minuten zuvor überreicht bekommen hatte. Notendurchschnitt 1,5. Klassenbester. Aber ich hatte noch immer keinen Ausbildungsplatz oder auch nur die leiseste Idee, wie es weitergehen sollte. Ich hatte mir zwischenzeitlich über Zeitarbeitsfirmen verschiedene Jobs beschafft, in der Hoffnung, irgendwo übernommen zu werden. Aber nachdem ich wochenlang Kartons zusammengefaltet oder am Fließband Schrauben sortiert hatte, kündigte ich diese Jobs wieder. Das war einfach nicht die Zukunft, die ich wollte.

Die Situation bei meinen Eltern war alles andere als ideal. Ich stand ständig unter Druck, denn wie mein Bruder, seine Freundin und der Sozialarbeiter erkundigten sich auch meine Eltern beinahe im Minutentakt danach, ob ich nicht doch wieder etwas verbrochen hatte. Und die ständigen Fragen und Verdächtigungen wollte ich nicht mehr. Alle sahen noch immer Mehmet in mir, ob ich wollte oder nicht. Aber so beschissen es auch lief, es gab noch Menschen, für die ich Muhlis geblieben war.

Nach der Zeugnisvergabe fuhr ich direkt nach Neuperlach, in den Hof.

Dimo, Marco und Stefan hockten auf der Tischtennisplatte und kifften.

Dass sich bei meinen Freunden in den letzten Jahren nichts getan hatte und sie noch dieselben Hänger waren wie früher, wunderte mich schon lange nicht mehr. Ich war ja auch nicht besser. Ich klaute und prügelte mich zwar nicht mehr, außerdem hatte ich jetzt einen Schulabschluss, aber sonst? Kein Betrieb in Deutschland fasste »Mehmet« mit der Zange an, also würde ich auch keine Arbeit finden. Und früher oder später sowieso wieder im Hof herumsitzen wie meine arbeitslosen, bekifften Freunde.

»Gib mal rüber«, sagte ich zu Dimo und setzte mich auf die Betonplatte.

Dimo reichte mir seinen Joint, und ich zog ein paar Mal daran. In meinem Körper breitete sich augenblicklich ein Gefühl aus, das ich schon fast vergessen hatte: Entspannung.

Ich gab Dimo den Joint zurück und bat ihn, mir auch einen zu drehen.

»Hast kein Gras?«, fragte er.

Ich schüttelte den Kopf und zog einen der hässlichen Euro-Geldscheine, die es seit diesem Jahr in Deutschland gab, aus meiner Hosentasche und reichte ihn Dimo.

»Jetzt bau mir einen und pack mir was für später ein, verdammt noch mal.«

»Is' ja gut«, maulte er, nahm meinen Schein und machte sich gleich an die Arbeit.

Er reichte mir die fertige Tüte, und ich setzte mich im Schneidersitz auf die Tischtennisplatte. Dass mein Abschlusszeugnis, das ich gerollt in meiner Hosentasche stecken hatte, dabei endgültig zerknickte, war mir egal. Das Drecksding war sowieso nichts wert.

»Was machst'n jetzt?«, fragte Stefan irgendwann. »Jobmäßig, mein' ich.«

Ich zuckte mit den Schultern.

»Keine Ahnung. Ausbildung kann ich vergessen, keiner nimmt mich. Vielleicht such' ich mir erst mal wieder irgendeinen Job. Hauptsache, Kohle kommt rein.«

Ich zog am Joint und behielt den Rauch möglichst lange in den Lungen.

Stefan nickte.

»Ein Kumpel von mir sucht noch wen.«

Ich sah Stefan fragend an, der rauchte aber gemütlich sein Gras weiter, als hätte er nichts gesagt.

»Erzähl mal«, sagte ich.

Stefan wiegte den Kopf hin und her.

»Du kennst doch Djengiz? Den Bekloppten mit dem BMW?«

»Ja, klar.«

»Der sucht für seine Putzkolonne noch jemanden. Raumpfleger oder so. Leute, die in Büros und in Firmen sauber machen.«

»Der sucht eine Putzfrau?«, fragte ich.

»Ja, oder Mann halt. Jemanden, der für ihn die Scheißarbeit macht, damit er schön weiter BMW fahren kann.«

»Bezahlt der denn gut?«

»Weiß ich doch nicht. Seh' ich aus, als würd' ich Büros putzen?«

»Du siehst nicht mal aus, als würdest du dir die Zähne putzen.«

»Fick dich, Muhlis.«

»Is' recht …«, grinste ich und klemmte mir meinen Joint zwischen die Lippen, um mein Handy aus der Hosentasche zu fummeln.

Ich schaute nach, ob ich Djengiz' Nummer hatte. Hatte ich. Vielleicht würde ich ihn morgen anrufen. Es gab Schlimmeres, als Büros zu putzen. Vielleicht gab's auch nichts Schlimmeres, und ich war einfach nur dermaßen bekifft, dass ich ernsthaft mit dem Gedanken spielte. So oder so: Ich hatte seine Nummer.

* * *

Ich stand wie verabredet vor einem kleinen Haus irgendwo in Neuperlach, als endlich der protzige BMW von Djengiz um die Ecke bog. Ich zündete mir eine Zigarette an und winkte ihm zu. Der Wagen parkte, und Djengiz, ein fetter Kerl, den wir früher pausenlos verarscht hatten, stieg aus. Obwohl es noch früh am Tag war, schwitzte er bereits. Er hatte sich kaum verändert in den letzten vier Jahren, nur dass er noch etwas fetter geworden war und ihm mittlerweile eine kleine Putzfirma mit einer Handvoll Angestellter gehörte.

»Servus, Muhlis«, lächelte Djengiz und hielt mir seine fleischige Hand hin.

»Hi Djengiz«, grüßte ich.

»Du suchst'n Job, hab' ich gehört?«

Natürlich hatte er das gehört. Ich hatte ihn ja gestern angerufen und es ihm gesagt. Aber Stefan hatte mich bereits gewarnt, dass Djengiz etwas geschwollen redete, seit er seine eigene Firma führte und dazu den Film *Wall Street* gesehen hatte.

Djengiz schloss die Tür auf, und ich folgte ihm in den Flur. Nach einigen Schritten erreichten wir eine weitere Tür, an der ein Schild klebte, auf dem »Büro« stand. Der Raum dahinter war winzig, und auf dem kleinen Schreibtisch türmten sich verschiedene Ordner und Unterlagen.

»Setz dich«, sagte Djengiz und deutete auf einen Stuhl, der neben dem Schreibtisch stand. Er selbst nahm vor einem übervollen Aschenbecher an der anderen Seite des Tisches Platz.

»Schön, dass du wieder da bist. Wie lange bist du schon zurück? Drei Monate?«

»Fast anderthalb Jahre.«

»Ja, geht rum, die Zeit. Hast ja auch genug Urlaub in der Heimat gemacht.«

Djengiz lachte und sah mich dabei erwartungsvoll an. Wahrscheinlich wartete er darauf, dass ich auch losgackerte.

Aber lustig fand ich die Situation ganz und gar nicht. Ich hatte in der Türkei alles Mögliche gemacht, aber sicher keinen Urlaub. Und auch hier war mein Leben derart im Arsch, dass ich meine letzte berufliche Chance inzwischen als Putzmann sah. Das war alles überhaupt nicht zum Lachen.

»Du meintest, ich könnte bei dir anfangen«, unterbrach ich Djengiz schließlich.

Der nickte.

»Klar, kein Thema. Komm morgen früh um acht rein, dann nimmt dich mein Fahrer mit ins erste Objekt und zeigt dir alles, was du wissen musst.«

»Kein Arbeitsvertrag?«, fragte ich.

»Doch, später. Aber erst einmal machst du Probearbeiten. Kriegst du natürlich bezahlt.«

»Okay«, sagte ich und stand auf.

Djengiz gab mir noch einmal die Hand.

»Willkommen an Bord, Muhlis. Bis morgen früh dann.«

Ich verabschiedete mich und ging nach Hause.

Putzen zu gehen war sicher nicht die eleganteste Art, sein Geld zu verdienen, aber letztendlich war es auch nur ein Job wie jeder andere. Und ich brauchte das Geld.

Die Sozialhilfe, die ich bekam, reichte bei mir nie. Ich rauchte und kiffte neuerdings regelmäßig, und beides war ziemlich teuer. Zum Glück gaben mir meine Eltern hin und wieder etwas Geld, sodass ich über die Runden kam. Aber ein Dauerzustand war das alles nicht.

Nach einigen Minuten Fußweg erreichte ich die Wohnsiedlung und den Hof. Ich ging die Stufen hinauf, wo mich meine Mutter wie so oft schon an der Wohnungstür empfing.

»Wo kommst du her um diese Zeit?«, fragte sie ziemlich aufgeregt.

Zuerst verstand ich die Frage nicht, schließlich war es noch nicht einmal halb zehn morgens. Von »um diese Zeit« konnte also gar nicht die Rede sein.

»Ich bin heute Morgen früh los, ich war nicht über Nacht weg«, antwortete ich.

Meine Mutter war mit der Antwort überhaupt nicht zufrieden.

»Wen hast du getroffen?«, bohrte sie weiter.

»Ich war bei Djengiz. Er will mir ...«

»Djengiz? Der dicke Kerl? Das ist kein guter Umgang für dich.«

»Wieso nicht?«

»Der ist mir nicht geheuer. Bleib weg von dem, sonst haben wir wieder die Polizei im Haus.«

Ich wurde langsam sauer.

»Wieso denkst du bei allem, was ich tue, dass es irgendwie kriminell ist? Ich habe seit über vier Jahren keinen Ärger mehr gehabt.«

»Das kann alles wieder von vorn losgehen, wenn du dich mit deinen alten Freunden triffst. Die sind nicht gut für dich. Und jetzt geh in dein Zimmer.«

»Ich bin kein Kind mehr, du kannst mir nicht verbieten, dass ich ...«

»Du sollst in dein Zimmer gehen. Wir reden, wenn dein Vater zurück ist.«

Diese Diskussion hatte überhaupt keinen Sinn. Meine Mutter regte sich auf, und ich wurde wütend. Mehr würden wir nicht erreichen können.

Ich ging an meiner Mutter vorbei in mein Zimmer und schaltete die Musik an. Aus meiner Tasche zog ich ein kleines Beutelchen Gras, das mir Stefan verkauft hatte. Ich legte mich aufs Bett und begann, mir einen Joint zu drehen. Irgendwie musste ich mich beruhigen, und Gras zu rauchen, war die einzige Möglichkeit, die sich mir bot. Wieso glaubte jeder, dass ich sofort jemanden umbringen würde, wenn man mich nur eine Sekunde aus den Augen ließ?

* * *

Ich schob meinen kleinen Putzwagen vor mir her durch die breiten Gänge des Deutschen Museums. Auf dem umgebauten Servierwagen befanden sich die Lappen, Eimer, Besen, Schrubber und Putzmittel, die ich für die verschiedenen zu reinigenden Objekte benötigte.

Ich arbeitete bereits seit einigen Wochen für Djengiz, hatte aber noch immer nicht wesentlich mehr Geld als vorher, da er mit seinen Lohnzahlungen stark hinterher war. Und einen Arbeitsvertrag hatte ich auch noch keinen.

Zumindest kam ich durch den Job auf andere Gedanken und musste mir nicht die ewigen Vorwürfe und Verdächtigungen meiner Eltern zu Hause anhören. Putzen war gar nicht so übel, wenn man's nüchtern betrachtete. Man hatte seine Ruhe, war beschäftigt und bekam sein Geld. Das mit dem Geld funktionierte zwar noch nicht so richtig, aber das würde noch werden, immerhin zählte ich zu den wenigen von Djengiz' Angestellten, die sich nicht permanent krankschreiben ließen oder einfach grundlos nicht auftauchten.

Ich stellte den Wagen ab und nahm mir meinen Eimer und einen Schrubber, um den Boden wieder auf Vordermann zu bringen. Den ganzen Tag über waren die Besucher des Museums darauf herumgetrampelt, dementsprechend sah er aus. Ich wickelte einen nassen Aufnehmer um das untere Ende, trocknete mir kurz die Hände ab und begann, den Boden zu wischen. Nach einer halben Stunde glänzte er wieder und war bereit für den nächsten Tag.

Ich räumte den Krempel weg und machte mich mit Glasreiniger und einigen Tüchern auf den Weg zu den Vitrinen. Obwohl die Besucher nach Möglichkeit die Glaskästen nicht berühren sollten, befanden sich auf jedem einzelnen Kasten natürlich unzählige Fingerabdrücke. Ohne genau hinzusehen sprühte ich die erste Vitrine mit dem Reiniger ein, der sofort einen weißen Schaum auf der Oberfläche bildete. Ich stellte die Flasche ab und wischte mit dem Tuch darüber. Nach ein oder zwei Handbewegungen hielt ich inne, und mir blieb der Mund offen stehen.

In der Vitrine erkannte ich ein großes Farbfoto von mir. Ich war dort in meinem gelben Jogginganzug abgebildet, ein türkischer Polizist hielt mich am Arm.

»Was ...?«, sagte ich leise und las mir die verschiedenen Artikel und Tafeln durch, die um das Bild herum aufgestellt worden waren.

Von einem einmaligen Fall in der deutschen Justizgeschichte war dort zu lesen. Der kriminelle Jugendliche Mehmet war ohne seine Eltern in die Türkei abgeschoben worden, was in den Medien und der Politik für große Kontroversen gesorgt hatte. Das Bundesverwaltungsgericht hatte 2002 allerdings entschieden, dass der Junge wieder in Deutschland leben durfte.

Ja, dachte ich, so konnte man das auch auf den Punkt bringen.

Dass man mich einfach in einem fremden Land ausgesetzt hatte und ich jetzt, wo ich wieder hier war, mein eigenes Foto putzen musste, das stand dort nicht. Aber für derartige Details war vermutlich einfach kein Platz.

Ich nahm das Putzzeug und setzte mich auf eine Bank.

Hier lief doch irgendetwas gewaltig schief. Mein Leben lang war ich von Justiz und Journalisten durch die Gegend gescheucht worden, und so sollte das alles enden? Damit, dass ich eine Art Prominenter war, einer, der Justizgeschichte geschrieben hatte und im Museum ausgestellt wurde, trotzdem aber seine Tage damit verbrachte, den Dreck anderer Leute wegzuwischen?

In mir brach alles zusammen. So konnte das nicht weitergehen. Ich brauchte ein normales Leben mit einem normalen Job. Vielleicht irgendwann eine Frau und Kinder. Wie ein ganz normaler Mann in Deutschland eben. Aber irgendwie funktionierte das nicht, weil noch immer dieser Mehmet an mir klebte. Es war inzwischen das Jahr 2005, und noch immer war ich für alle Leute Mehmet.

Ich holte mein Handy und rief bei Djengiz an. Ich sagte ihm, dass ich für heute Feierabend machte und gleich bei ihm sein würde, um meinen ausstehenden Lohn zu holen. Er wirkte zwar etwas verwirrt, erklärte mir aber, dass er im Büro warten würde.

Ich legte auf und packte meinen Kram zusammen. Sobald ich mein Geld hatte, würde ich mir etwas Gras kaufen, um nicht komplett auszuflippen. Und dann würde ich mir wieder einmal überlegen müssen, was als nächstes zu tun war.

* * *

»Ist nicht dein Ernst?«, fragte ich Djengiz, der nur auf seinem Sessel saß und mich mit traurigen Augen ansah.

»Tut mir leid, Muhlis. Du weißt ja, die Zeiten sind schlecht.«

»Ist mir egal. Ich habe für dich gearbeitet und will jetzt mein Geld.«

»Und ich würd's dir sofort geben, glaub mir. Aber die Zahlungsmoral der Auftraggeber ist nicht die beste.«

»Die Zahlungsmoral? Du willst mir erzählen, dass die Stadt München ihre Rechnungen nicht bezahlt?«

»Ist leider so.«

Djengiz hob entschuldigend die Schultern, aber ich kaufte ihm seine dämlichen Geschichten nicht ab. Ich wollte meinen Lohn, und zwar sofort.

Bevor ich allerdings noch etwas sagen konnte, stand Djengiz von seinem Sessel auf und kam auf mich zu. Er legte mir seinen Arm um die Schultern, als wären wir die dicksten Freunde.

»Hey, keine Panik. Du kriegst dein Geld. Und weil ich dich mag und du immer gute Arbeit geleistet hast. Hier ...«

Er nahm seine Brieftasche aus dem Sakko, zog einen 20-Euro-Schein heraus und hielt ihn mir gütig lächelnd hin.

»Ist von meinem Geld, aber nimm. Ist okay.«

Ich sah den Fettsack an und konnte nicht glauben, was hier gerade geschah.

Ich nahm den Schein, knüllte ihn zusammen und warf ihn auf den Boden.

»Weißt du was, du fetter Pisser? Du kannst mich mal. Verarschen kann ich mich selber.«

Ich verließ das Büro und trat auf dem Weg noch einen Papierkorb um. Am liebsten hätte ich Djengiz eine reingehauen, aber den Ärger, den ich mir damit wieder einhandeln würde, war er natürlich nicht wert. Sollte er doch seine anderen Sklaven verarschen, ich hatte genug von dem Mist.

Vor der Tür schaute ich nach, ob ich noch etwas zu rauchen hatte, aber das kleine Tütchen, in dem ich mein Gras aufbewahrte, war beinahe leer. Vielleicht konnten mir meine Eltern noch Geld leihen, bis ich einen neuen Job hatte.

Ich lief minutenlang durch die Gegend, um mich etwas abzureagieren, schließlich nahm ich den direkten Weg zu meinen Eltern.

Als ich die Tür aufschloss, kam mir sofort mein Vater entgegen.

»Wo warst du wieder?«, fragte er ohne jede Begrüßung.

»Ich komm von Djengiz.«

»Deine Mutter hat dir gesagt, dass du dich nicht mehr mit diesen Strolchen abgeben sollst. Du darfst deine Freunde nicht mehr sehen, sonst bekommen wir Ärger mit der Polizei.«

»Der ist kein Freund von mir. Ich habe für den gearbeitet«, antwortete ich und schloss die Tür.

Mein Vater machte eine abfällige Handbewegung und drehte sich um. Ich folgte ihm ins Wohnzimmer, wo mich meine Mutter wütend empfing.

»Wo warst du wieder?«, fragte sie.

»Hab' ich Papa gerade gesagt, ich war bei Djengiz.«

»Du bist wieder den ganzen Tag mit diesen Verbrechern unterwegs! Willst du wieder in ein Heim oder in die Türkei? Warum tust du das?«

»Ich ... ich hab' doch überhaupt nichts getan!«

»Schrei deine Mutter nicht an!«, rief mein Vater und hob drohend seine Hand.

»Ich schreie nicht, ich sag nur, dass ich gerade von der Arbeit komme. Keine Verbrechen oder sonst was. Ich war putzen.«

»Hm«, machte mein Vater und setzte sich wieder aufs Sofa.

Ich stand mitten im Raum und sah meinen Eltern dabei zu, wie sie türkisches Fernsehen schauten.

»Papa, kannst du mir vielleicht ein bisschen Geld leihen? Nur so lange, bis ich meinen Lohn bekomme?«

Mein Vater sah mich mit funkelnden Augen an und sprang gleich wieder von der Couch auf.

»Nein, du kriegst kein Geld! Du bist immer noch kriminell! Immer bist du mit diesen Verbrechern unterwegs!

»Ich war nicht ...«

»Ruhe! Du bist völlig missraten, machst nur Kummer und Ärger. Du kriegst kein Geld mehr.«

Meine Mutter stand ebenfalls wieder auf und kam auf mich zu.

»Seit du zurück bist, machst du nichts als Ärger. Du gehst nicht arbeiten, verdienst kein Geld. Und immer bist du mit deinen Freunden unterwegs.«

»Wo mach' ich denn Ärger, spinnt ihr?«

Meine Mutter holte aus und gab mir eine Ohrfeige.

»Rede nicht so mit deinen Eltern!«

Mir reichte es, ich hatte mich lange genug schlagen lassen. Ich stieß sie von mir weg.

Meine Mutter ließ sich übertrieben dramatisch auf den Boden fallen und heulte laut auf.

»Du hast deine Mutter geschlagen!«, brüllte mein Vater und machte einen Satz auf mich zu.

Ich wich zurück, damit er mich nicht auch ohrfeigen konnte.

»Hab' ich nicht«, brüllte ich. »Ich hab' sie nur geschubst, verdammt.«

Mein Vater ging vor meiner Mutter in die Hocke, um ihr aufzuhelfen. Dabei sah er mich an.

»Du bist undankbar und gehorchst nicht. Geh! Raus hier!«, schrie er mich an.

Ich schrie zurück, dass es den beiden wohl lieber gewesen wäre, wenn ich in der Türkei verrottet wäre, und ging in mein Zimmer. Ich schnappte mir eine Halskette, die meine Mutter mir einmal geschenkt hatte, die ich aber nur selten trug. Wenn mir meine Eltern schon kein Geld gaben, dann konnte ich ja wenigstens dieses Ding in ein Pfandhaus bringen. 50 Euro bekam ich dafür sicher.

Vor der Wohnungstür hielt mich meine Mutter auf.

»Was?«, fragte ich und drehte mich zu ihr um.

Sie schob mir schnell einen Geldschein in die Tasche und ging zurück ins Wohnzimmer.

Ich verließ die Wohnung und schlug die Tür hinter mir zu. Diese dauernden Streitereien wegen nichts machten mich verrückt. Und jedes Mal endeten sie auf die gleiche Weise. Wir brüllten uns an, ich haute ab und beruhigte mich draußen wieder.

Im Hof ging ich auf eine der Gestalten zu, die dort üblicherweise herumhingen.

»Servus, Muhlis«, grüßte mich Daniel, ein Bekannter von Stefan.

»Servus«, grüßte ich zurück. »Hast was zum Rauchen da?«

Daniel nickte und fragte mich, wie viel ich haben wollte. Ich zog den Geldschein aus der Tasche, den ich von meiner Mutter bekommen hatte. Ein Zehner. Okay, das reichte nicht für große Sprünge, war aber besser als nichts. Ich gab Daniel den Schein.

»Alles, was ich dafür krieg'.«

Daniel füllte mir etwas Gras, das er in einer Tabakdose in einem Gebüsch versteckt hatte, in einen kleinen Plastikbeutel und reichte ihn mir. Wir gaben uns die Hand, und ich verschwand in eine der anderen Ecken des Hofs. Dort rauchte ich zwei oder drei Joints, um mich wieder zu beruhigen. Zum Glück lief keiner von meinen Freunden vorbei, sodass ich ganz entspannt und für mich dahocken konnte. Das Letzte, was ich nach so einem Scheißtag brauchen konnte, waren dumme Gespräche.

Um kurz nach elf war ich angenehm entspannt und konnte mich auf den Heimweg machen. Meine Eltern würden vermutlich schon schlafen, sodass ich keine weiteren Diskussionen zu befürchten hatte. Ich stand langsam von der Bank auf und schlurfte quer über den Hof auf unseren Hauseingang zu. Ich kramte meinen Schlüsselbund aus der Hosentasche und öffnete die Tür. Sofort kamen mir aus einem der oberen Stockwerke drei Männer entgegen.

»Wer sind Sie?«, rief einer von ihnen.

Ich war viel zu perplex und bekifft, um irgendwie zu reagieren. Das war aber auch gar nicht nötig.

Aus dem Keller kamen ebenfalls Männer gestürmt, von denen zwei bereits Pistolen in den Händen hielten. Sofort wurde ich umzingelt.

»Das is' er, das is' er!«, schrie einer der Männer, packte mich und drückte mich mit Gewalt an die Wand.

»Was soll der Scheiß?«, fragte ich matt, bekam aber keine Antwort.

Der Mann legte mir Handschellen an und sagte nur: »Herr Ari, Sie sind vorübergehend festgenommen.«

Ich begriff noch immer nicht, was mit mir passierte, als man mich zu einem zivilen Polizeiwagen führte. Ich wurde auf die Rückbank gesetzt und auf die Wache auf der Münchner Ettstraße gefahren, noch bevor mir zumindest meine Eltern erklären konnten, was das alles sollte.

Nur wenige Minuten später saß ich einem Beamten gegenüber, der hinter seinem Schreibtisch hockte und mich schief anlächelte.

»Der Mehmet«, sagte er und schüttelte langsam den Kopf. »Und natürlich wieder in Handschellen.«

»Wieso sitz' ich hier?«, fragte ich den Mann, der sich aber nur ein Stück vorbeugte.

»Seine Eltern verprügeln … Macht man das? Hm? Macht man das in der Türkei? Sollen wir den Türken mal erzählen, was du hier so machst?«

»Erzähl doch, was du willst«, sagte ich. »Ich hab' niemanden verprügelt, und schon gar nicht meine eigenen Eltern.«

»Hier steht's aber«, sagte der Polizist und tippte mit dem Finger auf ein Blatt Papier, das vor ihm auf dem Tisch lag.

Die ganze Sache musste ein Irrtum sein. Warum wegen eines Streits, den ich im Grunde täglich mit meinen Eltern führte, ausgerechnet heute die Bullen ausgerückt waren, kapierte ich beim besten Willen nicht.

»Und außerdem«, fuhr er fort, »hast du noch einen Diebstahl begangen.«

»Was für einen Diebstahl denn? Seid ihr sicher, dass ihr den Richtigen habt?«

»Ja, allerdings. Du hast deinen Eltern eine Halskette geklaut.«

Ich verstand überhaupt nichts mehr. Aber der Polizist meinte es ernst, keine Frage.

»Ich möchte mit meinen Eltern sprechen«, sagte ich. »Das muss ein Fehler sein. Das stimmt so alles nicht.«

Der Beamte verschränkte seine Arme vor der Brust.

»Das interessiert mich alles nicht. Wie das alles passiert ist, darum kümmert sich der Staatsanwalt. Du hast hier noch eine Bewährung offen, deswegen kommst du erst mal nach Stadelheim.«

Von hinten packte mich ein anderer Polizist und führte mich in eine Zelle. Dort saß ich nun mit zwei anderen Männern und hatte keine Idee, warum.

Ich nahm erst einmal Platz und holte das restliche Gras aus meiner Tasche. Die Bullen hatten mich zwar durchsucht, aber bei Mehmet, dem Monster von Neuperlach, hatten die Typen wohl eher Handgranaten und Sturmgewehre vermutet und die Drogen übersehen.

Ich drehte mir einen Joint und hielt ihn nach einigen Zügen den anderen beiden Gefangenen hin. Die nahmen das Angebot gern an, und zu dritt stanken wir die gesamte Zelle zu, ohne dass sich einer der Bullen dafür interessiert hätte. Wahrscheinlich hätten wir uns da drin gegenseitig umbringen können, es wäre ihnen egal gewesen.

Am nächsten Tag wurde ich früh morgens mit einigen anderen Gefangenen in einen Bus verfrachtet und nach Stadelheim gebracht.

Als ich aus dem Bus stieg, wurde ich von den Schließern gleich grinsend empfangen.

»Na, da bist ja. Wir wussten, du kommst wieder. Alle kommen sie wieder.«

»Halt doch das Maul, du weißt doch gar nicht, worum's geht«, antwortete ich wütend, aber die Vollzugsbeamten blieben locker.

»Ja, passt scho'. Wir wissen ja nie, worum's geht.«

Ich hatte eine Heidenangst vor dem Gefängnis, vielleicht mehr als beim ersten Mal. Die Zeitungen waren mit Sicherheit wieder voll mit den wildesten Geschichten darüber, was ich meinen armen Eltern angetan hatte, und im Gefängnis konnte man vielleicht wegen Raub oder Mord sitzen, und den anderen Insassen war es egal, aber bei allem, was die eigenen Eltern betraf, hörte der Spaß schnell auf. Gerade unter den türkischen Insassen wurde man für so etwas regelmäßig schikaniert und zusammengeschlagen.

Glücklicherweise wurde ich aber nicht darauf angesprochen, als man mich mit den anderen in die Zugangszelle sperrte. Vielleicht hatte es sich einfach noch nicht herumgesprochen. So oder so, ich hatte Glück im Unglück.

»Tja, da sehen wir uns also wieder«, sagte Haas, als er mich am nächsten Tag besuchte.

Ich war froh, dass ich meinen Anwalt noch hatte. Wir hatten länger keinen Kontakt gehabt, abgesehen von gelegentlichen Briefen, in denen gestanden hatte, dass der Prozess um meinen Aufenthalt in die nächste Instanz gegangen und am Schluss das Urteil doch nur wieder bestätigt worden war. Ich hatte die Briefe nur überflogen, weil ich gedacht hatte, dass alles gut war, solange man mich nicht wieder in eine Lufthansa-Maschine Richtung Istanbul packte.

»Das ist nicht meine Schuld«, sagte ich rutschte unruhig auf dem Plastikstuhl hin und her. »Ich hab' keine Ahnung, wieso meine Eltern mich angezeigt haben. Ich hab' nix gemacht.«

»Ich weiß, ich weiß«, sagte Haas und lächelte. »Du bist auch sicher bald wieder draußen. Deine Eltern haben ihre Anzeige zurückgezogen.«

»Aber … wieso haben die mich überhaupt erst angezeigt? Ich kapier' das alles überhaupt nicht.«

»Das musst du mit ihnen selbst klären.«

Ich nickte.

Die Sache war ein Irrtum und würde sich sicher bald aufklären.

* * *

Ich saß seit drei Monaten im Knast.

Mein Anwalt hatte sich wieder einmal angekündigt, um sich nach meiner Entscheidung zu erkundigen.

Die Richterin hatte mir das Angebot gemacht, meine Strafe, 18 Monate Gefängnis, zur Bewährung auszusetzen und mich mit Sozialstunden und einem Anti-Aggressionstraining davonkommen zu lassen. Alles, was ich dazu tun musste, war, die Tat zuzugeben. Aber das hatte ich immer abgelehnt. Ich hatte meine Eltern nicht verprügelt, und ich würde das auch ganz sicher nicht einfach so zugeben, nur damit man mich freiließ. Auch Haas war dieser Meinung gewesen, zumindest am Anfang. Inzwischen hielt auch er es für besser, wenn ich einfach alles gestand.

Ich betrat den Besucherraum, und mein Anwalt erwartete mich dort bereits.

»Servus, Muhlis«, grüßte er durch die Scheibe. »Und, wie sieht's aus?«

»Ich gestehe überhaupt nichts«, sagte ich sofort.

Haas kratzte sich am Kopf und sah mich ernst an.

»Hör zu. Du hast das hier noch nicht ganz begriffen, glaube ich. Es spielt für niemanden eine Rolle, ob du etwas getan hast oder nicht. Die Richterin bekommt großen politischen Druck. Abgesehen davon besteht öffentliches Interesse. Sie kann dich nicht freisprechen, auch wenn deine Eltern ihre Anzeige zurückgezogen haben.«

»Ist mir scheißegal. Ich hab' meine Eltern nicht geschlagen. Da können Sie mich noch hundertmal fragen, ob ich's zugeb'.«

Haas schüttelte langsam den Kopf.

»Ich bin heute zum letzten Mal hier.«

Ich sah ihn fragend an.

»Was heißt das?«

»Das heißt, wenn du heute nicht zugibst, dass du deine Eltern verprügelt hast, dann wird man dich verurteilen. Es gab einen Tatbestand, und du bist auf Bewährung. Die kommen damit also problemlos durch. Und wenn du in ein paar Jahren hier raus bist, wirst du sofort abgeschoben. So sieht das aus. Da können wir nichts mehr dran ändern.«

Mein Anwalt und ich saßen uns eine Zeit lang schweigend gegenüber.

»Und ... wenn ich es zugebe?«, fragte ich dann.

Haas beugte sich wieder vor.

»Dann bist du hier morgen auf Bewährung raus, und wir haben eine bessere Position, um gegen eine drohende Abschiebung vorzugehen.«

»Das ist Erpressung«, sagte ich.

Haas zuckte mit den Schultern.

»Das ist die Situation.«

Er öffnete seinen Aktenkoffer, nahm ein Papier heraus und schob es mir mit einem Kugelschreiber unter der Scheibe hindurch zu.

Mein Geständnis.

»Also?«, fragte er dann.

»Der scheiß Staat zwingt mich zu sagen, dass ich meine eigenen Eltern schlage?«

»Ja, tut er.«

Ich nahm den Kugelschreiber in die Hand und kreiste damit unentschlossen über dem Blatt Papier. Das konnte doch alles nicht wahr sein. Unterschrieb ich diesen Dreck jetzt nicht, würde ich noch Jahre im Gefängnis verbringen und danach abgeschoben. Unterschrieb ich, war ich zwar frei, hatte aber alles zugegeben.

»So eine Scheiße!«, sagte ich und unterschrieb.

Bereits am nächsten Tag wurde ich entlassen.

Die Zeitungen waren voll von Berichten über mich. Überall stand, dass ich ein unverbesserlicher Krimineller sei, unfähig, mich zu integrieren. Nicht einmal vor meinen eigenen Eltern hatte ich Halt gemacht. Ein Verbrecher, ein Tier. Ich hatte die Gewalt im Blut. Ich war wieder einmal in einer Situation, in der ich nicht begriff, was um mich herum geschah.

Ich trat aus dem Gefängnistor und stieg sofort in ein Taxi.

Ich war zwar frei, war aber trotzdem bestraft worden. Das wollte ich klären. Wenn schon nicht bei der Richterin, dann doch zumindest mit meinen Eltern. Was dachten die sich dabei, mich anzuzeigen? Nicht einmal in der Haft besucht hatten sie mich.

Ich ließ mich bis vor die Haustür fahren, schloss hektisch die Tür auf und nahm mit jedem Schritt drei Stufen, bis ich bei meinen Eltern vor der Tür stand. Ich wollte jetzt sofort wissen, was dieser Blödsinn sollte.

»Was macht ihr?«, rief ich schon vom Flur aus ins Wohnzimmer. »Wieso lasst ihr mich einsperren? Was hab' ich euch getan?«

Mein Vater war nicht zu Hause, aber meine Mutter sprang mir gleich entgegen, als sie mich hörte, und wollte mich umarmen. Ich schob sie von mir weg.

»Wieso zeigt ihr mich an, verdammt?«, fragte ich noch einmal.

»Wir wollten nicht, dass du ins Gefängnis kommst. Wir wollten doch nur, dass dir jemand dabei hilft, besser zu gehorchen.«

»Was habt ihr denn gedacht, wo ich lande, wenn ihr erzählt, ich hätte euch verprügelt?«

»Wir wollten doch nur, dass man dir hilft. Dass du uns nicht mehr anschreist und ein guter Junge wirst. Wir haben deinen Bruder angerufen, nachdem du weg warst. Und der hat dann die Polizei geholt.«

Langsam verstand ich, was an dem Abend passiert war. Meine Eltern hatten mit meinem Bruder telefoniert, und der hatte angenommen, dass ich meine Eltern tatsächlich verprügelt hatte, also hatte er die Polizei informiert.

Ich fragte meine Mutter, wieso sie denn nichts gesagt hatte, als man mich verhaftete. Sie hätte den ganzen Kram doch sofort aufklären können. Sie erklärte mir, dass sie tatsächlich gewollt hätte, dass man mich zur Polizei brachte, sie hatte geglaubt, dass es dort Leute gab, die mir helfen könnten. Helfen in dem Sinn, dass ich mich nicht mehr mit meinem Vater und meiner Mutter stritt und sie nicht mehr anschrie. Als meine Eltern erfuhren, dass ich im Gefängnis saß, hatten sie ihre Anzeige ja augenblicklich zurückgezogen.

Ich schüttelte nur den Kopf.

»Ihr habt mich echt in die Scheiße geritten«, sagte ich und lehnte mich an die Wand im Hausflur.

Ich kam gegen die Logik meiner Eltern einfach nicht an. Sie dachten immer so schlicht, beinahe wie Kinder. Wie konnte man denn nur davon ausgehen, dass die Polizei mir in irgendeiner Art und Weise helfen würde? Mir, Mehmet, der gerade seine Eltern verprügelt hatte …

»Möchtest du einen Tee, Muhlis?«, fragte meine Mutter und streichelte mir über das Gesicht.

Wo ist Muhlis A.? »Mehmet« auf der Flucht

Süddeutsche Zeitung am 10. Mai 2010

• •

Ich schob den Rasenmäher vor mir her und warf den beiden Typen, die eigentlich diesen Job hätten machen sollen, einen kurzen Blick zu.

Sie saßen einige Meter entfernt unter einem Baum und tranken ihr Bier, während ich mich in der Hitze mit dem Rasenmäher abmühte. Ich hatte mir schon gedacht, dass die Arbeit auf dem Friedhof nicht besonders witzig werden würde, aber dass ich zusätzlich zu meiner eigenen auch noch die Maloche von zwei faulen Gärtnern übernehmen sollte, das war nun wirklich das Letzte. Jeden Tag musste ich acht Stunden lang schuften, so lange, bis ich meine Strafe von einhundert Sozialstunden abgeleistet hatte.

»Wenn du fertig bist, machst du auch die nächste Reihe«, rief mir Manfred, einer der beiden Männer, zu.

Ali, sein Kollege, grinste nur.

Ich lief die Reihen ab und mähte jeden Quadratzentimeter Grünfläche zwischen den Gräbern. Ich fand es unheimlich, mit einem stinkenden, lärmenden Rasenmäher zwischen all den Toten herumzulaufen, und fragte mich, ob dieses Mir-Angst-Machen nicht vielleicht auch Teil meiner Resozialisierung war.

Das Anti-Aggressionstraining war dagegen ein echter Kindergartenbesuch gewesen. Ein paar Tage lang hatte ich mit einigen anderen Leuten im Kreis gesessen und unter der Anleitung eines Therapeuten über unsere Probleme gesprochen, die zumeist mit Gewalt und Selbstkontrolle zu tun hatten. Ich hatte gar nicht so viel zu erzählen gehabt, trotzdem schloss ich das Training mit guter Beurteilung und noch besserer Sozialprognose ab.

Der Punkt war also abgehakt. Blieb nur noch die Schinderei.

Nachdem ich auch das Gras auf der zweiten Grabreihe gemäht und alles eingesammelt hatte, brachte ich meine Gartengeräte zurück in den Schuppen. Dann zog ich das von meinem Schweiß ziemlich aufgeweichte Papier aus der Tasche, das ich von der Richterin zugeschickt bekommen hatte, um mir meine tägliche Unterschrift darauf notieren zu lassen. Ali, der türkische Gärtner, war befugt, mir nach getaner Arbeit zu bestätigen, dass ich auch wirklich dagewesen war und mich an meine Bewährungsauflagen gehalten hatte. Ich kam mit dem Typen nicht klar. Für mich war er ein Verräter. Ein typischer Gastarbeiter-Türke, der kaum Deutsch sprach und trotzdem keine Anstalten machte, mich ein wenig zu unterstützen.

»Jetzt unterschreib doch einfach, dass ich die ganzen hundert Stunden abgerissen habe«, sagte ich und hielt ihm den Wisch hin.

Das schlug ich ihm regelmäßig vor, denn ich konnte einfach nicht verstehen, dass ein Türke, ein Landsmann, sich mir gegenüber verhielt wie ein urdeutscher, bayrischer Beamter.

Ali schüttelte den Kopf.

»Nein, ich nix schreiben. Alles machen korrekt.«

»Du blöder Kümmel, jetzt unterschreib doch. Die verarschen uns hier in Deutschland, und du machst da auch noch mit?«

»Nein, nix. Ich nur machen meine Arbeit.«

Er setzte seine krakelige Unterschrift auf das Blatt und hielt mir das Papier hin.

Ich riss ihm das Ding aus der Hand, drehte mich um und ging.

Mich kotzte das an. *Ich nur machen meine Arbeit.* Dieselbe beschissene Einstellung, die auch meine Eltern hatten. Arbeiten, Steuern zahlen, sich an die Gesetze halten. Nur keinen Ärger, nur nicht auffallen. Mit solchen Leuten konnte man nicht diskutieren. Allmählich hatte ich die Schnauze wieder voll von den deutschen Tugenden.

Ich stieg in die nächste Tram und fuhr nach Hause.

In meinem Zimmer ließ ich mich auf das Bett fallen und schaltete den Fernseher ein. Vielleicht brachte mich irgendeine dämliche Serie auf andere Gedanken.

Das Telefon klingelte, und da außer mir niemand zu Hause war, nahm ich ab.

»Guten Abend, Herr Ari«, meldete sich mein Bewährungshelfer. »Wie geht es Ihnen?«

»Komm gerade von der Arbeit. Alles gut also.«

»Sie waren da?«, fragte er und klang genauso überrascht wie die Tage zuvor.

»Ich bin heute den fünften Tag da gewesen. Was soll die Frage denn immer?«

»Ich möchte doch nur wissen, ob alles gut läuft«, antwortete der Typ.

»Ja, läuft alles …«

»Dann ist ja gut, vielen Dank. Und wenn etwas ist, melden Sie sich gerne bei mir.«

»Klar«, gähnte ich und legte auf.

Der Bewährungshelfer also. Seit dem Streit mit meinen Eltern war Mehmet wieder in jeder Zeitung präsent. Und ganz automatisch schalteten auch alle anderen sofort auf Überwachung.

Ich stellte den Fernseher wieder ab und legte eine CD ein. Die Plackerei machte mich wirklich fertig, ich würde gleich duschen, etwas essen und dann schlafen. Zunächst wollte ich mich aber ein wenig von meinem Arbeitstag erholen.

Ich nahm die kleine Blechbüchse vom Nachttisch, in der ich mein Gras aufbewahrte, und begann, mir einen Joint zu drehen. Die ersten Züge inhalierte ich tief, dann rauchte ich entspannt weiter und ließ mich auf dem Bett nach hinten sinken. Nach einigen Minuten war ich völlig relaxed und angenehm high.

Mein Blick fiel auf das Blatt Papier, das ich beim Hereinkommen einfach auf den Boden vor das Bett geworfen hatte. Die Unterschrift von Ali war wirklich lächerlich. Ein A, an dem ein kleines Häkchen hing. Mehr nicht. Das war keine Unterschrift, sondern das Kürzel eines Trottels, der wahrscheinlich überhaupt nicht richtig schreiben und lesen konnte, aber trotzdem befugt war, mir meine Tage zu versauen.

»Hm …«, machte ich und schnappte mir Kugelschreiber und Zettel.

Ich zeichnete ein A und hängte einen Haken daran, und schon sah meine Unterschrift aus wie die von Ali. Jeder Idiot konnte diese »Unterschrift« nachmachen.

Das war fast zu schön, um wahr zu sein, dachte ich und grinste.

Mit dem Joint im Mundwinkel nahm ich das Schreiben der Richterin und unterschrieb Zeile für Zeile jeden einzelnen Tag. Fertig, schon hatte ich meine einhundert Sozialstunden abgeleistet. Ich betrachtete das vollständig ausgefüllte Schreiben und drückte meinen Joint aus, nur um mir Sekunden später einen weiteren zu drehen.

Wenn's doch nur wirklich so einfach wäre, dachte ich. Dann könnte ich mir die Schinderei auf dem Friedhof sparen …

Am folgenden Morgen wurde ich in meinen Klamotten wach. Ich hatte beinahe die ganze Nacht kiffend in meinem Zimmer auf dem Bett gelegen und Musik gehört, weswegen ich mich ein wenig angeschlagen fühlte. Ich duschte, frühstückte und sah anschließend fern. Zum Friedhof musste ich erst heute Nachmittag, da ich vorher einen Termin bei der Richterin hatte, bei dem ich ihr die Bescheinigung über mein Anti-Aggressionstraining überreichen sollte. Außerdem wollte sie kontrollieren, wie viele meiner Sozialstunden ich bereits abgeleistet hatte.

»Fuck …«, sagte ich laut, als ich den Zettel vom Tisch nahm.

Ich hatte gestern Abend im breiten Schädel das komplette Ding ausgefüllt.

Laut diesem Papier hatte ich bereits meine gesamten Sozialstunden abgeleistet. Einhundert Stunden in nur ein paar Tagen. Im Reflex wischte ich mit dem Finger über eine der Unterschriften, aber natürlich löste sich die Tinte des Kugelschreibers nicht einfach in Luft auf.

Ich faltete das Papier zusammen und schob es gemeinsam mit der Bestätigung des Anti-Aggressions-Kurses in die Hosentasche. Vielleicht würde mir die Richterin einfach einen neuen Wisch mitgeben, wenn ich ihr sagte, dass ich den alten verloren hatte. Denn dass ich ihn bekifft vollgekritzelt hatte, konnte ich ihr ja schlecht erzählen. Ich hoffte nur, dass Ali sich daran erinnerte, wie oft ich schon da gewesen war, denn noch einmal von vorn wollte ich mit der Rasenmäherei ganz sicher nicht anfangen.

Ich verließ die Wohnung und machte mich auf den Weg zur Richterin.

Nachdem ich in den langen Gängen nach dem richtigen Büro gesucht und es auch gefunden hatte, klopfte ich an die Tür und trat ein. Die Richterin sah mich freundlich an.

»Servus«, grüßte ich und zog die Zettel aus meiner Tasche. »Ich sollte ihnen was bringen.«

»Das ging aber schnell«, sagte die Frau und betrachtete beide Blätter genau.

Ich lächelte.

»Wegen der Sozialstunden muss ich ...«, begann ich, aber die Richterin unterbrach mich sofort wieder.

»Ja, die haben Sie ja auch schon fertig, wie ich sehe. Sehr schön.«

»Ja ...?«, fragte ich langsam.

Meine Frage nach einem Ersatzzettel wollte mir nicht mehr so recht über die Lippen. Hielt sie tatsächlich alle Unterschriften für echt?

»Ja, das war's«, antwortete die Richterin. »Sie haben die einhundert Stunden geschafft.«

»Ja, ich hab' geackert wie ein Tier«, hörte ich mich sagen. »Hab' Überstunden gemacht und so. Deswegen hab' ich die Stunden auch so schnell vollgekriegt.«

»Ziemlich schnell ...«, sagte die Frau nun etwas zögerlicher und begann, in einem kleinen Tischkalender zu blättern.

»Tja, dann kann ich gehen, oder?«, fragte ich.

»Alles geklärt, danke«, antwortete die Richterin und sah noch einmal kurz von ihrem Kalender auf.

Ich verabschiedete mich und machte mich wieder auf den Heimweg. Alles war super gelaufen. Unerwartet, aber super.

Als ich in die Wohnung zurückkam, hörte ich sofort das Telefon klingeln.

Ich nahm ab.

»Guten Tag, Herr Ari«, grüßte die Richterin, die jetzt sehr schlecht gelaunt klang.

»Ja, Servus«, grüßte ich. »Was gibt's?«

»Ich habe beim Friedhof angerufen.«

Ich schluckte.

»Ja, und?«, fragte ich und versuchte, möglichst unschuldig zu klingen.

»Sie wissen, was das zu bedeuten hat. Ich habe einen Haftbefehl ausgestellt, Sie werden also polizeilich gesucht. Mein Rat an Sie ist, sich zu stellen.«

»Ich hab' doch gar nichts gemacht«, sagte ich, immer noch mit Unschuldslamm-Stimme.

»Sie wissen genau, was Sie gemacht haben. Stichwort: Dokumentenfälschung.«

»Okay«, sagte ich und legte einfach auf.

Ich setzte mich hin und überlegte. Was sollte ich jetzt tun? Die Polizei suchte mich, wieder einmal. Und wenn die mich kriegte, landete ich im Knast. Und das für ganze 18 Monate. Mindestens. Anderthalb Jahre Stadelheim! Das würde ich nicht schaffen. Das würde ich nicht überleben.

Ich stand auf und lief im Raum von einer Wand zur anderen. Ich musste weg. Weg aus München, weg aus Deutschland. Ich würde nicht wieder in den Knast gehen. Nie wieder. Ich war genug im Knast gewesen. Mich bekamen keine zehn Pferde mehr da rein, wo ich zwischen Mördern und Vergewaltigern sitzen musste.

Als Erstes fiel mir die Türkei ein. Dort wollte ich zwar eigentlich nicht leben, aber zumindest würde in der Türkei niemand versuchen, mich pausenlos ins Gefängnis zu stecken. Sollte ich also wieder zurück ins Dorf meiner Eltern …? Ich wusste es nicht. Aber eine Wahl hatte ich nicht, ich musste mich beeilen, wenn ich nicht in Stadelheim landen wollte. Vielleicht waren die Bullen schon unterwegs, um mich zu holen.

Ich musste weg. Die deutschen Bahnhöfe und Flughäfen wurden sicher überwacht, da würde ich nicht weit kommen. Aber vielleicht …

Ich griff mir das Telefon und rief Marco an.

»Servus«, sagte ich schnell. »Du hast doch den Führerschein, oder?«

»Äh ... ja. Wieso?«

»Du musst mich nach Holland fahren, schnell.«

»Wieso?«

»Weil die Bullen hinter mir her sind, verdammt!«

»Wieso?«

»Jetzt hör mal auf mit deinem dämlichen Wieso! Komm zum Hof, schnell!«

Ich legte auf und begann eilig, meine Sachen zu packen. Alles, von dem ich spontan dachte, das ich es würde brauchen können, warf ich in zwei große Koffer. Dann schleppte ich die Dinger die Treppen herunter, stellte sie vor der Haustür ab und ging zurück in die Wohnung. Meine Mutter war unterwegs, aber mein Vater war zu Hause und erholte sich auf der Couch von seiner Nachtschicht.

»Papa, ich brauch' deinen Wagen«, sagte ich, nachdem ich ihn aufgeweckt hatte. »Die wollen mich verhaften, ich muss in die Türkei.«

Mein Vater setzte sich wütend auf.

»Das ist alles deine Schuld«, schrie er. »Du bist ganz allein verantwortlich.«

»Das ist jetzt egal. Ich brauche das Auto für ein paar Stunden.«

»Ja, nimm ruhig, nimm. Aber vergiss nicht, dass du allein für alles verantwortlich bist. Wir haben nichts gemacht.«

»Ich gehe wieder in die Türkei«, sagte ich noch einmal, denn er schien es im Halbschlaf nicht mitbekommen zu haben.

Aber er reagierte nicht darauf, sondern schrie nur weiter, dass ich mir alles selbst zuzuschreiben hätte.

Ich nahm mir etwas Geld und die Autoschlüssel und rannte hinunter in den Hof. Dort hingen ein paar Bekannte herum, von denen ich mir ebenfalls etwas Geld lieh. Dass sie es vermutlich nie wieder zurückbekommen würden, sagte ich lieber nicht.

Marco kam über den Hof geschlendert und sah mich fragend an. Ich erklärte ihm noch einmal, dass er mich nach Holland fahren musste. Über die grüne Grenze zur nächstbesten Stadt mit Flughafen. Zuerst versuchte er noch, mir die Sache auszureden. Er glaubte, der ganze Irrtum würde sich bestimmt auch irgendwie anders klären lassen. Es hätte sich doch bisher immer alles geklärt. Das war aber nicht der Fall. Die Sache Mehmet ließ sich nicht klären. Man wollte Mehmet wieder in den Knast stecken, und ich wollte das unter allen Umständen verhindern.

Ich packte meine Koffer in den Wagen und gab Marco die Schlüssel.

Dann fuhren wir los.

Nürnberg, Frankfurt, Köln, Düsseldorf ... Nach sieben Stunden Fahrt erreichten wir schließlich die holländische Grenze, die wir problemlos überquerten. Nach einer weiteren Stunde Fahrt kamen wir zum Flughafen Schiphol in Amsterdam.

Ich nahm meine Koffer aus dem Wagen und bedankte mich bei Marco, der noch immer nicht von meinem Plan überzeugt war, mich aber trotzdem umarmte. Er wünschte mir alles Gute, bevor er sich wieder auf den langen Rückweg machte.

Ich schleppte meine Koffer ins Gebäude, kaufte mir ein Ticket nach Istanbul und saß gegen Mitternacht in der nächsten Maschine.

* * *

Am nächsten Morgen wachte ich im Haus meiner Eltern auf.

Obwohl ich wegen des Fluges und der Busfahrten nicht viel geschlafen hatte, war ich hellwach.

Ich war nun einige Jahre nicht mehr hier gewesen, trotzdem wirkte alles noch vertraut. Ganz so, als hätte ich das Haus vor einigen Tagen erst verlassen.

Das Telefon klingelte.

Ich nahm ab, und jemand fragte mich zu meiner Überraschung auf Deutsch, ob ich der Muhlis Ari sei.

»Der bin ich«, antwortete ich.

»Kriminalamt München hier.«

»Ja und, was wollt ihr von mir?«

»Joa, ham Sie's geschafft, hä? Sind Sie in der Türkei, hä?«

»Ja, ich bin jetzt in der Türkei.«

»Ich sag Ihnen gleich, zurückkommen brauchen's nicht mehr. Hier ist eine Ausweisung, Sie kommen hier nimma rein.«

Ich erklärte dem Mann, dass ich sowieso nicht vorhatte, zurückzukommen, worauf er mich fragte, ob ich mich nicht vielleicht doch stellen wollte.

Ich antwortete ihm, dass ich das noch nicht sagen könnte. Ich wollte mich erst einmal beruhigen und etwas einleben. Aber ich würde mich bei ihm melden, wenn ich wieder einen klaren Kopf hatte.

Das nächste Telefonat führte ich mit meinem Anwalt. Ich rief ihn an und fragte, was ich nun am besten tun sollte. Er riet mir, mich in Deutschland zu stellen. Das Gefängnis wäre schließlich halb so schlimm, abgesehen davon käme ich ja sicher auch in ein paar Monaten wieder heraus. Er hatte diese typisch bayrische Einstellung. Nichts ist wirklich schlimm, solange man noch seine Arme und Beine hat, und es war vielleicht das erste Mal, dass ich seine Ansicht so ganz und gar nicht teilte. Das Gefängnis war ein Albtraum, vor allem die Isolationshaft im »Bunker«. Da wollte ich in keinem Fall wieder landen.

Abgesehen davon wurde mir nun klar, dass ich früher oder später sowieso wieder in die Türkei abgeschoben worden wäre, denn meine Aufenthaltsgenehmigung in Deutschland war nur bis 2006 befristet. Und Mehmets Chancen, diese Genehmigung nach abgesessener Haft verlängert zu bekommen, konnte ich mir selber ausrechnen. Also, wozu den Umweg über das Gefängnis, wenn es mir sowieso nichts brachte? Um ein braver deutscher Staatsbürger zu werden? Ich hatte in diesem Moment das Gefühl, dass der Staat mich hasste, also wollte ich kaum sein vorbildlichster Bürger werden.

Ich hatte keine Wahl. Deutschland wollte mich nicht, deswegen blieb ich in der Türkei.

Friara hams Hitler ghoaßn, Himmler / wiasst`s es no, ha / heit hoaßns Beckstein, Haider / friara warn`s de Juden, heit de Türken / des kimmt se ois aufs selbe raus / Ihr schürt`s den Hass von Millionen / ihr suachts für eire Fehler Leut / de ma verhoazn ko wia damals.

Aus dem Lied »Mei Angst« von Hans Söllner

• •

An dieser Stelle endet meine Geschichte. Etwas plötzlich vielleicht, was aber daran liegt, dass sie noch immer nicht ganz vorbei ist.

Ich lebe nun seit dem Jahr 2005 in der Türkei, und ich habe mich inzwischen so gut es geht an meine neue Heimat gewöhnt. Ich habe einen türkischen Pass, habe meinen Militärdienst abgeleistet und mich vor Ort sogar erfolgreich als Geschäftsmann etablieren können. Seit meine Eltern in Rente gegangen sind, leben sie mit mir gemeinsam in dem kleinen Haus im Dorf nahe Çerkezköy.

Muhlis Ari kommt also ganz gut klar.

Mehmet existiert aber weiterhin, sowohl in den Medien als auch in den Köpfen der Menschen. Das Problem ist, dass Mehmet sich im Gegensatz zu Muhlis nicht ändern kann. Oder es vielleicht nicht gewollt wird, dass er sich ändert. Ich weiß es nicht.

Journalisten fragen immer wieder nach, ob ich nicht ein Interview geben oder ihnen zeigen möchte, wie ich heute so lebe. Das habe ich oft und gern getan, auch wenn das Ergebnis leider nicht immer so ausfiel, wie ich es mir gewünscht hätte. Zeigte ich dem Kamerateam eines deutschen Privatsenders die Paintball-Anlage, die ich einige Zeit betrieben habe, dann lautete die Schlagzeile »Crime-Kid Mehmet handelt jetzt mit Waffen«.

Verabredete ich mich mit Journalisten einer deutschen Wochenzeitung und fragte nach einer Fahrtkostenerstattung, schrieb man »Mehmet verkauft jetzt sein Leben«.

Ich kann bis heute tun und lassen, was ich will, Mehmet bleibt ein Krimineller.

Ich habe mich natürlich schon vor Jahren gefragt, wie es sein kann, dass mich ein ganzes Land so negativ sieht, und ich habe zu recherchieren begonnen, mich mit Anwälten, Journalisten und Politikern unterhalten. Mit jedem also, der mit der Person Mehmet zu tun hatte. Und was sich im Laufe der Jahre herausgestellt hat, ist, milde ausgedrückt, erstaunlich.

1998, ich war 14 Jahre alt, war die Stimmung in Deutschland nicht besonders gut. Die Wirtschaft lief nicht, und das Sozialsystem taugte auch nicht mehr viel. Und die Leute im Land trauten der Regierung Kohl nicht mehr zu, dass sie diese Probleme lösen würde, weswegen es für die damalige Regierung nicht sehr gut aussah. Schließlich wurde im Herbst 1998 der Bundestag neu gewählt. Auch in Bayern wurde gewählt, und die CSU mit Ministerpräsident Edmund Stoiber und Innenminister Günther Beckstein versuchten verzweifelt, jede Wählerstimme zu kriegen, die sie bekommen konnten. Denn wenn schon das Land demnächst von einem neuen Kanzler, Gerhard Schröder, regiert werden würde, dann wollte man doch zumindest in Bayern an der Macht bleiben.

Und dazu besann man sich auf die typisch bayrischen Wahlkampfthemen Recht und Sicherheit. Die beiden Themen lagen seit jeher besonders Günther Beckstein am Herzen. In der Öffentlichkeit gab er sich immer als Menschenfreund, als evangelischen Christen, dem die Nächstenliebe wichtig war. Tatsächlich aber war er ein echter Hardliner, gerade wenn es um Ausländer- und Abschiebepolitik ging. Sobald Themen wie Kriminalität oder Terrorismus eine gewisse politische Brisanz entwickelten, war Beckstein zur Stelle und forderte die schnellere Ausweisung von Ausländern oder eine verschärfte Einwanderungspolitik. Nicht umsonst sah er sich beinahe seine ganze politische Karriere immer wieder mit dem Vorwurf konfrontiert, ausländerfeindlich zu sein.

Im Jahr 2001 veröffentlichte der bayrische Liedermacher Hans Söllner ein Album, auf dem sich der Titel »Mei Angst« befindet. Söllner gehört bis heute zu den politisch interessiertesten und engagiertesten Musikern Bayerns, und natürlich bemerkte auch er irgendwann, wie sehr Becksteins politischer Kurs die Bevölkerung gegen Ausländer aufbrachte und in der öffentlichen Wahrnehmung Ausländer immer mehr zu Sündenböcken abgestempelt wurden: Kriminelle Ausländer waren schuld, dass man sich auf der Straße nicht mehr sicher fühlen konnte, Scheinasylanten plünderten Deutschlands Sozialkassen, und besonders die Türken verweigerten sich beharrlich der Integration und lebten in ihren selbst errichteten Ghettos, in die sich nicht einmal mehr die Polizei wagte.

Söllner missfiel, dass, in seinen Augen, Becksteins Lösung zu jedem Problem »weniger Ausländer« lautete und Beckstein sich zudem wieder der Medien bediente, um in der Bevölkerung Unterstützung für seinen Kurs zu bekommen. Söllner warf der Politik in »Mei Angst« vor, die Türken als Sündenböcke zu missbrauchen, so wie es die Nazis schon mit den Juden getan hatten. Weiter verglich er den österreichischen Politiker Jörg Haider und Bayerns Innenminister Günther Beckstein mit Adolf Hitler und Heinrich Himmler.

Beckstein war logischerweise empört und verklagte den Sänger wegen Beleidigung. In erster Instanz wurde Hans Söllner vom Amtsgericht zu einer Geldstrafe von 18000 Euro verurteilt. Er ging in Berufung, und das Landgericht senkte die Strafe auf 900 Euro, was der Sänger akzeptierte.

So weit, so gut.

Das wirklich Interessante am Prozess gegen Hans Söllner aber war, was so ganz nebenbei ans Licht kam.

Der Sänger verteidigte sich und sagte vor Gericht aus, dass der Text nicht aus einer Ahnung heraus entstanden sei, sondern er Becksteins Wahlkampftaktik, gezielt Stimmung gegen Ausländer zu machen, ganz konkret belegen könne, und zwar am Fall eines türkischstämmigen Jugendlichen namens – Mehmet.

Söllners Anwalt stützte sich in seinem Plädoyer auf die unter Eid gemachte Aussage eines ehemaligen Mitglieds des bayrischen Senats namens Haas. Dieser Mann sagte aus, Beckstein habe ihm im Juli 1998 anvertraut, dass er im Frühjahr desselben Jahres einen Staatsanwalt in das zuständige Kreisverwaltungsreferat geschickt habe, um gezielt nach einem straffällig gewordenen Jugendlichen zu suchen. Dieser Junge sollte Ausländer sein, am besten Türke. Minderjährig sollte er auch sein, in München geboren, und seine Straftaten sollten zwar gravierend sein, gemordet oder Ähnliches sollte er aber nicht haben. Wichtig war auch, dass die Chancen für eine rasche Abschiebung möglichst gut standen.

Der Staatsanwalt hatte eine Menge Kandidaten im Auge, schließlich war die Kriminalitätsrate in manchen Gegenden Münchens sehr hoch. Am Ende kamen die meisten Jugendlichen aus diesem oder jenem Grund nicht infrage, und man entschied sich für einen jungen Türken namens Muhlis Ari. Es hätte zwar auch Jugendliche gegeben, die weitaus mehr Straftaten begangen hatten, aber dabei handelte es sich um Deutsche, die man logischerweise nicht abschieben konnte.

Mitarbeiter des Kreisverwaltungsreferats gaben dem Jungen den Namen »Mehmet«, und die Geschichte um seine Abschiebung konnte beginnen.

Der Mann, Haas, dem Beckstein die Suche nach dem Jungen anvertraut hatte, wurde daraufhin mein Anwalt und erklärte in dieser Funktion immer wieder, dass Beckstein persönlich in meinem Fall Druck gemacht und meine Abschiebung in jedem Fall gewollt habe.

Übrigens ist auch mein Name, Mehmet, nicht aus einer Laune heraus entstanden. Man wählte ihn, um damit einerseits zu verdeutlichen, dass ich ein Türke bin, andererseits wusste man genau, dass »Mehmetçik« in der Türkei die umgangssprachliche Bezeichnung für einen Soldaten ist, sodass man meinem Namen also noch einen Hauch Gewalttätigkeit hinzufügte.

Hans Söllner akzeptierte die Strafe von 900 Euro schließlich unter anderem mit der Begründung, er sei froh, dass er im Rahmen des Prozesses habe anprangern können, wie ein junger Mensch aufs Übelste verfolgt wurde.

Und völlig unabhängig davon, was ich in meiner Vergangenheit getan habe, Hans Söllner hat recht. Ich bin aufs Übelste verfolgt worden, und das sehr gezielt.

Noch 2013 erzählt Beckstein in einem Interview mit der *Süddeutschen Zeitung* davon, wie es ihm gelungen war, mich möglichst öffentlichkeitswirksam abzuschieben. Und er sagt, dass ihm der Erfolg damals recht gegeben hätte, schließlich habe es nach dieser »generalpräventiven Maßnahme« eine sogenannte Muhlis-Delle in der Kriminalitätsstatistik gegeben. Bei meiner Abschiebung ging es ihm also nur darum, ein Exempel zu statuieren.

Ich hasse Günther Beckstein nicht, und ich sehe ihn auch nicht als meinen persönlichen Feind, aber wenn ein Politiker das Leben eines 14 Jahre alten Kindes absichtlich zerstört, um sich zu profilieren, dann finde ich dieses Verhalten einfach nur widerlich und krank.

»Chaos-Junge« Mehmet will zurück nach Deutschland

»Bild.de« am 16. September 2012

....

Ob ich wirklich wieder in Deutschland leben will, kann ich im Moment gar nicht sagen. Aber natürlich würde ich gern wieder einreisen dürfen, um wenigstens meine Freunde zu besuchen.

Aktuell ist die Situation so, dass ich noch am Flughafen verhaftet werden würde. Das will ich natürlich vermeiden. Wahrscheinlich werde ich also weiter mein Leben in der Türkei leben, bis meine Strafe von 18 Monaten verjährt ist.

Ich habe einen neuen Anwalt, der mir hilft, diese Dinge von der Türkei aus zu klären. Burkhard Benecken ist es glücklicherweise gewohnt, Mandanten zu betreuen, die in der Öffentlichkeit stehen. Denn stellvertretend für mich bekommt nun er einiges an Anfeindungen zu spüren.

Vor einiger Zeit haben wir versucht, eine Neubewertung meines Falles zu erreichen. Das politische Klima ist heute ein völlig anderes als noch vor einigen Jahren, weshalb wir es für möglich hielten, dass man mich in Deutschland aussagen lassen und sich anhören würde, wie es aus meiner Sicht zum bis heute gültigen Urteil gegen mich gekommen war. Und in Verbindung mit der Tatsache, dass ich mir in der Türkei nie etwas habe zuschulden kommen lassen, wollten wir erreichen, dass meine Strafe ausgesetzt und ich wieder ein Visum für Deutschland erhalten würde. Wir gingen davon aus, dass sich die Wogen geglättet hätten und man nun in der Lage sei, Mehmet etwas neutraler zu beurteilen als noch vor Jahren.

Zu diesem Zweck schrieben Benecken und ich einen Brief an Bundespräsident Gauck. Wir baten ihn, sich dafür einzusetzen, dass mein Fall noch einmal neutral bewertet würde.

Als die Medien in Deutschland davon erfuhren, wurde dieser Schritt als Frechheit bezeichnet. Ich sei dumm und dreist, die ganze Aktion lächerlich.

In der *BILD* hieß es sogar: »›Mehmet‹ schreibt Bettelbrief an Gauck.«

Mein Anwalt und ich zogen daraufhin unsere Bitte zurück, denn offenbar hatte sich die Stimmung in Deutschland noch immer nicht verändert.

Mehmet polarisiert bis heute. Die einen sehen ihn als unschuldiges Opfer, die anderen als gemeingefährlichen Verbrecher.

Ich bin keins von beidem.

Ende

272 Seiten
Preis: 19,99 Euro
ISBN 978-3-86883-243-3

ANIS MOHAMED YOUSSEF FERCHICHI

AUCH WIR SIND DEUTSCHLAND

Ohne uns geht nicht.
Ohne euch auch nicht.

Im November 2011 erhielt Anis Mohamed Youssef Ferchichi, besser bekannt als Bushido, den Medienpreis für Integration, was einen Sturm der Entrüstung und teils harsche Kritik an seiner Person auslöste.
Es verging kein Tag, an dem sich nicht irgendein Prominenter bemüßigt fühlte, die Frage zu stellen: »Wie kann man an ihn, an Bushido, nur diesen Preis verleihen?« Viel wichtiger aber ist die Frage »Warum eigentlich nicht?«. Immerhin hat er es als Kind eines Ausländers, als Angehöriger der unteren Mittelschicht, als Bewohner eines reinen Ausländerviertels geschafft, ganz nach oben zu kommen.
Dennoch hat Ferchichi nie vergessen, was es heißt, in einem reinen Ausländerviertel mit eingeschränkten Perspektiven groß zu werden. Er berichtet aus seiner eigenen Jugend, greift die drängendsten Fragen der Migrationsdebatte auf und zeigt das Bild einer neuen Generation von deutschen Staatsbürgern, die durch ihre kulturelle Vielfalt diesem Land so viel zu bieten haben.

riva